Annie Girardot

PARTIR, REVENIR

Les passions vives

COLLECTION **DOCUMENTS**

cherche
midi

L'éditeur remercie Claude Lelouch pour lui avoir accordé l'aimable autorisation d'utiliser gracieusement le titre de son film Partir, revenir *en surtitre de l'autobiographie d'Annie Girardot.*

À mademoiselle ma mère,
ma mère jumelle...

À ma fille Giulia Salvatori
À mes petits-enfants
Lola Vogel et
Renato Salvatori.

Aller-retour sur le trottoir d'en face

Nous sommes nés, mon frère et moi, à l'est, comme le soleil, à l'est de Paris, à l'hôpital Saint-Louis, le long du canal Saint-Martin. Ma vie est un éternel retour. Attachée, rivée à un élastique, je reviens toujours au même endroit. Putain de Martin ! Il est encore dans mes fibres, ce canal, comme un cordon ombilical que je n'ai jamais pu couper. Canal de l'Ourcq qui mène jusqu'au port d'Anvers… J'ai toujours été fascinée par les ports. L'eau coule jusqu'à Saint-Pétersbourg et la Seine coule à Moscou…

Aller-retour sur le trottoir d'en face, du Théâtre Montparnasse où je crée *Madame Marguerite* en 1974, à celui de la Gaîté-Montparnasse qui m'accueille pour reprendre la pièce en 2001. Pas une ride, dis donc, la belle Margot, l'instite indémodable, la madame Sans-Gêne de l'école de la République qui balance sa philosophie du savoir, ses mots et ses humeurs sur la scène. Cloue toute la salle au piquet ! Elle les engueule « ses » gosses, les caresse, puis se retire sur la pointe des pieds. À l'entracte je fume ma cigarette devant mon pupitre, protégée, ou presque, par mes volutes de Gitane. On fume pas dans ma classe ? Je fais ce que je veux !

Je reprends la pièce, toujours à Paris, au Splendid, à deux pas du Théâtre Antoine où je jouais *L'Idiote* de Marcel Achard. Moi, j'avais déjà le blues de Renato Salvatori. Lui à Rome, moi à Paris. C'est ma vie ça, ces allers-retours, la réalité se redessine sur les souvenirs passés. Les fantômes n'existent pas. Ça palpite, là, toujours. Ma mère n'est pas morte, Renato est toujours vivant, le compagnon de ma mère, Aimé Peretti, qui nous aimait comme ses enfants, veille encore. Ils étaient ma trilogie du bonheur. Ils ont plié bagage. Le bonheur s'est dissous dans les souvenirs. Et les souvenirs ressurgissent là où on ne les attend pas. Je vais, je viens et la vie se répète. Pourquoi ? Ce « pourquoi », plein de prémices et d'attentes, me saute à la gueule. Il trace mon chemin. Pourquoi ? J'ose à peine dire ce mot de peur qu'il ne s'envole, ce pourquoi me protège et je deviens aujourd'hui son esclave consentante. Pourquoi tout cela ? Je ne sais pas. J'obéis. Parce que.

Je voyage avec Margot du nord au sud, d'ouest en est jusqu'à Prague, et ma Sainte Russie qui m'accueille les bras ouverts et le cœur chauffé à la vodka. L'avion, le train, l'itinéraire qui s'arrête et m'envoie par bouffées les rires de maman, les cris dans les bombardements, les souvenirs en rafales. Je ne peux écrire que dans le voyage. Hier, aujourd'hui et demain, les images s'entremêlent et se superposent. Les gens, le public viennent à ma rencontre et me racontent le moi d'hier, celle que j'ai failli oublier, celle que je fus, et tous les amis disparus, Lino, Jacques, Jean, Marcello… Putain de Loto ces mecs ! Qu'ils étaient beaux, drôles et flamboyants. On s'est bien marré. J'en ai profité jusqu'à la lie.

Carnets de route

Sur la route, dans la voiture avec la musique, je capte les ondes, les souvenirs qui s'accrochent au passage et mon esprit vagabonde. Ils revisitent toute ma vie, dans des allers-retours inattendus, déjà vus ou à venir au prochain carrefour. J'adore fredonner, j'adore les chansons. Je suis toujours en rythme avec la musique et la danse. Tout me fait chanter, une émotion, un paysage, un enfant, un homme. Ce n'est pas pour rien que j'ai tant aimé Piaf et Brel, l'amie et l'amant qui m'écorchaient le cœur jusqu'aux larmes. J'ai enregistré une dizaine de disques, pour le plaisir, la plupart sont les bandes originales de mes films ; j'ai mené des revues, chanté dans des cabarets. J'ai une petite voix, je sais bien la placer. Comme Bardot, je chantouille et ça détend. Parfois ça tord les tripes aussi.

Bruxelles, ville de lumières et de plaisirs. La Belgique a toujours été un repère important dans ma vie. Elle me réveille, me remet en forme, aiguise mon appétit. J'aime sa table, ses restaurants animés, la drôlerie de ses habitants, leur gentillesse. Et cet accent inimitable. J'ai toujours trouvé que les Belges vivaient à l'anglaise, avec cette gracieuse extravagance que j'adore ! Des conformistes qui ne font rien comme tout le monde. C'est la définition même de l'excentricité. Et puis, mon père était belge.

De Bruxelles, place de Brouckère, jusqu'à la place Gambetta à Paris, mon cher XXe arrondissement, en passant par Lyon, des souvenirs, des morceaux de vie à chaque fois retrouvés. À Strasbourg où je joue *Madame Marguerite*, une femme s'approche de moi et me dit : « *Ton père était de Strasbourg, il avait les yeux bleus…* » Les yeux bleus comme ceux de Gabin, quand on le regardait on avait l'impression de plonger dans un lagon. Heflinger et Girardot, mon père et mon grand-père, ont beaucoup semé aux quatre coins de la planète. Ça fait flancher les cœurs un beau regard. Il y a même un Girardot en Israël ! Voilà pourquoi je suis partout chez moi, à ma place, partout. Bâtarde heureuse et reconnue, mais sur le tard, il est vrai. Mon demi-moi est belge comme ma demi-fratrie. Alors oui, j'aime bien la Belgique. L'énigme paternelle, je l'ai connue par petits bouts. Ma mère n'a pas lâché le morceau tout de suite. Il s'appelait Auguste, il était issu d'une grande famille bourgeoise, marié, père de famille. Ce n'est qu'en 1974, à Lyon où elle est née, qu'elle me raconte tout, enfin. J'ai plus de quarante piges.

Sud ? Est ? Ouest ? Une farandole de routes, d'autoroutes, de TGV. Allers, retours permanents, nécessaires. Il faut toujours aller devant soi, hier est passé. Demain est incertain. Incertain, mais probable. Aujourd'hui, maintenant est ma certitude, mon équilibre, ma liberté. La seule chose qui nous appartienne, c'est maintenant. Demain est hypothétique, maintenant c'est la certitude, ce moment unique. À renouveler d'une façon permanente. Ne jamais gâcher, blesser l'instant présent. Quelle heure est-il ? J'ai arrêté la pendule. Lever du soleil, coucher du soleil, la lune qui m'inonde maintenant et pour l'éternité.

Chacun de nous a le droit, le devoir de faire son voyage, de le réussir le mieux possible, peu importent les détours, les zigzags. Pouvoir un jour atteindre, pas forcément un but, mais le bonheur, la sérénité, sans avoir peur de donner au-delà de soi-même.

Depuis le départ : mutation, exil, renaissance. Rivée à un élastique infini, quoi que je fasse, je reviens toujours au même endroit. Je me sens libre, enfin peut-être, qui l'est vraiment ? Mais une chose demeure avec certitude : je ne veux plus souffrir, même si la douleur, celle de la vieillesse, du corps perclus est apparue. Le marivaudage, la passion, rideau ! Les hommes se croient tout permis et leurs coups font très mal même quand l'herbe est très tendre.

Avec le temps, Ferré, l'érosion, on n'aime plus. À la galerie farfouille, avec le temps, on est foutus. Léo Ferré, mon chevalier servant, mon maître du temps. L'est, le nord se confondent, on oublie tout. Le temps, les vacances, les saisons, je mélange tout. Hiver, frimas, soleil, moustiques… Où suis-je ?

Les destins se croisent et se décroisent.

Cri de douleur devenu ce pourquoi, incessant aujourd'hui. Pourquoi faut-il que je revienne au même endroit à un moment précis ? Quelle que soit ma vie, un événement ou un film, je me retrouve toujours à la même place. Ma vie trace ses lignes en parallèle, fiction et réalité se mêlent. Dans la plupart de mes films, j'ai joué des situations que je m'apprêtais à vivre ou que je vivais réellement.

Hitchcock, mon chat, vieux compagnon, vient frotter ses moustaches à mes jambes. Toi, enfin, tu m'apaises. Je viens de te voir étendu sur le lit, tu m'attends. Pour que tu te tiennes tranquille quand je suis loin, on te colle le téléphone à l'oreille et je te parle en vieille gâteuse. Je reviens dans ma chambre, je regarde l'horloge remise à l'heure par ma petite-fille Lola, dix-huit ans, ravissante, actrice en herbe, il est exactement 5 heures, et je n'ai pas sommeil. Je continuerai donc la chanson, je vais me lover dans les draps entre soleil et lune, contre Hitchcock qui s'installe près de moi pour ronronner. Lui, il ronfle comme un salaud, moi, je rêve encore un tout petit peu.

J'aime bien être seule, surtout s'il y a beaucoup de monde autour de moi.

Continuer, quoi qu'il arrive. Je me suis tant amusée que je n'ai pas vu le temps passer. Quand je partirai pour le grand voyage, j'arrêterai ma course, je rendrai mes armes, mon dernier soupir et je fermerai mon clapet pour l'éternité.

Les molières de l'amour

Bon Dieu qu'il est beau, le père Delon ! Toujours impeccable ; et la même fidélité. Ce soir, il est là juste pour moi, mais je ne le sais pas encore au moment où je foule la scène du Théâtre Mogador. Quel cadeau, ces molières 2002 ! Et quel beau parterre, messieurs dames. Et la lumière, la lumière partout ; ces regards remplis d'amour qui convergent vers moi. Je les aime tous. C'est un pan de l'histoire du cinéma et du théâtre qui me sourit et m'applaudit, moi, la petite chose sur cette grande scène. Molière de la meilleure actrice pour *Madame Marguerite*, je lui dois tout à Elle, ma renaissance, ma renaissance encore. Puis le molière d'honneur. D'un coup j'entends sa voix, il est venu pour moi, Rocco, l'ami de Renato et l'ami de toujours. Je suis stupéfaite.

« Il est évident, Annie, que certains, à juste titre, peuvent se poser la question : pourquoi lui ? Je pourrais leur répondre tout simplement comme Cocteau, parce que c'est elle, parce que c'est moi, mais puisque j'ai l'opportunité ce soir d'être sur scène avec toi et ce, pour la première fois de ma vie, je vais, si tu le permets, Annie, en rajouter un peu. Pourquoi moi ? Peut-être parce que j'ai eu le privilège de prendre un jour la mesure de ton immense talent, il y a de ça bien longtemps, c'était au cours des répétitions de Deux sur la balançoire, *avec notre cher Jeannot Marais. Dans une mise en scène de Visconti... Tu te souviens ? »*

Si je me souviens…

Alain est à cinq mètres de moi, sur une passerelle qui sort des cintres, comme s'il tombait du ciel. Je le regarde descendre vers moi, il n'a pas changé, enfin, pas tant que ça. Toujours la même aisance pour se mouvoir, félin, la même voix grave, le regard qui vous transperce. Comme ils sont tendres ses yeux ce soir !

« Et puis, peut-être parce que j'ai eu la chance de te donner la réplique dans un film du même Visconti, Rocco et ses frères. *C'est d'ailleurs au cours du tournage de* Rocco *que j'ai vu naître ton grand amour pour mon ami, mon frère, Renato que j'aimais tant, qui nous a quittés prématurément, te laissant la magnifique Giulia, que j'ai vue grandir puisque nous vivions tous ensemble, vicino al Campidoglio con la carissima Odabella, si recorda ? Et puis quelques années plus tard, nous devions nous retrouver sur un film de Jessua, dont j'ai oublié le titre… »*

… *Traitement de choc*, d'Alain Jessua, c'était en 1972. Je m'en souviens, moi, des gifles que tu m'avais données. Par amour, Alain, je le sais, je l'ai compris après…

« Et puis, plus récemment, tu me fis l'honneur de venir m'apprécier sur scène, toi la grande, moi le presque débutant, et puis, parce que depuis plus de quarante ans, que tu le veuilles ou non, tu fais partie de ma vie, et parce que je t'aime… »

Moi aussi…

« Parce que je t'aime, parce que je te respecte, parce que je t'admire, pour tout ce que tu es, tout ce que tu as fait, tout ce que tu nous as donné, pour tout ce que t'as pu en crever aussi, Annie… »

Un p'tit peu…

« … voilà pourquoi, mademoiselle Girardot, ce soir, c'est mon honneur, mais c'est aussi mon bonheur de te remettre à l'unanimité

de la profession, en hommage à ta carrière, à ton talent, à ta générosité, ce molière d'honneur, Annie, qui te va si bien... si bien... »

Tu parles, mon coco, si bien aussi.

Il me tend la statuette, m'entoure de ses bras, serre ma tête dans ses mains et dépose un baiser sur mes cheveux. Le baiser d'un frère. J'avais oublié qu'il était si grand, ou bien c'est peut-être moi qui fonds dans ses bras... C'est un homme fidèle, Alain, si merveilleusement fidèle. Cinquante ans après notre rencontre, il est là. Rien ne peut me rendre plus heureuse que cet amour intact qu'il me jette comme des brassées de fleurs au visage. C'est bon de s'entendre dire « Je t'aime » devant le métier réuni qui m'applaudit debout, et tous ces gens qui me regardent chez eux et m'empoignent le cœur. Non, ne vous inquiétez pas, je ne pleurerai pas cette fois. Je ne referai pas le coup d'il y a huit ans, quand j'ai fait s'effondrer tout le Théâtre des Champs-Élysées. Ce n'était pas voulu. Mais il fallait que je le crie, bon sang, tout ce que j'en avais crevé, comme l'a dit Alain. Ma rage et mes larmes durant ces années d'attente, cette désespérance, ce mal des autres, ce manque du regard des metteurs en scène, des comédiens, des spectateurs. Ma solitude. « *... Je ne sais pas si j'ai manqué au cinéma, mais lui m'a manqué infiniment...* »

C'est mon premier molière de « meilleure actrice », même si j'ai joué une trentaine de pièces au théâtre. Bon, pas que des chefs-d'œuvre mais franchement, ça aurait pu arriver plus tôt, non ? La salle se marre. Ce molière, c'est un électrochoc mais je suis déjà ailleurs. Les paroles d'Alain réveillent tant de souvenirs ! Qui d'autre que lui pouvait mieux évoquer notre vie à Rome ? Son beau visage se mêle à celui de Renato, mon amour. Ils étaient comme des frères, ces deux-là. Ma vie défile dans ma tête. Je me retrouve dans les bureaux de Visconti pour les premiers essais de *Rocco et ses frères*. Je revois mon mariage, la naissance de Giulia, notre vie flamboyante et chaotique entre Rome et Paris. Amour, trahisons, passions, jalousie. Soleil de l'Italie, pénombre des studios. Les visages de Gabin, Ventura, de Broca, Noiret se mêlent aux éclats de rire d'Audiard et de Ferreri. Gabrielle Russier porte la blouse de Françoise Gailland dans la clinique de *Traitement de choc*. Louis de Funès et Serrault ne causent plus, ils flinguent, Lelouch s'embarque sur *Le Bateau d'Émile*, *Le Gitan* a volé la cuisse de Jupiter et Jacques Brel entraîne Édith Piaf dans une valse à trois temps. Partir, revenir… Je titube un peu. Donne-moi le bras, Alain, je ne voudrais pas me casser la gueule sur cette scène où même ceux qui boudent les récompenses ont rêvé de monter. Il me suffit de fermer les yeux pour entendre leurs voix. Je les porte toutes en moi, ces voix, elles m'ont fait vivre, m'ont modelée comme je suis aujourd'hui. Un peu cassée, un peu voûtée, mais heureuse, infiniment. Tous ces visages…

Ce soir je porte cette petite robe noire, un peu comme celle de la môme Piaf, ma sœur de cœur. Des nuits à rire, boire entre amis très chers jusqu'aux aubes sombres, alors que les nuits étaient si claires de nos enchantements. La nuit nous ouvrait ses portes, que le jour refermait sur nous comme une agonie. Sur elle surtout, la môme fragile et insomniaque qui avait peur du fantôme de Cerdan et pansait ses plaies en nous racontant des histoires cochonnes sur les hommes de sa vie. La plupart de ceux qui ont partagé ces moments sont morts. Et d'autres encore, mon très *Erotissimo* Jean Yanne. Je n'étais pas son genre ou il était pris, je ne sais plus. Alors rien entre nous, que du rire.

Tous mes chers disparus. Mais ce soir, le public est là, bien vivant lui.

Je vous entends, je vous vois, la nuit sera longue et belle, comme les aimait Piaf.

Du cabaret au Français

J'ai parlé souvent de mon enfance, la séparation obligée à l'âge de deux ans d'avec maman, sage-femme et mère célibataire, nos retrouvailles quatre ans plus tard, la vie en Normandie avec mon frère Jeannot, de cinq ans mon aîné, le feu de la guerre, la vie dans les grottes du plateau de Colombelle, l'exode sous les bombardements alliés le 6 juin 44. J'ai dit l'absence du père et la béance qu'il laissa irréversiblement en moi, notre installation à Paris et l'immense amour que maman nous portait. J'ai raconté son lit chaud, les nuits, pelotonnée contre elle, et les sonneries du téléphone qui l'arrachaient à moi lorsqu'elle courait exercer son métier, à l'époque où les femmes accouchaient souvent à la maison. La peur, seule dans le noir, l'écoute du moindre bruit qui m'avertirait de son retour. J'ai dit tout cela déjà. Trop, peut-être, mais ces souvenirs vibrent encore si fort en moi, que j'ai besoin de m'y raccrocher, d'en parler, de les faire revivre quand tout chavire et que l'amour de ma mère est le dernier rempart contre le doute et le désespoir.

Maman a toujours su ce qu'il y avait de mieux pour moi. Jeune fille, elle adorait le cinéma. Elle m'y emmenait souvent et d'autant plus lorsqu'elle comprit combien le métier de comédienne m'attirait. On reconnaît souvent dans l'enfance des comédiens les premiers signes d'une vocation, d'une passion. Je n'échappe pas à la règle. Petite, je me fabriquais des théâtres en papier, en découpant des décors et des personnages que j'animais et je me jouais des scènes imaginaires devant le miroir. Si, à seize ans, je prépare un diplôme d'infirmière, c'est pour mieux ressembler à maman, donner de l'amour comme elle, de l'attention, du réconfort. Elle est une merveilleuse sage-femme, reconnue de la profession, entièrement dévouée à la cause des femmes. Le maréchal Pétain avait même déclaré : « C'est mademoiselle Raymonde Girardot, sage-femme en chef, qui a inauguré la première fête des Mères à la maternité de Bénouville. » Collobo des femmes, pas des Boches. Mais, pourtant, je sens qu'il me manquerait quelque chose si je suivais la même voie qu'elle.

Lorsque je commence à prendre des cours de théâtre chez Henri Bosc, le dimanche matin, maman m'encourage vivement, elle est certaine que je suis faite pour ce métier. Être comédienne, c'est se fondre dans la vie des autres. Devenir l'autre. C'est cela qui me plaît. J'ai un besoin d'aimer, mais aussi de dire, de transmettre mes émotions au plus grand nombre. Peut-être est-ce pour cela que j'ai tant aimé joué Madame Tout-le-monde au cinéma, ses ennuis, ses emmerdes. Je me suis toujours sentie à l'aise quand j'étais sur le fil. Toute jeune je me suis dit, un peu naïve, que je pourrais devenir l'infirmière du 7e art. Et s'il fallait passer par le théâtre pour accéder à cette réalité-là, c'était ma route, je n'en voulais pas d'autre.

Devant mon enthousiasme à jouer, maman m'inscrit au Centre d'art dramatique de la rue Blanche. J'y fais mon entrée le 1er avril 1949. La plus belle blague de ma vie. J'en profite pour griller ma première cigarette. Première fumée bleue d'une série qui dure encore et qui sonne l'entracte de *Madame Marguerite*. La cigarette de la récré. Aux épreuves du concours d'entrée du Conservatoire, en 1952, Henri Rollan, qui va devenir mon professeur, remarque mon trac, une peur intense qui me coupe le souffle, me serre la voix. *« Apprenez à vous en accommoder, en attendant que vous arriviez à vous en servir… »* me conseille-t-il. Homme magnifique, merveilleux professeur, toujours positif et constructif. Dans sa classe, je me découvre une nature plutôt comique, légère, et comme je suis un peu ronde et joufflue, on me fait travailler les soubrettes, les tempéraments, les natures ; j'aime provoquer le rire. Je me souviens du succès que j'obtins avec une scène de *Mais n'te promène donc pas toute nue !* Le rire, c'est aussi du réconfort, du baume sur les plaies, un remède. Toute ma carrière, j'alternerai les rôles dramatiques et les comédies. Comme les autres élèves, je fais un peu d'école buissonnière, de temps en temps : je chante au cabaret *La Rose rouge*, à Montmartre, sous le nom d'Annie Girard, car les apprentis comédiens du Conservatoire n'ont pas le droit de se produire sur scène en dehors de leurs études, et je déclame au *Lapin agile,* devant Marcel Aymé et Blaise Cendrars. J'y croise un débutant prometteur, Claude Nougaro. Vie de bohème et d'amour sous les toits avec Vivi, joli jeune homme, chez qui j'habite quelque temps sur la butte Montmartre, jusqu'au moment où ses parents me forcent à partir, croyant que je suis enceinte de leur rejeton !

En attendant les rôles de ma vie, et le vrai saut dans le métier, je fais ce qu'on appelle « des feux », ici et là, des figurations au Théâtre-Français, des silhouettes. C'est ainsi que j'apparais dans la pièce de Pirandello, *Six personnages en quête d'auteur*, avec, entre autres, Maria Casarès. Pour moi, c'est un véritable choc. Cette femme, belle à sa façon, est capable de déployer une immense drôlerie pour redevenir une énigme l'instant d'après, le visage verrouillé de l'intérieur. Les yeux fixés sur elle, tous les soirs j'apprends mon métier. Je la regarde intensément, et je comprends que c'est là que je veux aller. En attendant, j'alterne chanson et comédie. C'est le temps de la franche rigolade. Au Théâtre du Quartier-Latin, j'incarne mademoiselle Camomille dans *La Tour Eiffel qui tue* de Guillaume Hanoteau avec la grande Alice Sapritch. Sur la scène du Théâtre La Bruyère, je chante et je caracole avec la troupe des Branquignols, Robert Dhéry, Colette Brosset, Pierre Olaf, Rosine Luguet, Michel Serrault. Michel, déjà… Ce spectacle de sketches s'appelle *Dugudu* et je joue une campeuse en maillot de bain au milieu d'autres baigneuses. On crawlait pour aller d'un coin de la scène à l'autre en chantant *« Dugudu, oh oh, tatatipapoupapa… »* Un délire qui durait une heure et demie. La scène était si petite qu'on ne pouvait même pas se dissimuler dans les coins pour laisser éclater nos fous rires. Un jour, Michel Serrault arrive en retard, jette son manteau n'importe où, puis se met à le chercher fébrilement, le retrouve et lâche avec une mauvaise humeur feinte : « *Un manteau, c'est personnel et puis c'est tout !* » Il répète cette phrase en montant d'un ton à chaque fois, pour finir par gueuler : « *Un manteau, c'est personnel et puis c'est tout !* » La salle, elle aussi, hurle de rire. Moi, dans un coin, j'essuie mes larmes et mon Rimmel avec le rideau de scène ! Tous les soirs, le spectacle se termine avec une demi-heure de retard tant nous rions. Nous avions tous les culots et la magnifique insolence de nos vingt ans. Je veux tout jouer, tout chanter, tout donner.

Juillet 1954, concours de sortie du Conservatoire. « *Tâche un peu de t'arranger…* », me conseille Henri Rollan en voyant mes cheveux hirsutes. La coiffure m'importe peu, mais une peur épouvantable me scie les jambes, me fait tourner la tête, me la vide en une seconde. Pourtant, je l'apprivoise la bête, je la dompte pour les ultimes épreuves et j'obtiens deux premiers prix de comédie classique et moderne. Pour moi, cette récompense est la preuve que je peux aborder tous les rôles. « *Elle peut tout jouer…* » Combien de fois entendrai-je cette phrase ? Et pas toujours comme un compliment. Tant de rôles m'attendent, tant de plateaux… C'est un vertige délicieux, la vie me tend les bras. Mais elle va parfois me serrer si fort que j'aurai peur d'étouffer. Mais sans jouer je ne vis pas. C'est plus facile d'être l'autre. Le texte est écrit d'avance.

J'ai les yeux grands ouverts, la tête sur les épaules. Maman m'a appris à être raisonnable. Et pour le moment, je retiens la leçon. Mes deux prix ont fait sensation auprès du jury : on parle de brio, d'abattage, d'un sens du comique qui ferait merveille à la Comédie-Française. Deux mois plus tard, je rejoins l'illustre Maison. Je la crains autant qu'elle me fait rêver, cette vieille et imposante dame. Pendant deux ans, j'interprète le répertoire. Je mêle ma vie, mes larmes à celles des héroïnes de Mérimée, de Jules Romains, de Shakespeare. Bonne élève, appliquée. Fais tes classes, ma Nini. C'est du rêve, ce monde-là. J'apprends, je m'imprègne, éponge parfaite, réceptacle sans fond des peines et des espoirs des autres. Un enseignement que je vivrai comme un véritable dépucelage : ce sont les textes et les auteurs classiques et modernes qui m'ouvrent au monde, à la vie. J'ai cessé d'être timide, d'avoir peur d'être grondée de mal m'exprimer. En un mot, libre ! Je deviens femme. Dépucelée par Molière, le maître. Puis, je suis allée de dépucelage en dépucelage grâce à d'autres grands bonshommes : Cocteau, Visconti, Audiard…

« Une noix, qu'y a-t-il à l'intérieur d'une noix ? » Un secret à prendre, cher Trenet : ma virginité. Celle du cœur, celle des mots.

Au Français, je croise quelques bonnes bouilles du Conservatoire. Je me souviens de *L'Annonce faite à Marie* avec Jean-Paul Belmondo. Bebel et La Girardote dans du Claudel ! Je paierais cher pour revoir cela. Avec Jean-Paul, nous partons sur les routes, saltimbanques de la première heure, pour présenter des spectacles itinérants dans le cadre des *Masques de Paris*. Nous marchons avec nos baluchons, comme au temps de la troupe de Molière, les gens nous recueillent sur les petits chemins pour nous emmener d'un village à l'autre. J'ai même voyagé dans une charrette en compagnie de deux cochons ! Nous avions vingt ans, tout était prétexte à rire et aux souvenirs que l'on raconterait aux copains restés à Paris, sagement assis à refaire le monde dans les cafés autour du Conservatoire.

Mon premier rôle au cinéma arrive naturellement, par l'agent des comédiens du Conservatoire. Titre porte-bonheur ? Je ne le sais pas encore. *Treize à table* d'André Hunebelle est ma première expérience cinématographique. Une entrée en scène comme une autre et pour moi un vrai lever de rideau sur le cinéma ! Une comédie de boulevard riche en malentendus, quiproquos et coups de théâtre au cours d'un repas où les convives ne doivent jamais être treize à table. J'ignore ce qui a traversé l'esprit de la coiffeuse pour me décolorer ainsi en blond et me friser au petit fer, mais je suis laide à faire peur. On dirait un mouton. Je me pavane en robe du soir aux côtés de Micheline Presle et du sublime Fernand Gravey – qu'il était beau cet homme ! – l'air très sûr de moi, alors que je n'attends qu'une chose : aller me passer la tête sous le robinet d'eau froide !

Née de la main du poète

1956. Jacques Charron m'informe que Jean Cocteau désire monter sa pièce *La Machine à écrire* à l'Odéon et qu'il pense à moi pour le rôle de Margot aux côtés de Robert Hirsch. « *Celle-là, c'est Réjane, c'est elle que je veux* », dit-il, me libérant définitivement de mes emplois de soubrettes rigolotes que j'aime jouer mais dans lesquels on me catalogue, inévitablement. Moi-même, je ne pensais pas que le rôle de Margot convenait à mon tempérament. En me confiant ce personnage dramatique, il m'ouvre un horizon infini de possibilités et me donne la chance de ma vie. Je suis née au théâtre avec Cocteau. Ce choix fait d'ailleurs beaucoup de bruit à la Comédie-Française et dans l'esprit des professeurs qui ne voient pas en moi une tragédienne. Me comparer à Réjane, ce n'est pas rien pour une jeune comédienne, surtout lorsqu'elle est élève dans une institution qui ne prise pas l'originalité. C'est un compliment magnifique. Réjane était naturelle dans son jeu, elle ne forçait ni le trait, ni la voix. Tout le contraire de Sarah Bernhardt, artiste fantasque et extravagante, mais emphatique, d'un autre temps. Ma simplicité, mon côté gouailleur, un peu « titi », touche Cocteau. La presse s'entiche de moi et m'encense, proclame que je suis « la grande révélation des dix dernières années ». Je me pince pour y croire.

Un autre homme s'attache à moi, c'est le petit-fils de Pasteur, le professeur Louis Pasteur Vallery-Radot, un homme de toute petite taille, mais une sommité dans le domaine médical. Après la pièce, il vient me voir dans ma loge, me fait mille compliments et me propose illico de m'emmener découvrir le Paris *by night* le plus prestigieux, en toute amitié. Il ne se dédira jamais. « Siuol », comme il signe, brille par ses mots d'esprit et son humour décapant ; et me raconte d'irrésistibles histoires de carabins qui me font tordre. Il m'a prise en affection et deviendra un intime de la famille. Entre autres passions, il voue un véritable culte au général de Gaulle qu'il rencontre de temps à autre. Deux grands hommes, l'immense et le petit, dont j'imagine les conversations en tête à tête, que Siuol me livre par bribes. Quand l'un voit la tour Eiffel, l'autre n'aperçoit que les Invalides. Je n'en croque pas beaucoup en politique, mais il arrive que certains secrets passent à travers la passoire de l'Histoire par distraction.

Lorsqu'il assiste aux répétitions, Jean Cocteau me fixe parfois à hauteur de cheveux. Je sens bien que quelque chose le gêne. À vingt-cinq ans, je n'ai pas encore trouvé ma coiffure. Plus jeune, je tressais ma chevelure longue et frisée en macarons sur les oreilles ou bien je la ramassais dans une résille. Là, mes cheveux sont plus courts, mais ils se dressent en épis. Cocteau déclare que j'ai « un nid d'hirondelles sur la tête ». Quelques jours après notre rencontre, il me prend rendez-vous dans le salon des célèbres sœurs Carita, au dernier étage duquel officie le coiffeur du show-biz et du gotha, le célèbre Alexandre. On vient du bout du monde pour se faire crêper et natter le chignon par ce grand artiste. En ce qui me concerne, l'affaire est entendue : *« Tu me la rases ! »* lui dit Cocteau. En quelques minutes, Alexandre va définitivement régler mon problème de « look ». Pour moi, il invente une coiffure androgyne que je retrouverai telle quelle dans *Mourir d'aimer*. Plutôt court sur le haut, la nuque très basse. Et les pattes longues sur les joues, tout le mystère de cette coupe est là. Elle enserre le front et les pommettes comme un casque soyeux. Alexandre me sculpte le visage en même temps que le succès.

L'épreuve du miroir est miraculeuse. C'est un choc. Pour la première fois, ma tête et mon corps sont en harmonie avec ma personnalité. Je me regarde longuement. C'est si peu de chose et cela change tout. Cette nouvelle coiffure me donne un regain de personnalité, elle me structure. Depuis, quand je me sens perdue, indécise, je vais chez le coiffeur retrouver ma tête, recouvrer mes esprits, me recentrer. Comme si je repartais de zéro, de la base, comme si je revenais au début. Cocteau est un génie. Il façonne les âmes, les visages, les mots, les corps. Il a été le premier magicien de ma vie.

« Annie Girardot a le plus beau tempérament dramatique de l'après-guerre… » déclare Cocteau à la fin des représentations de *La Machine à écrire.* Cette remarque, tous les critiques de presse l'ont relevée. Ils connaissent moins celle-ci : *« Cette jeune comique à la tête de mule ira loin ! »* Dieu vous entende, poète de mes rêves, dont le souffle, comme un baiser, m'a éveillée à moi-même et dont le regard m'a rendue femme.

En même temps que je joue cette pièce pour la Comédie-Française, je tourne *L'Homme aux clefs d'or* de Léo Jouannon avec, pour interprète principal, Pierre Fresnay. Comme beaucoup de comédiens débutants, j'accepte plusieurs propositions en même temps et parfois elles se chevauchent. L'idéal serait d'avoir le don d'ubiquité, car le tournage a lieu à Monte-Carlo ! Tant pis, je n'ai pas le choix. Pour Pierre Fresnay, ces kilomètres, je les ferais à genoux… Après la représentation, mon frère Jeannot vient me chercher au Théâtre de l'Odéon, nous dînons rapidement et il m'emmène au Bourget. 0 h 31, je prends l'avion postal, un Bréguet deux-ponts qui fait un boucan d'enfer. Les premières fois, je suis terrorisée ! Vers 3 heures, j'arrive à Marseille-Marignane et j'attends 45 minutes le car pour la gare Saint-Charles. Là, le train de 6 h me conduit jusqu'à Monte-Carlo. Il est 10 h du matin. Un assistant m'attend et m'emmène à toute allure sur le plateau de *L'Homme aux clefs d'or.* Je recommence une journée de tournage après avoir somnolé un peu dans le car et dormi une heure dans le train. Le lendemain après-midi – là, c'est plus simple –, je reprends une Caravelle de Nice à Orly pour jouer le soir à Paris. Ce cirque se reproduit trois fois dans la semaine. Au bout d'un mois et demi, j'ai maigri de 8 kilos, mais je suis heureuse ! Je pète la forme ! Et tiens, sur le tournage, je croise un jeune galopin qui fait l'assistant. Il cravache dur et s'appelle Claude Lelouch. Nous ne savons pas encore qu'il me projettera dans les étoiles.

Parfois, en dehors du plateau, on aperçoit Marlene Dietrich ou Vittorio De Sica qui se rendent en grande tenue et tralala au Casino. De Sica en ressortira toujours les poches vides, sa carrière meurtrie, fait comme un rat par la passion du jeu.

La voix de Pierre Fresnay, c'est comme un miel chaud et doré qui coule en moi, m'envahit et me rassure. J'incarne une petite garce effrontée qui le séduit pour mieux le faire chanter. J'adore le défier, lui tenir tête avec une insolence que je n'aurais jamais osé exprimer face à cet acteur respecté, adulé. Privilège de la comédie qui vous fait tutoyer vos idoles. Mais en dehors du plateau, j'ose à peine lever les yeux sur lui. Et bien sûr, il y a l'incontournable, l'inénarrable Yvonne Printemps ! Belle comme le jour, mais vitupérante et jalouse comme une chatte. Comment peut-elle être séduisante en étant si désagréable ? Elle mène Pierre Fresnay par le bout du nez. *« Mimi ! Mimi ! »* crie-t-elle lorsqu'elle veut qu'il aille promener son caniche blanc. Et il accourt. C'est lui le toutou. On dirait qu'il s'en fout d'être humilié ainsi. Depuis qu'il avait épousé Yvonne Printemps, il n'avait plus « le droit » d'embrasser une femme au cinéma. Interdit qu'il commentait dans un soupir : *« Eh ! Oui ! Une carrière foutue. »* Au moment des adieux, je m'approche pour lui tendre la main et lui offre ma joue. Merci, monsieur Fresnay, merci pour tout, heureuse de vous avoir rencontré – je voudrais le serrer dans mes bras –, à bientôt j'espère… tout ce qu'on se dit en fin de tournage, mais moi je n'ai pas encore l'habitude. C'est dur, la fin d'un film. On se retrouve seul et vide. Je voudrais lui dire mieux que ça, mon amour, mon admiration et qu'il envoie paître cette emmerdeuse, mais ça, non, je ne peux pas. Tandis que je lui tourne le dos en m'éloignant, je sens quelque chose de chaud se poser sur mes épaules… Avant de disparaître définitivement de sa vue, je me retourne brusquement. Il ne m'a pas lâchée des yeux. Sa tête se penche légèrement sur le côté, avec ce petit sourire, bouche fermée, et ce regard si doux que j'ai su retenir un instant, l'au revoir muet du professeur à l'élève.

Le respect et l'amour tout entiers et réciproques dans cet adieu silencieux. Puis j'ai tourné la tête et je suis partie.

1957. Retour à Paris. Des rêves plein la tête. Après *Reproduction interdite* de Gilles Grangier, où j'ai un petit rôle mais qui me permet tout de même de croiser Paul Frankeur, Michel Auclair et Gianni Esposito, je tourne *Le rouge est mis,* du même metteur en scène. Un petit film, mais la distribution qui m'entoure est prestigieuse. Mes partenaires s'appellent Jean Gabin, Lino Ventura, Paul Frankeur à nouveau et Marcel Bozzuffi. Belle brochette de truands ! Les meilleurs de l'époque. Petit à petit, je me fais une place dans le métier, ces rôles secondaires attirent et retiennent l'attention des journalistes. Je me souviens de la réflexion de Louis Chauvet dans *Le Figaro. « Annie Girardot est une de ces rares jeunes actrices dont les cordes vocales ne sont pas un sous-produit de gelée de groseille. »* Le genre de critiques que j'adore : elles me font penser aux dialogues d'Audiard !

« Toi la môme, tu viens à la projo... » me dit Gabin à la fin de la journée de tournage. Bien, chef ! Quand monsieur Gabin parle, personne ne discute. Et moi, je n'en mène pas large. Dans *Le rouge est mis,* nous n'avons qu'une scène ensemble, mais elle est mémorable. On imagine ce que cela peut représenter pour une comédienne qui sort de l'œuf de se retrouver face à cette légende vivante. La puissance qu'il dégage, la force tranquille, la sérénité, il semble indéboulonnable. Au fil des jours, je vais découvrir sa prévenance et son attendrissante timidité. Sa rigueur aussi. Sur chaque tournage, chacun se plie, de plus ou moins bonne grâce, aux dépassements d'horaires. C'est un grand classique dans le métier. Gabin, lui, pas question. Il respecte les horaires et exige qu'on ait la même exactitude que lui. Tout le monde le sait, la production ne lui demande même pas de rester, exceptionnellement, une demi-heure supplémentaire. Un jour qu'assis tranquillement dans un fauteuil, il attend qu'on l'appelle pour jouer, une sonnerie de réveil retentit. Tout le monde sursaute. Gabin se lève, regarde l'assemblée autour de lui, prend son manteau, ses affaires et dit : *« Bonsoir. À demain. »* Et il sort. Il est 18 heures pile. Sa journée est terminée. Personne n'a jamais trouvé à y redire. Fina-

lement, je crois qu'il avait raison. C'est ainsi qu'il a pu préserver sa vie privée, s'adonner à d'autres passions que son métier.

Nous tournons les extérieurs dans le bois de Boulogne, il fait un froid affreux, qui donne au Bois une atmosphère de désolation. Heureusement, la gentillesse et la gaieté de Gabin réchauffent l'atmosphère ! Il ressemble à un gros matou. J'aime cette franchise brutale qui est déjà un peu la mienne. Lui et moi parlons la même langue. Mais, pour l'instant, je suis aussi troublée devant lui que face à Fresnay. Lorsque je le lui avoue, Gabin s'exclame : *« Tu verras comme je serai impressionnant dans la scène où je dois te balancer une paire de baffes. »* Nous y voilà. Effectivement, il doit m'asséner un aller-retour cuisant. Déjà, j'agace… Déjà, on veut me corriger. Ce n'est qu'un début, ma fille, attends un peu. Alors que je me prépare à un dévissement de cou spectaculaire, je reçois la claque la plus exquise du monde. Une caresse, une patte de velours du gros chat qui signifie : *« Je t'aime, ma p'tite môme, tu croyais que j'allais te faire mal ? »*… Moi aussi, je t'aime, monsieur Gabin. Merci pour cette jolie marque d'affection. Cette chatterie toute personnelle.

Tous n'ont pas ces délicatesses. Bon sang, comme la main de Robert Lamoureux sera dure, l'année suivante, dans *L'amour est en jeu* de Marc Allégret ! Sous ses airs de grand escogriffe rigolard et un tantinet séducteur, Lamoureux n'est pas un gentil. Il me flanque sur la joue un aller-retour d'un réalisme à couper le souffle. Je ris pour ne pas hurler, ne pas pleurer, et lui redouble de coups. Ça fouette sérieux et pas un mot d'excuse. Déguste, ma fille, c'est dans le scénario. On dirait qu'il y prend goût, ma parole ! Je préférerais que l'on me tue tout de suite et qu'on n'en parle plus. À la fin de la scène, je me retire dans un coin pour me calmer et ne pas lui sauter au visage. On ne connaît bien les acteurs qu'en tournant avec eux, c'est ma devise. Qui aurait dit que Robert avait la main si sèche ? Il m'a prise pour une tête à claques ou quoi ? On pourra toujours dire que j'ai bonne mine avec mes joues en feu.

Six mois après *Le rouge est mis*, je retrouve mon Gabin pour le tournage de *Maigret tend un piège* où j'incarne Yvonne Maurin, l'épouse de Jean Dessailly, qui commet l'irréparable pour sauver son assassin de mari. Un rôle ingrat, difficile. Une atmosphère très lourde. Jean Dessailly est impressionnant dans le rôle de l'impuissant écrasé par sa mère que joue Lucienne Bogaert, plus terrifiante que jamais. Et puis, il y a Gabin, l'homme à la pipe, formidablement à l'aise dans le rôle du célèbre inspecteur. Jouer dans son ombre, ce n'est pas toujours du gâteau. Il me rassure et m'impressionne à la fois. Heureusement que le plateau du metteur en scène Jean Delannoy (« Delannoy de coco », comme nous les surnommions finement au Conservatoire) est le lieu de toutes les rigolades. Les acteurs, l'équipe technique se retrouvent au studio d'Épinay-sur-Seine pour manger ensemble, comme en famille, dans la grande cantine d'Henriette. De nombreux comédiens, et même ceux qui travaillent sur d'autres films, se donnent rendez-vous dans la roulotte et sous la tente de cette fameuse cuisinière, la plus célèbre du cinéma. Gabin et Blier, gourmands et insatiables, plaisantent et se moquent de Lino Ventura qui hésite entre choucroute et cassoulet, pour finir par prendre les deux plats. Je les regarde parler et rire, muette, émerveillée, c'est le film dans le film, « Les Tontons bâfreurs », je voudrais noter leurs reparties, les calembours qui fusent. On s'installe, on discute, le temps passe, le planning s'envole. Je revois encore l'opérateur arriver devant nous, tranquillement attablés, et se planter face à Delannoy, le sourcil froncé : *« Dis donc, il faudrait p't'ête y aller quand même, non ? »* Certaines scènes se tournent au cœur de Paris, place des Vosges, sous les arcades. Tiens, tiens, il est bien joli ce quartier, et charmant ce jardin carré. Il faudra que j'y revienne un jour…

Ces premiers rôles ne sont pas particulièrement exaltants, mais je débute et j'observe ce petit monde, émue d'entrer à pas feutrés dans la cour des grands, un peu effarouchée malgré les attentions que ces monstres sacrés me portent. Il me faudra encore quelques films, quelques années pour faire vraiment partie de la famille et en apprécier tous les membres. Un homme nous réunira tous, dans la même langue, un feu d'artifices de trouvailles et d'humour : Michel Audiard. Je ne le connais pas encore, mais je l'ai entrevu. C'est lui qui signe les dialogues des deux films que je viens de faire avec Gabin.

Enfin libre !

C'est la soupe à la grimace lorsque je rentre à la Maison, pas celle de maman où l'on m'aime quelles que soient les bêtises que j'ai faites, non, la grande, la prestigieuse, la Comédie-Française. Ils n'apprécient pas beaucoup que je joue sur leur scène et que je fasse du cinéma en même temps, même si je suis tous les soirs à l'heure sur les planches. Peu leur importe le rythme infernal qui a été le mien pendant un mois et demi pour honorer tous mes contrats ! Le Français n'aime pas les rebelles, les francs-tireurs, il est possessif et ne prête pas ses jouets. Comme il veut m'emprisonner, me boucler, il me demande à ce moment-là de devenir sociétaire. En fait, ce n'est pas une suggestion, c'est un ordre.

J'implore la direction : gardez-moi comme pensionnaire, je jouerai la tragédie, la comédie, tout ce que vous voulez, mais ne m'empêchez pas de tourner. Je ne veux pas quitter la Comédie-Française, mais je ne veux pas non plus qu'on me refuse le cinéma. Moi, je suis omnivore, je veux être libre. Ne me faites pas partir pour ça. Gardez-moi ! Je crie, je supplie. Cette fois-ci, je ne joue plus.

– Non, mademoiselle Girardot, n'insistez pas, il faut signer ou partir !

– Puisque c'est comme ça, je pars !

– Très bien, vous finissez l'année et vous dégagez !

Pas très classe, la Comédie-Française ! Je déteste cette violence qui me jette de ma Maison, j'ai l'impression qu'on me donne mes huit jours. Ils ne m'auront donc jamais vue autrement qu'en soubrette de boulevard ! Moi qui rêvais de jouer *Madame Sans-Gêne*, me voilà virée comme une malpropre !

Par bonheur, à cette époque, on me propose de faire une grande tournée de théâtre. Ma première tournée. Et quand on parle de baptême du feu, on ne croit pas si bien dire. De 1957 à 1958, je joue la pièce *Une femme trop honnête* d'Armand Salacrou, surnommé Salacrotte, de Belgique jusqu'à l'Algérie, en passant par l'Allemagne et la Tunisie. À Alger et Oran, l'atmosphère est lourde à crever. La menace permanente. On joue en tout début de soirée pour que le spectacle se termine avant le couvre-feu. J'ai une peur affreuse qui me tiraille l'estomac. Qu'est-ce qu'on fout ici ? *« Faut qu'on s'en aille très vite… »*, dis-je à mes partenaires et je supplie les Français qui vivent là-bas et qui refusent d'abandonner leurs biens, de prendre le premier bateau. *« Foutez le camp ! Vous allez être égorgés ! »* C'est hélas ce qui arrive le lendemain de notre départ quand ont lieu les premiers graves affrontements entre les communautés française et musulmane. Plus jamais je ne reviendrai dans ce pays.

Au milieu de cette horreur, de cette peur, la silhouette réconfortante d'un homme se profile. Un soir, lors d'un dîner, on me présente Norbert Carbonneaux, metteur en scène d'une quarantaine d'années, dont je connais peu de choses. Pas mon genre au premier abord. C'est un roc, une grande baraque qui parle peu. En fait, derrière une façade plutôt sévère, Norbert est un monument de drôlerie et d'humour, un artiste très talentueux. Un homme galant qui, le lendemain de notre rencontre, me fait porter trois douzaines de roses. Je me sens bien près de lui, et même si ce n'est pas le grand amour, nous ferons ensemble un joli bout de chemin. Jusqu'à ce que surgisse ma tornade italienne…

Ces mois de tournée m'ont exténuée. Avec Norbert, je file sur la Côte d'Azur me reposer, faire la fête et l'aimer. À Saint-Tropez, on s'amuse, il fait beau, c'est bon un pays où l'on ne meurt pas au coin de la rue. Mais, là-bas, c'est un autre mal qui me guette. Je ne l'ai pas vu venir celui-là. Je suis en train de prendre un bain de mer, lorsque quelque chose me pique à hauteur de l'aine. J'ignore ce que c'est, mais je me sens comme blessée au plus profond de moi-même. Le soir, des douleurs me vrillent le ventre et peu à peu, le mal me gagne. Sans le savoir, je traîne depuis des semaines une sérieuse infection qu'une sale méduse vient de réveiller.

Quelques mois plus tôt, alors que je jouais dans la pièce de Jacques Deval, *Mademoiselle*, au Conservatoire, j'ai commencé à perdre du sang en pleine représentation. Je pense être enceinte sans en avoir la certitude, et je n'en parle pas à maman. Il serait délicat de lui parler d'avortement : elle aide à donner la vie, c'est une vocation et elle ne pratique pas les interruptions de grossesse, même si elle n'est pas contre. Pour l'heure, le problème n'est plus d'actualité. Arrivée à la maison, ainsi que je m'y attendais, je fais une fausse-couche. Maman est près de moi et me donne les premiers soins. Lorsque tout est fini et alors que je commence à fermer les yeux pour dormir un peu, je la vois faire une chose incroyable : elle récupère le minuscule fœtus et le met dans un petit flacon. J'ignore pourquoi elle a fait cela car je me suis endormie et nous n'en avons pas parlé. Maman a pris le flacon, l'a rangé dans le tiroir de sa table de chevet et il n'en a jamais plus été question. J'aurais voulu lui demander si, à ce stade, on pouvait déterminer si c'était un p'tit mec, par exemple. Comme maman, je désirais d'abord un garçon, puis une fille. La vie en a décidé autrement et c'est très bien ainsi. Le curetage, indispensable après ce genre de mésaventure, ne fut pas fait – alors que maman me l'avait vivement conseillé – et je faillis payer très cher cette négligence.

Le lendemain de la baignade à Saint-Tropez, mes jambes s'effondrent sous moi lorsque je me lève. Je ne peux plus marcher. Lorsque j'appelle maman pour la prévenir que je rentre à Paris plus tôt que prévu consulter un médecin, elle me coupe la parole. Elle a compris ce qui se passe. « *Non, non, ma chérie, ma Lolotte, fonce à Hyères voir maman Reinette, maman Suzou, elles te soigneront mieux que tous les médecins du monde. Pars tout de suite.* » Heureusement que ma mère veille au grain et que j'ai dans toute la France des « petites mamans », ses amies les sages-femmes. Elles se connaissent, elles s'entraident, c'est comme une grande chaîne d'amour et de fraternité. Cette infection terrible me pourrissait lentement les ovaires : mes petites mamans vont me soigner et me sortir de là. Prise en mains, je sombre dans un océan d'antibiotiques, réveillée de temps à autre par le feu de la seringue.

Tu es invincible, ma fille. Guérie, au bout de quelques semaines. Le miracle. La baraka.

Le miracle et la bonne fée qui va avec : au sortir de l'hôpital, Simone Berriau, l'illustre directrice du Théâtre Antoine, la somptueuse Simone aux chapeaux extravagants, qui m'a vue et aimée dans la pièce de Cocteau, m'invite chez elle sur la Côte d'Azur, le temps que je me requinque avant de rentrer à Paris. Elle a déjà un projet pour moi : *L'Idiote* de Marcel Achard qu'elle me présente. Dans deux ans, si tout va bien, la pièce se montera. Pour l'heure, on discute sous les pins parasols.

Visconti

À Paris, je termine ma convalescence auprès de maman qui me soigne avec des cataplasmes de feuilles de choux, remède qu'elle tient de sa mère. Je n'y crois pas beaucoup à tes médecines de bonne femme, maman chérie, mais ajoutées aux injections de pénicilline, ce sera parfait ! Ton amour et la volonté que tu m'as insufflée pour sortir de tous les mauvais coups me sauveront de toutes les façons. Je fais des allers-retours entre la rue de Bagnolet où maman me dorlote et l'appartement de Norbert qui me soigne à sa manière. J'ai eu très chaud, cette fois.

Au même moment, j'apprends que Luchino Visconti me cherche pour me proposer un rôle dans sa prochaine mise en scène de la pièce *Deux sur la balançoire* de William Gibson. Drame de l'amour manqué, du bonheur impossible, un texte magnifique de Louise de Vilmorin, que Jeanne Moreau, préalablement contactée, a refusé. Elle préfère tourner *La Bonne Soupe*, film dans lequel je jouerai, moi aussi, quelques années plus tard. Tout au long de notre carrière, l'une prendra la place de l'autre à plusieurs reprises. Sans doute à cause de notre ressemblance. Sur certaines photos de jeunesse, elle est saisissante.

Visconti est pressé, il veut me voir très vite et me fixe un rendez-vous à Paris, quelques jours plus tard. Catastrophe, je titube encore. Je ne serai jamais sur pied pour l'entretien. Quelle guigne ! Cette Gittel Mosca, petite mouche fragile et entêtante qui se balance de tout, j'adorerais l'incarner. Et puis être enlacée par Jean Marais, c'était une expérience pour une jeune greluche comme moi. Maman redouble de soins et d'attentions à mon égard. Il faut être prête, ma Lolotte, pas question d'annuler ce rendez-vous capital. Elle en veut, elle y croit. Et le Ciel – si j'ose – nous entend. Depuis que j'ai survécu aux bombardements sur la Normandie lors de la dernière guerre, puis à cette méchante infection, j'ai toujours cru qu'une puissance supérieure – bon Dieu, bon génie, bonne étoile, qu'importe – veillait sur moi. Mais là, elle fait très fort : la veille du départ de Visconti pour Paris, le pape Pie XII meurt. Et en Italie, quand un pape meurt, la vie s'arrête. Paralysie totale. Plus de transports, plus de télévision, tout est fermé, les gens ne font plus rien. Grâce à cette mort providentielle – de toute façon, je détestais ce pape collabo – Visconti est retenu dans son pays et le rendez-vous différé. Douze jours de plus pour me reposer. *Che miracolo !*

À l'heure H, Jean Marais et moi nous retrouvons au Théâtre des Ambassadeurs et attendons fébrilement l'arrivée de Visconti. Je connais Jean pour l'avoir rencontré deux ou trois fois lorsque je répétais *La Machine à écrire*. Il venait au théâtre avec Cocteau. Mais nous n'avons jamais travaillé ensemble. Nous plaisantons, mais je suis un peu crispée. Jean, qui a déjà travaillé avec Visconti, me parle un peu de lui. Je tremble et j'ai les jambes en coton d'être restée allongée depuis tant de mois. L'enjeu est énorme, c'est peut-être la chance de ma vie. Et puis le maestro arrive. Je savais qu'il était grand et beau, mais pas à ce point, pas ainsi. Quelle majesté ! Visconti, c'est le raffinement fait homme, la distinction, la fine fleur de l'aristocratie milanaise qui s'approche de moi et me salue. La très haute caste. Des cheveux noirs, courts sur la nuque, rejetés en arrière, un front immense, jamais en repos, des sourcils en broussaille, des lèvres serrées qui sourient juste ce qu'il faut pour ne pas vous faire fuir à la seconde. Et son regard. Des yeux noirs qui vous glacent, vous transpercent, vous clouent sur place. Je suis à sa merci, un papillon dans les mains d'un collectionneur génial et impitoyable. Il sait qu'il impressionne et je ne jurerais pas qu'il cherche à me mettre à l'aise. En fait, il me teste, donc me déstabilise. Dans la confusion, l'émoi qui m'envahit, une chose est sûre : jamais je ne pourrai tutoyer cet homme !

Nous échangeons quelques formules de politesse, paroles de bienvenue, et sans tarder Visconti passe aux choses sérieuses. Il prend le texte de la pièce et devant nous deux, ébahis, muets de saisissement, le maître commence à le lire, interprétant alternativement mon personnage et celui de Jean. Il va ainsi jusqu'au bout de nos rôles, vivant les temps et les silences, nous jetant un regard aux moments les plus forts. Fascinée, j'observe ses mains qui dansent autour du livre, sculptant l'espace, la parole. Et j'écoute cette langue, ma langue magnifiée, qu'il parle avec un délicieux accent, détachant délicatement les mots les uns des autres pour extraire de chacun toute sa saveur. Ensuite, assis à la table de travail, Jean et moi reprenons la lecture et Visconti nous fait travailler le ton général, les différentes intonations. Heureusement qu'il ne demande pas à me voir sur scène : je ne tiens plus debout d'émotion et de faiblesse. Après cette première répétition, il nous invite à dîner, mais je prétexte un rendez-vous urgent pour sauter dans un taxi et rentrer chez maman me faire poser un cataplasme de feuilles de choux sur le ventre ! Toute la soirée, en lui relatant la rencontre sans oublier le moindre détail, je revis ce moment inouï. Quant à Visconti, ces essais l'ont convaincu, il me prend pour le rôle !

Les répétitions commencent peu après. Avec Visconti, je découvre ce que signifie l'exigence d'un grand créateur. Dans le travail, le maître est un véritable tyran. Perfectionniste jusqu'à la maniaquerie, il ne nous lâche pas, nous fait travailler sans répit. Franco Zeffirelli qui fut son assistant disait de lui qu'« *il était un maître, au sens littéral du terme, quelqu'un qui enseignait, éduquait, aidait à se connaître soi-même* ». On sait qu'il a la réputation de repérer les capacités d'un débutant, qu'il soit acteur ou technicien, assistant à la mise en scène ou décorateur, et de le responsabiliser dans son travail en lui apprenant une discipline et une rigueur très particulières. Les siennes. Une marque de fabrique, en quelque sorte. La marque de l'excellence. Je sais, pour m'être renseignée sur lui, qu'il peut avoir des colères dévastatrices pendant le travail, qu'il est volontiers grossier, injurieux. Qu'importe la manière, seul le résultat compte. C'est ce qu'il semble nous dire lorsque son bras se tend vers nous, menaçant, index pointé sur ce qui ne lui convient pas. Les premiers jours, je vis dans la hantise que l'ouragan de ses remarques méprisantes et glaciales ne s'abatte sur moi. Mais, par bonheur, Jean et moi n'attisons pas les foudres de ce Jupiter inflexible et les répétitions se passent dans une harmonie joyeuse.

Sur scène, Jean Marais est un dieu, il me domine par sa prestance magnifique et pourrait me casser en deux. Le problème, c'est qu'il ne se rend pas compte de sa force… surtout quand il noie un chagrin d'amour dans l'alcool et que l'on répète ensuite ! Un simple coup de journal asséné sur la tête par cet Hercule, et je tombe à terre. Lorsqu'il doit m'embrasser, je le supplie : *« Je t'en prie, Jean, fais attention à mes dents ! »* Et lui me regarde, sidéré : *« Mais pourquoi tu dis ça, Annie, je suis très doux, non ? »* Sans doute, mon Jeannot, sans doute, mais le lendemain, j'ai un bleu sur le coin de la bouche et la trace de tes doigts sur les bras et le cou. Tu m'enlaces comme si tu voulais m'étrangler ! Tous les soirs, je pars répéter en tremblant. Un de ces jours, il va me laisser sur le tapis, le con ! Même beau con ! Hé, Luchino, au secours ! J'ai failli crever, il y a quelques semaines, pitié pour les femmes ! Le Maître a compris, il fronce un sourcil en direction de Jeannot qui, emporté par sa fougue, ne voit rien et m'embrasse de plus belle.

Deux mois plus tard, au Théâtre des Ambassadeurs, la pièce fait un triomphe. Nous regardant saluer à la fin de la pièce, Yves Salgues, journaliste à *Paris-Journal,* aura cette formule superbe : *« Elle est épuisée : elle a vécu. Lui est rayonnant : il a joué. »*

Au fil des semaines, une affection profonde naît entre Visconti et moi. Je ne le tutoierai jamais, mais l'appellerai « Luchino », tendrement, fraternellement. Toute la grâce, l'élégance du monde est dans ce prénom. Avant de rentrer en Italie où d'autres projets l'attendent, il me rebaptise « Pourquoi ? » parce que dans la pièce, la petite Gittel que j'incarne hurle un immense *« pourquoi ?… »* qui semble interroger le Ciel et les hommes. Pour Luchino, ce pourquoi me va bien. C'est tout mon être qui demande pourquoi… Il m'a comprise, déjà.

Depuis ce jour, des milliers de « pourquoi » résonnent en moi. Pourquoi cette angoisse qui m'empoigne et m'enserre continuellement ? Pourquoi ces gestes que je n'ai pas faits vers ceux que j'aimais, pourquoi ces mots d'amour qui me brûlaient et qui ne sont pas sortis de ma bouche ? Et pourquoi ces remords qui, jusqu'à la fin de mes jours, hanteront mon sommeil et mes tentatives d'oubli ?

La môme Piaf, ma sœur

J'ai joué dans plus d'une centaine de films et de téléfilms, en France, en Italie, partout. Certains n'ont jamais vu le jour, d'autres ne sont sortis qu'en Italie où j'ai mené parallèlement ma carrière. Dans cette effervescence, cette frénésie, toujours entre deux avions, deux tournages, j'ai un peu oublié les histoires et les rôles. Les personnages les plus importants, je m'en souviens, bien sûr, ils me portent encore, et le public me les rappelle constamment. Des autres films, il me reste une scène, quelques répliques, une ambiance, des regards qui se croisent autour d'une table, des rires. De *Recours en grâce* de Laszlo Benedek – réalisateur de la célèbre *Équipée sauvage* avec Marlon Brando – que je tourne en 1959, je me souviens surtout du comportement de Raf Vallone qui en était la vedette.

Raf Vallone était un homme magnifique, grand comédien, grand séducteur, le beau mec quoi, mais qui, humainement, avait beaucoup de progrès à faire. Je n'avais pas encore l'habitude des machos italiens ! Sur le plateau, sa suffisance, son mépris des techniciens me débectent. *« T'as vu ces cons qui prennent le métro ? »* s'exclame-t-il en voyant le personnel partir le soir après le tournage. Il me dit ça à moi. Hé, Raf, t'as oublié d'où nous venons ou quoi ? *« Dis donc, t'as bien de la chance de pouvoir rentrer avec ta belle voiture, toi ! »* lui dis-je, mais il hausse les épaules, plein de morgue. Son orgueil n'a pas de limite. Lui qui joue le rôle d'un ouvrier, d'un homme du peuple, exige de la costumière qu'elle lui achète un blouson chez Hermès. J'ai honte pour lui. Pauvre garçon ! Il aurait dû se méfier des machinos, on le sait pourtant dans notre métier qu'il ne faut pas les négliger. Un jour qu'ils sont tous attablés autour d'une soupière fumante, je m'approche et m'arrête devant une assiette déjà servie. Mmm, la bonne sousoupe ! *« Je peux ? »* dis-je en m'asseyant. Les gars me retiennent à temps. *« Arrête, Annie, c'est pour Raf Vallone, on a tous craché dedans ! »* J'ai rigolé… mais je n'ai rien dit. Après tout, il ne l'avait pas volé ! Allez, Raf, m'en veux pas, tu l'as trouvée bonne cette soupe, non ? Alors…

C'est à cette époque que je fais la connaissance d'Édith Piaf. Une rencontre essentielle dans ma vie. Deux chanteurs illuminèrent mon existence, Édith Piaf et Jacques Brel. Et j'ai pu approcher mes idoles, passer du temps près d'elles, les aimer. Petite, maman m'emmenait à l'Olympia où à Bobino, voir chanter Édith Piaf. Édith me faisait fondre en larmes dans la seconde. Rêves de gosse réalisés. Pour Brel, c'était physique, épidermique comme on dit. Il m'attirait. Ses mains tremblantes, son visage creusé par l'émotion, ses lèvres mouillées, il était beau et je le désirais déjà. Avant d'avoir son corps, j'ai eu ses mots dans la peau.

C'est sur le plateau de l'émission de télévision « La joie de vivre » que je rencontre Édith pour la première fois. À l'époque, on commence un peu à parler de moi et dans l'émission qui m'est consacrée, j'ai la possibilité d'inviter quelqu'un que j'aime. J'ai visé haut : oser demander Piaf, c'est gonflé. Quand j'apprends qu'elle accepte, j'en vacille de joie. L'immense Édith Piaf va se déplacer pour moi ! Lorsqu'elle arrive en studio, je l'accueille en bredouillant, je ne sais plus ce que je dis. T'as perdu la parole, ma Nini ! Elle me sourit de ce sourire que je connais par cœur tant j'ai fouillé son visage sur les photographies. Je voudrais la prendre dans mes bras, mais je n'ose pas. Elle est si petite ! Même pas 1,50 m ! Je me contente d'effleurer sa joue comme on le ferait avec un enfant très fragile. Ou une rose qui risquerait de perdre ses pétales sous la chaleur du baiser. Depuis ce jour, entre nous, c'est à la vie, à la mort. On ne se quitte plus. Tous les soirs ou presque, Édith me rejoint au théâtre après la représentation de *Deux sur la balançoire* – elle verra la pièce plusieurs fois –, elle m'attend, boit un coup dans ma loge avec les amis venus me voir, puis nous rentrons chez elle, boulevard Lannes.

Édith et moi, nous sommes de la même trempe. On s'est reconnues. Fortes et paumées à la fois, invincibles et éternellement vacillantes. Fascinée, façonnée, giflée et caressée par les hommes, elle brûle et se consume pour vivre jusqu'au bout ses passions. Je me reconnais en elle, même si, pour l'instant, je n'ai eu que de jolies aventures. L'amour qui bouleverse et qui rend fou, je ne sais pas encore ce que c'est. Il s'avance. Il arrive. Ou plutôt, c'est moi qui vais me mettre bientôt en route vers lui.

Tous les soirs, ses musiciens, ses amis, ses anciens amants, les nouveaux, le Tout-Paris du show-biz passent prendre un verre chez Édith. C'est chez elle que j'ai rencontré pour la première fois Sacha Distel. Dans la salle de séjour, vaste et presque vide de meubles, trône une grande table ronde sur laquelle des plats de soles nous attendent. Comme il n'y a pas de chaises, nous mangeons debout ou, l'assiette à la main, assis sur le bras d'un fauteuil ou de l'immense canapé défoncé qui occupe le milieu de la pièce. Édith accueille ses invités, trinque avec eux, mais elle ne mange rien. Jusqu'au petit matin, nous buvons, nous rions. Parfois quelqu'un s'installe au piano et un couple se forme comme sur une piste de danse. Mais, le plus souvent, Édith parle dans un silence religieux et gare à qui l'interrompt ou fait du bruit. Enfoncée dans le canapé qui se referme sur son corps de vieille petite fille, elle nous raconte son intense vie amoureuse avec beaucoup de gaieté. Je revois encore sa parolière, Marguerite Monnot, se rouler par terre de rire tant Édith est drôle. Et coquine, car elle ne déteste pas les blagues un peu cochonnes. Elle invente, elle exagère, on ne sait plus ce qui est vrai, mais peu importe. *« Ce qui compte, ce n'est pas la vérité, c'est la beauté »*, comme disent les Italiens. Elle a une telle grâce mais aussi une telle cruauté à décrire les hommes qu'elle a séduits. Tous y passent, qu'elle égratigne, qu'elle cravache ou qu'elle caresse du bout des lèvres, d'un battement de cils, en glissant sur leurs noms. En revanche, jamais je ne l'ai entendue prononcer celui de Marcel Cerdan. Pas une fois. Et personne ne pose de question sur lui.

À deux pas de nous, l'infirmière qui habite l'appartement en permanence surveille Édith du coin de l'œil. La consigne est stricte, on la connaît : il ne faut pas qu'Édith chante, elle risque à tout moment une hémorragie interne. Les heures passent, l'infirmière tombe de sommeil, elle nous salue d'un geste et regagne sa chambre au bout de l'appartement. Alors, nous fermons doucement les portes du salon, le cercle se resserre autour d'Édith, elle se lève et se met à chanter. Je l'écoute, éblouie et pétrifiée de peur. Tous les regards convergent vers elle comme autant de tuteurs pour cette fleur magnifique qui menace de s'abattre à chaque fin de phrase. Nous avons tous la même pensée horrible : et si elle s'effondrait, d'un coup, en se vidant de son sang ? Personne n'ose l'interrompre. Édith, qui était comme recroquevillée sur elle quelques secondes plus tôt, se déploie brusquement et prend son envol. La transformation s'opère à vue. C'est presque de la magie.

Après quelques chansons, elle se tait, elle se rassoit. Comme les applaudissements sont proscrits – cela réveillerait l'infirmière –, nous lui embrassons les mains, les cheveux. Tous en pleurs ou les larmes aux yeux. Ensuite, les discussions reprennent, dans les parfums d'alcool et de tabac mélangés, et le brouillard des fumées de cigarettes. Certains s'assoupissent à même la moquette, d'autres s'éclipsent discrètement. Je suis souvent la dernière à la quitter. Je n'arrive pas à partir. Aux premières lueurs de l'aube, Édith jette tout le monde dehors et va se coucher. Elle nous raccompagne jusqu'à la porte, je la serre tendrement dans mes bras, pas trop fort, elle est si frêle. Je lui souhaite bon repos. Sur son visage ravagé, un sourire naît et s'éteint en même temps que la porte se referme sur nous. La nuit est passée, elle peut enfin s'endormir tranquille. Édith a toujours redouté les cauchemars nocturnes et la mort de Marcel Cerdan a définitivement massacré son sommeil.

Dix ans ont passé depuis le terrible accident, et elle craint encore son fantôme. La mort du champion la hantera jusqu'à la fin de ses jours. On peut s'étonner qu'elle fuie l'esprit d'un homme qu'elle a tant aimé, mais Édith se sent en partie responsable de sa disparition. Elle ne se pardonnera jamais de lui avoir demandé d'avancer son retour des États-Unis pour être plus vite dans ses bras. Son impatience l'a tué. En tout cas, c'est ce qu'elle croit. En changeant d'avion, Marcel ignore qu'il embarque dans un appareil piloté par un homme ivre. L'enquête le révélera plus tard. La suite, on la connaît. L'appareil s'écrase aux Açores et à partir de ce moment, tout bascule chez Édith. En fait, elle meurt à la seconde où elle apprend l'horrible nouvelle. Ce soir-là, son interprétation de l'*Hymne à l'Amour* aura une résonance particulière au Carnegie Hall de New York où elle se produit sans faillir. Mais dès qu'elle se retrouve seule, elle est rongée par le remords. Elle ne s'en remettra pas. Le reste de sa vie ne sera qu'un sursis…

À l'aube, je cours quai Louis-Blériot où je retrouve Norbert, quand il ne m'a pas accompagnée chez Édith. En fait, il a jeté l'éponge depuis longtemps. Une douche, un café pour me réveiller et je repars sur le tournage du film *La Corde raide,* de Jean-Charles Dudrumet. Je sors d'un rêve pour tomber en enfer. Les yeux mi-clos de sommeil, je m'en prends plein la gueule avec le battoir François Périer. À nouveau des claques et des coups. Décidément, je suis la martyre du cinéma français ! C'est dans le scénario, bien sûr, mais on dirait qu'il me corrige pour m'apprendre à arriver à l'heure. J'en vois trente-six chandelles et je replonge dans un nuage opaque et douloureux. François, si tu m'entends, sache que je ne t'en veux pas et que je t'aime, mais qu'est-ce qu'elles faisaient mal tes gifles ! Cinglantes comme des lames de glace.

Au bout de quelques semaines du régime théâtre-Édith-cinéma, je deviens transparente, l'ombre de moi-même. Entre les prises, je m'écroule, et je m'endors dans ma loge le soir avant de jouer. Il est temps que la folie Piaf s'arrête. Comme les autres, comme tous ceux qu'elle a épuisés, je ne tiens plus la cadence. Toute sa vie, Édith a perdu ses amants et ses amis à cause du rythme infernal qu'elle leur imposait. Elle convoquait compositeurs et musiciens en plein milieu de la nuit. En six mois, elle vous lessivait un athlète.

Je suis à Rome, en 1959, lorsque j'apprends son hospitalisation pour une pancréatite. Je lâche tout et j'accours à l'Hôpital américain. À cette époque, Piaf est tellement mal en point qu'elle ne chante plus du tout en public. Elle ouvre grand les yeux en me voyant entrer dans sa chambre. Sa peau est marron, tellement foncée que je suis saisie d'effroi. C'est encore elle qui me sourit, d'un sourire enfantin, les dents en avant, gourmandes, comme si elle voulait mordre. Mordre quoi ? La vie ? Qui sait ce qu'il lui reste à vivre ? Elle a quarante-cinq ans à peine, elle en fait vingt de plus. Je me force à lui rendre son sourire, je caresse ses mains, ses bras nus, décharnés. Petit oiseau, tu es donc si malade ? Mon Dieu, faites que je n'éclate pas en sanglots !

Un signe d'Édith et je m'approche. Une infirmière tente de la maquiller, mais elle bouge tout le temps. Un trait de crayon noir et épais sur les sourcils, un rouge à lèvres intense, de la poudre qui couvre toutes les traces de la maladie. Elle parle, elle parle, pas moyen de lui souligner la bouche au pinceau, comme elle le fait si bien lorsqu'elle a envie d'attiser un regard. J'ai l'impression qu'on lui dessine un masque de clown. C'est à la fois grotesque et triste. Je réalise qu'elle va nous quitter bientôt et j'essuie comme je peux les larmes qui s'échappent de mes yeux et qu'elle fait semblant de ne pas voir. *« Annie, tu verrais le docteur qui me soigne. Il est bandant, c'est pas croyable ! Je vais me le faire… »* me souffle-t-elle à l'oreille. Édith est usée de partout, cassée, disloquée, elle n'en peut plus, mais elle continue de vouloir séduire et amuser. Pas un centimètre de sa peau n'est indemne des morsures que lui infligèrent les hommes, la rue, la vie, la maladie pour finir. Et pourtant, elle m'annonce son grand retour à l'Olympia. Mais où puise-t-elle sa force ? Je lui jure de venir à son prochain spectacle, sachant très bien qu'il n'y en aura pas, qu'elle ne remontera jamais sur scène. Je me trompe. En 1961, elle est là, petite silhouette noire fracassée, mais bien plantée sur les planches mythiques de l'Olympia, devant nous, ses admirateurs de toujours, Luchino, Alain, Romy, mon Renato, tous en larmes, venus assister à ce qu'il faut bien appeler une résurrection.

Avec sa petite robe taillée pour une enfant de douze ans, ses grosses chaussures à talons compensés, comme des lests qui la retiendraient au sol de peur qu'elle ne s'envole, elle est plus fragile que les autres et, pourtant, en un instant, elle envoûte la salle. Elle la tient dans sa main. Un fluide magnétique se dégage d'elle. Je la bois des yeux, mon Édith, je l'appelle, comme son public, j'ai un besoin physique d'elle, il faut qu'elle reste là, il faut qu'elle chante encore. Ses mains aux doigts maigres et recroquevillés semblent se raccrocher au vide, à la vie. Elle tourne sur elle-même, si minuscule, si frêle qu'on craint à chaque pas de côté qu'elle ne s'effondre, mais non. Déjà, elle enchaîne une autre chanson. Avec une voix qui ne faillit jamais. Et avec Théo Sarapo, son dernier jeune amour et « amant », aussi grand qu'elle est petite, elle chante : *« Non, rien de rien, non je ne regrette rien. »* Ses derniers amants n'osaient plus la toucher, ils avaient peur de la briser.

Qu'est-ce qu'elle a pu me faire rire, mon Édith ! En 1961, je la rencontre par hasard à la projection de *Vie privée* de Louis Malle. Dans l'obscurité de la salle, je ne l'ai pas vue. Debout, elle est minuscule, alors assise, on imagine ce que cela peut être ! À la fin de la séance, elle m'interpelle : *« Annie ! Qu'est-ce que tu fais là ? Allez, hop, je t'emmène ! »* C'est parti. Nous marchons dans la rue jusqu'à une superbe Rolls-Royce avec chauffeur. Elle s'arrête. *« C'est ma voiture »*, dit-elle en grimpant dans l'engin de rêve sans avoir à courber la tête. *« Regarde, je peux me tenir debout, comme si j'étais dans l'autobus, c'est bien, non ? »* Ça, c'est tout Piaf, irrésistible gavroche, l'enfance la plus atroce, la réussite la plus éblouissante.

Piaf, j'ai l'impression de la connaître jusqu'au bout des ongles. Je pourrais interpréter son personnage sans avoir l'impression de jouer autre chose que ce que je suis vraiment. Du fond de sa nuit, elle m'a montré la route. Ne jamais oublier d'où je viens, rire, aimer, aider sans compter. Édith et moi, on se ressemble. Elle chante les femmes trahies et délaissées, battues, assassinées. Au cinéma, ce sont celles que j'incarne, celles que l'on abandonne aux plus grandes solitudes. Plus rarement les meneuses, les battantes. Moi aussi, j'ai erré dans le désert de l'amour. Dans toutes les femmes bafouées que j'incarne, dans l'écho de mes cris, c'est Piaf que l'on entend toujours.

Je suis à Rome, encore, lorsque j'apprends la mort d'Édith. Je m'y attendais, bien sûr. *« Chaque fois qu'elle chante, on dirait qu'elle arrache son âme pour la dernière fois »*, disait Jean Cocteau qui meurt quelques heures après elle, ce 11 octobre 1963 à Milly-la-

Forêt. Piaf, quant à elle, est retrouvée à Grasse où elle vit recluse dans un quasi-coma, seule, orpheline du monde. Transportée d'urgence à Paris, elle meurt sur la route. Partie comme elle était venue.

Le même jour, je perds ainsi celui qui me fit naître à moi-même et celle qui fut mon phare, la voie à suivre, le but à atteindre. Lorsque, aujourd'hui, je vais passer un moment avec Édith au cimetière du Père-Lachaise, de sa tombe, à quelques dizaines de mètres derrière le mur des Fédérés, je vois les tuiles rouges de la Villa Godin où je vécus lorsque je suis arrivée à Paris. Maman, Simone et Montand, Fresson, Léotard, Bruno, le mari d'Annie Cordy, enterrés presque côte à côte, ne sont pas loin. « *Vous êtes une chanson de Piaf qui finirait bien* », m'a dit le journaliste Pierre Bénichou. Édith, tu l'entends ce sacré compliment ?

Renato, mio amore

C'est un moment béni des dieux : non seulement *Deux sur la balançoire* est un grand succès – le Théâtre des Ambassadeurs ne désemplit pas – mais *L'Homme aux clefs d'or* marche également très bien. Pour ce film, j'obtiens même le prix Suzanne-Bianchetti qui récompense la comédienne la plus prometteuse de l'année. La presse souligne ma façon « naturelle » de jouer, elle dit que je suis « vraie ». Après des siècles de sophistication, voilà que la simplicité séduit les critiques. Ma manière d'être retient l'attention de tous les journalistes qui découvrent qu'après avoir incarné les héroïnes du théâtre classique, je peux aussi jouer les femmes d'aujourd'hui. Sauf que les réalisateurs manquent singulièrement d'imagination : ils ne me proposent plus que des rôles de petites garces ou de chipies.

Tout arrive si vite, j'ai confiance, mais je sais aussi que tout peut s'arrêter du jour au lendemain. Je vais en avoir un avant-goût. Après ce coup d'éclat, les projecteurs s'éloignent de moi. Je joue, je travaille, mais on ne parle plus d'Annie Girardot dans la presse. Il me faudra le temps d'une vie pour comprendre que rien n'est jamais acquis dans ce métier, qu'il faut sans cesse s'armer, remettre ses fers au feu. Je ne suis pas ambitieuse, je ne sais ni intriguer, ni me faire valoir. J'attends que l'on vienne me chercher, c'est tout. Je crois en ma bonne étoile, c'est elle qui décide pour moi. Mon destin est en marche, il suffit d'être patient et confiant.

Après avoir réglé la mise en scène de *Deux sur la balançoire* et assisté à quelques représentations, Visconti est rentré à Rome. La pièce n'est pas encore terminée qu'il me demande de le rejoindre pour faire des essais. Il n'a pas encore trouvé le personnage de Nadia, la jeune prostituée de son prochain film, *Rocco et ses frères.* On lui a bien proposé des actrices prestigieuses comme Brigitte Bardot ou Pascale Petit, mais Visconti a rétorqué qu'il cherchait une comédienne, pas une manucure. C'est Girardot qu'il veut voir. Je suis dans mes petits souliers, j'ai pas l'impression d'être la bonne pointure non plus.

En prenant mon avion pour l'Italie, j'inaugure une série que je n'imaginais pas être aussi longue : les Paris-Rome-Paris, et autres voyages transalpins. Le rendez-vous a lieu dans la maison de Visconti, via Salaria à Rome. Un petit palais, entouré d'un jardin. Lorsque j'entre dans son bureau, Luchino n'est pas seul, un homme grand et très baraqué lui parle avec animation. Évidemment, je ne comprends pas un mot de cette langue que je vais me mettre à apprendre furieusement une semaine plus tard. L'homme qui me tourne le dos est un grand acteur italien, je le reconnais, il s'appelle Renato Salvatori. Dans quelques secondes, il va devenir et rester, jusqu'à mon dernier souffle, le grand amour de ma vie.

J'ai failli m'évanouir en le voyant. *Amore a prima vista.* Cela existe donc, les vrais coups de foudre ? Dieu que cet homme est beau ! J'aime son visage, ce nez court et un peu écrasé de boxeur, ses yeux fendus comme ceux d'un loup, son corps trapu et puissant. La sensualité qui émane de ses lèvres, de son sourire, j'en frissonne, si petite à côté de lui. Le film commence avant même que Visconti ait dit « moteur ». Mes yeux se posent sur Renato, timidement, puis je soutiens son regard. Je ne veux pas me laisser impressionner, même s'il est une star dans son pays. Vingt-sept ans, un peu plus jeune que moi, comme presque tous les hommes de ma vie. Il me sourit en me fixant et en me déshabillant des yeux. Je lui plais, c'est évident… mais chaque chose en son temps. Du calme, ma fille. Pour l'heure, passons aux essais avec Visconti en priant le Ciel que je ne sois pas séparée de cet homme qui me soulève, et ne me lâche plus du regard.

Luchino me fait répéter la scène de la rencontre entre Nadia, la putain, et Simone, le client. Nous sommes dans les bras l'un de l'autre avant de nous être dit bonjour. C'est cela le cinéma : la chronologie de l'histoire est rarement respectée dans le planning de travail. Ensuite, je repars avec Renato et nous passons le restant de la journée ensemble, dans un état second en ce qui me concerne. Il me fait visiter sa maison dans laquelle je vais m'installer bientôt, et m'emmène faire une promenade dans Rome. Nous parlons un sabir franco-italien, agrémenté d'amples mouvements de mains et de sourires en guise de ponctuation. La communication passe très bien. Si, le premier soir, je retourne sagement à l'hôtel, le deuxième, je dors dans ses bras. Avec le sentiment de ne plus pouvoir décider autre chose que ce que me dictera cette attirance dévastatrice. Je redescends sur terre le mardi après-midi, juste à temps pour courir à l'aéroport. C'est étrange, j'ai l'impression que, pour moi, la vie commence alors que l'avion qui me ramène à Paris fait son dernier voyage vers le cimetière de l'aéronautique. L'intérieur de la carlingue est aménagé comme un train de nuit avec des cabines à couchettes, séparées par des cloisons de tissu. L'Orient-Express des airs. J'ai pu dormir un peu avant de jouer au théâtre le soir même. Tant d'émotions en si peu de temps, je ne savais plus qui j'étais. La tête dans un nuage et des souvenirs brûlants qui arrivaient sans cesse comme des flashes. Jean Marais a dû me trouver l'air un peu rêveur en m'embrassant avec sa fougue habituelle. Après les caresses et les étreintes… la schlague !

Les jours qui suivent se partagent entre l'émerveillement du coup de foudre amoureux, la vision permanente, magique, des mains et des lèvres de cet homme qui, dès la première seconde, m'a marquée au fer rouge de la passion, et l'inquiétude de l'attente. Renato, c'est mon homme, je le sais. Mon corps l'a compris avant moi. La raison rentre à la niche. Renato EST l'amour, le plaisir avec sa part de soumission et d'abandon. Cela aussi, je le sens. Un voyou, avec un V majuscule, qui m'attire d'autant que sous son aspect un peu rustre, je perçois une délicatesse extrême. Mieux qu'un acteur : une nature phénoménale. Je suis fascinée, aimantée par un désir irrésistible qui me porte vers lui. Je suis amoureuse. Follement, même. Édith, je pense à toi. Toutes tes chansons, je les comprends, je peux les chanter à présent. On a souvent raconté que Renato fut aussi mon enfer avec son lot de trahisons. Les femmes, les vapeurs d'alcool, la flambe, la jalousie, les ires dévastatrices… que sais-je ? De cela il ne reste rien. Moi, cet enfer, s'il fut, me paraît bien froid à côté de la passion dévorante qui nous a unis, et ne s'est jamais éteinte, même avec sa mort. Il est et demeure mon seul, grand et doux amour. Le père de ma fille unique, Giulia. Loin de moi Renato, mais si profondément en moi. La passion ne s'est jamais atténuée lorsque l'étreinte a disparu. Renato est monté au Ciel et il doit être vachement emmerdé parce que les anges n'ont pas de sexe.

Visconti n'a rien dit après les essais. Il n'est pas le seul à décider. Deux semaines vont passer sans que j'aie de nouvelles de lui. Plusieurs fois par jour, Renato m'appelle au téléphone pour me chuchoter des mots d'amour dans la langue des amants éternels. Il ne parle pas français, moi pas encore l'italien, mais Jean Roquelle « La Roquille », mon ami du Conservatoire, traduit à mes côtés les mots qui m'échappent. Les soupirs, les silences de Renato, je les comprends sans l'aide de personne. Nous parlons la même langue lorsque l'on se tait. Finalement, Olga Horstig, mon agent, me téléphone la bonne nouvelle : j'ai le rôle. Je peux faire mes valises et me préparer à retrouver celui que je n'appelle plus désormais que « mon Renato ». Visconti ne s'est pas trompé en me choisissant pour interpréter Nadia. Je n'ai jamais cessé d'être cette femme qui attend l'être aimé, qui espère tout de lui. Turbulente Pénélope.

Janvier 1960, début du tournage à Milan. Je fais la connaissance d'Alain Delon. Vingt-cinq ans. Une beauté insolente. Même les hommes se retournent sur lui lorsque l'on se promène dans les rues, le soir, après le tournage, Visconti lui-même… L'Italie lui va bien, cette langue ajoute à l'éclat de son charme. Renato et Alain se chamaillent comme des enfants insupportables. Les deux ont fait de la boxe – ils s'entraînent encore tous les jours pour le film – et ils se flanquent de sacrées peignées. Une amitié virile. Lorsqu'ils marchent ensemble, se tenant par le bras, ils forment un clan à la sicilienne. Ils ne sont pas loin des personnages qu'ils incarnent à l'écran. Chacun veille sur l'autre et contrôle ses intérêts. Quelques jours après ma rencontre avec Renato, Alain, à qui j'ai raconté mon histoire d'amour à Paris, me prend à part et me dit : *« Bon, ben maintenant, tu vas dire à ton ami Carbonneaux que c'est fini avec lui, d'accord ? »* Le ton est sec, sans réplique. Je ne sais pas de quoi il se mêle, mais il est comme ça. Je vais apprendre à le connaître et mieux le comprendre. Il a juste le défaut de vouloir le bien de tout le monde, et de dire ce qu'il pense sans une once de diplomatie. Parfois son attitude dérange et blesse les âmes sensibles ou les esprits indépendants qui n'aiment pas qu'on leur dicte leur conduite.

Concernant Norbert, pas besoin de lui faire de discours, il a compris de lui-même. Sa réaction est violente, à la mesure de son chagrin, de sa déception. Lorsqu'il comprend que je ne reviendrai pas quai Louis-Blériot, que notre histoire d'amour s'arrête ici, il flanque la télévision par la fenêtre et sort définitivement de ma vie. *« Tu sais, il ne t'a jamais oubliée... »* me confia dernièrement l'une de ses amies. Norbert, pardonne-moi de t'avoir fait souffrir, mais qu'est-ce que tu voulais que je fasse ? Ce n'était pas si facile de te quitter. Quand j'aime, j'ai toujours l'impression que c'est pour la vie. Mais Renato, c'était à la fois un cyclone et un tremblement de terre, comment aurais-je pu résister ? À côté de lui, aucun homme n'existait.

Avec Renato, je découvre la fascination d'aimer et d'avoir peur. Je l'aime et je le crains. Une situation que je vivrai à nouveau, quelques années plus tard, de façon plus dramatique, avec mon compagnon Bernard Fresson. Renato est sujet à des accès de fureur qu'il ne contrôle pas. D'ailleurs, Visconti l'a choisi pour le rôle de Simone, le frère criminel de Rocco, après l'avoir vu corriger un autre acteur qui convoitait sa petite amie. Cette fureur, cette rage enthousiasmèrent le metteur en scène, peu habitué à de telles manifestations de virilité. Dès leur première rencontre, il a senti toute la violence qui sourdait en lui. Dans la scène où Renato-Simone me bat, me viole avant de me poignarder, je ne feins pas la peur, je suis réellement terrorisée. Je cours comme une bête traquée, je sens qu'il va me tuer, que je suis coincée. À un moment, il m'attrape, m'enfonce un couteau et je ploie sous la violence du choc, bien que la lame de l'accessoire factice se rétracte. Luchino nous fait refaire la scène plusieurs fois de suite, jusqu'au moment où le couteau se bloque. La pointe me pique un peu. Je pousse un cri. *« Que se passe-t-il ? »* s'écrie Luchino en levant le bras pour arrêter la caméra. *« C'est le couteau, Luchino, la lame n'est pas rentrée dans le manche. Mais tout va bien »*, dis-je. Visconti se tourne alors vers Renato, et lui dit en italien comme s'il grondait un enfant : *« Renato, regarde ce que tu fais à Annie, tu la blesses… »* Alors Renato se tourne vers moi, et me lance avec panache : *« È per l'arte, madame. »* C'est pour l'art, madame. L'art de se faire assassiner au cinéma par l'homme que j'aime. Je sacrifierai tout à cet art-là. Cette jolie phrase, je ne l'ai pas oubliée. Tout l'humour, l'esprit, la grâce de Renato y sont contenus.

Luchino Visconti est attentif à tout. Lors d'une scène avec Alain, en plein soleil, la lumière est tellement vive que je n'arrive pas à le regarder sans ciller des paupières. Si les projecteurs de studio ne m'incommodent pas, en revanche, la clarté du soleil me blesse les yeux. Luchino trouve d'emblée la solution. Il me fait porter des lunettes noires pendant toute la scène jusqu'au moment où je dois montrer mon émotion à Alain. Là, je fais glisser les lunettes sur le bout de mon nez et quand mes yeux se découvrent, une larme s'en échappe. Comme un instantané, un regard jaillissant vers Alain et vers le spectateur.

Rien que le tournage des scènes de viol ou de bagarre entre Renato et Alain durent une semaine, des nuits entières. Nerveusement, c'est douloureux, je n'en peux plus. Nous sommes au paroxysme de la violence. Les scènes qui nous réunissent, Alain et moi, sont jouées en français, alors que Renato, lui, me répond en italien. Au début, c'est surprenant, d'autant que je ne comprends pas encore sa langue, ensuite, cela ne pose plus aucun problème. Sur le plateau, l'ambiance est tendue, comme sur tous les tournages de Luchino. On ne rigole pas, on travaille. Avec la salve d'injures qui à chaque instant peut vous tomber sur la tête devant tout le monde. Les tensions entre Renato et le metteur en scène sont fréquentes. Luchino manie l'insulte cinglante comme un chef d'orchestre la baguette, et mon bonhomme répond sur le même ton. Le maestro crée des tensions sur le plateau pour exacerber les envies, les rancœurs des uns et des autres. Il a des chouchous, Alain, à qui Luchino passe tout et qui en profite pour se conduire parfois comme un gosse turbulent. Et des têtes de Turc, Renato, entre autres, à qui il restera plusieurs jours sans parler. Mon homme connaît bien Luchino : il mettrait leur amitié en péril pour faire de lui un Simone inoubliable. Rien ne compte que la splendeur des personnages et du film. Parfois, Renato souffre d'être si mal traité, et tous les soirs, nous en parlons longuement, tendrement. Je le rassure : Visconti ne s'embarrasse pas de caractères médiocres et sans relief. Donc, il n'a pas à douter de son talent. Renato m'écoute avec attention, il a confiance en moi, il m'aime et, dans la presse, je découvre avec joie qu'il m'admire. *« Grâce à Annie, je sais enfin ce que c'est de tourner un film avec une véritable actrice »*, dit-il. Entre nous, à présent, c'est l'amour fou. Nous sommes avides, affamés, avec l'envie continuelle d'être dans les bras l'un de l'autre, mais aussi de rire, de parler, de jouer. De vivre ensemble.

Lorsque *Rocco et ses frères* est présenté en France en mars 1961, l'accueil est catastrophique. C'est un vrai fiasco critique et commercial. Chacun s'accorde à trouver l'histoire amorale, parfois même sans avoir vu le film. C'est l'hallali ! Certains journalistes nous insultent pour avoir participé à ce projet qu'ils jugent « obscène ». Je n'ai jamais compris cette réaction, ce rejet. Il semble que les Français ne soient pas encore prêts à entendre parler de viol et d'homosexualité. Quand ils découvriront le film plus tard à la télévision, ils crieront au chef-d'œuvre. Il faut tuer le génie pour le trouver génial. Entre-temps, nous nous serons tous fait un nom, comme on dit, de la belle Claudia Cardinale, en passant par Roger Hanin, Alain Delon et moi-même. Car même si nous n'étions pas tous des débutants, nous étions pratiquement des inconnus pour le grand public. En Italie, le film déclenche une polémique virulente, qui n'empêche pas les spectateurs d'aller le voir en masse : c'est avec *Rocco et ses frères* que Visconti connaît son premier grand succès commercial. Aujourd'hui, c'est un classique, pour beaucoup un film culte. Pour moi, le premier film important de ma carrière.

Après deux mois de tournage, je rentre à Paris pour vendre l'appartement quai Louis-Blériot et remettre mes idées en ordre. Cette nouvelle fièvre amoureuse m'a emportée si loin, si haut que j'en ai oublié mon existence ici. Sauf maman et Jeannot mon grand frère à qui je confie mon grand bonheur. Entre Rome et Paris, je dois m'organiser. Je sais que Renato respire mal loin de l'Italie et de ses copains, et moi j'ai ma famille, mes amis, mon métier ici. Je cherche un appartement à Paris dans un quartier qui pourrait lui rappeler ses chers quartiers romains. Je pense au Marais avec ses petites rues pavées, les enseignes médiévales, les hôtels particuliers. Lorsque je l'emmène se promener place des Vosges, mon bonhomme s'extasie devant la beauté des bâtiments anciens, des arcades et du jardin carré : *« Si tu veux m'épouser, tu dois acheter ici tout de suite ! »* s'écrie-t-il dans un franco-italien qui me fait l'effet d'une pressante caresse. Chouette ! Je n'en demandais pas tant. À l'époque, les logements dans ce quartier ne coûtaient rien. Avant de devenir l'un des endroits les plus chics de la capitale, c'est un lieu sombre et presque à l'abandon. Quinze jours plus tard, je m'installe dans un magnifique duplex donnant sur l'entrée du jardin, au n° 25 de la place des Vosges. C'est le début d'une grande histoire d'amour avec un appartement qui me colla au corps et à l'âme comme nul autre, qui fut mon nid, pendant près de vingt ans, lieu de tous les plaisirs, de ma solitude, de ma retraite. Et dont je dus me séparer bien plus tard avec une douleur qui ne s'est jamais apaisée.

Giulia, ma fille si chérie

À peine sortie des bras de Renato et de l'enchantement viscontien, je pars endosser les habits de *L'Idiote* de Marcel Achard. Ce projet, dont Simone Berriau m'a parlé deux ans plus tôt, a fait son chemin. À l'époque, j'avais dit oui avant même que la pièce ne soit écrite. Sur le papier, la pièce prend une autre dimension. L'action est toujours plus incertaine que de longs discours ou que les rêves. Quoi qu'il en soit, pour la mise en scène, je propose Jean Meyer, professeur au Conservatoire. Il dit oui tout de suite, bien qu'il émette des réserves sur l'interprétation plutôt grave que je propose. Il me voudrait plus frivole, plus légère. Merde ! Les années ont passé, j'ai fait la preuve publique de mes capacités à jouer des rôles dramatiques, et rien à faire, Jean Meyer continue à voir en moi une soubrette. Comme je refuse de travailler sur ce registre, nous décidons d'attendre la couturière. Si la salle n'est pas convaincue par mon jeu, je me plierai à son appréciation. Pendant toutes les répétitions, je suis terrorisée, avec l'impression d'être abandonnée à moi-même. La réaction du public montrera que Meyer se trompe : le spectacle fait un tabac et les gens m'aiment à cette octave-là. Après le spectacle, Simone Berriau va le trouver et lui dit mi-sévère, mi-caustique : « *Monsieur Meyer, mademoiselle Girardot a fait un triomphe… malgré vous.* » C'est un peu sec, mais beau joueur, il se retire. Il me faudra un temps fou avant de réaliser que j'ai eu raison, tant j'étais paniquée. Bien des années plus tard, j'irai remercier Jean Meyer de m'avoir appris, indirectement, à faire confiance à mon intuition… Mais c'était un grand bonhomme de théâtre. Il incarnait pour moi les feux de la rampe. Et je reste encore avec mon chagrin de l'avoir perdu.

L'Idiote est un grand succès, bien qu'elle reste pour moi le souvenir d'une abominable frustration. Tous les soirs, après le spectacle, je me rue à la maison pour attendre le coup de fil de Renato. Lorsque je reconnais sa voix douce et grave à la fois, mon cœur tambourine et les mots se bousculent. Ses mots d'amour, ardents, caressants, même en italien, je les comprends au vol. C'est tout ce que nous avons pour faire l'amour. Dans un mélange de français et de mauvais italien, je lui murmure tout ce qui m'a traversé l'esprit durant ces heures sans lui. Tous les soirs, je pleure en raccrochant, et je ressens un manque atroce de ses mains, de sa bouche. Je suis amoureuse et je crève de ne pas voir mon bonhomme, c'est tout. Rien ne m'intéresse que d'attendre cette voix toute la journée et de l'entendre, enfin. Ensuite, je me traîne entre larmes et mélancolie. Ma souffrance ne se calme que pendant les deux heures de la représentation. Toutes les minutes, je me retiens pour ne pas prendre mon sac et m'envoler vers Renato. Ce serait tellement simple. Un coup d'avion et je suis dans ses bras. Vie absurde, mon amour est à deux heures d'ici et je dois rester à Paris à me morfondre. *L'Idiote*, pour le coup, c'est moi. La comédie qui devait sublimer toutes mes passions me semble une prison, le Théâtre Antoine, une usine où je pointe tous les soirs, à la même heure. Pour la première fois, je réalise combien cette situation, lui là-bas, moi ici, risque d'être douloureuse et compliquée à vivre.

Alors, peu à peu, je tombe malade. Ma voix s'éraille puis se tarit. Je suis aphone et au bord de la dépression nerveuse. À la 230e représentation, je craque et préviens Simone Berriau de mon intention d'arrêter. *« Je n'en peux plus, moi je pars me marier ! »* Voilà ce que je réponds à la presse qui m'interroge sur mon état de santé. Simone Berriau me pardonnera mal d'avoir exprimé ce désespoir, d'avoir confié aux journalistes que certains soirs, je hais le théâtre et qu'il est absurde de répéter toujours les mêmes mots. Elle a raison, mais je n'en peux plus, je craque, c'est tout. Quant à Marcel Achard, il est furieux. Il demande même que l'on vérifie si je suis bien alitée chez moi et pas dans un avion pour Rome. Lorsque je jouerai *Après la chute* au Théâtre du Gymnase, rancunier, il dira à Marie Bell, la directrice : *« J'espère qu'elle ne te plaquera pas en cours de route... »* Et qu'est-ce que je devais faire, monsieur Achard ? Continuer sans voix, en me traînant par terre pour remplir votre tiroir-caisse ?

Après cette aventure, je reste six mois sans pouvoir parler normalement. Finalement, la Faculté s'en mêle, on me découvre des nodules sur les cordes vocales. Je suis épuisée, au bout du rouleau. Cette fois, c'est mon corps qui refuse d'avancer. Bête de somme en colère, je me suis coupé le sifflet. Cette astreinte et la mésaventure de *L'Idiote* me marqueront tant que, pendant quatre ans, je refuserai toute proposition de théâtre qui m'obligerait à quitter Renato trop longtemps. Et je pars me requinquer à Rome.

Auprès de Renato, je me recentre et je guéris. Et que l'on ne me parle plus de passer une nuit sans mon amoureux ! Je me mens, bien sûr, je sais que tôt ou tard... mais garde-moi encore près de toi, mon amour. Le hasard fait bien les choses qui me permet de rester près de lui deux mois de plus, puisque nous tournons dans le même film de Franco Rossi. Le tournage a lieu sur la côte Ouest des États-Unis. *Smog* ne sortit jamais en France, mais il aura le privilège de nous avoir fait passer huit semaines en amoureux à Los Angeles. Jamais nous ne nous serons autant aimés dans un film.

Hollywood, Las Vegas, les puits de pétrole, les foreuses qui picorent les vastes étendues comme des poules géantes, les casinos, les Cadillacs aux fauteuils de cuir rose, l'argent qui coule à flots... Nous ouvrons nos mirettes comme de vrais émigrés. D'ailleurs, *Smog* raconte précisément l'histoire des nouveaux arrivés en Amérique. Renato joue le rôle d'un Italien friand de casinos et de femmes, avec un plaisir non dissimulé. Les Américains nous regardent d'un sale œil, choqués qu'une équipe italienne vienne tourner à Hollywood sans utiliser leurs magnifiques studios. Hé oui, en bon Italien qui se respecte, Rossi tourne dans la rue. Vous y viendrez, vous aussi.

Non sans mal, je quitte Renato qui reste en Californie, pour rejoindre l'équipe du *Bateau d'Émile*, le film de Denys de La Patellière. Je sens que ces séparations vont mettre mes nerfs et mon moral à rude épreuve. J'y pense sans cesse. Deux comédiens dans un couple, cela fonctionne lorsqu'un même projet de vie les soude, comme Madeleine Renaud et Jean-Louis Barrault. Ce n'est pas notre cas. Pour l'instant, je ne veux rien décider. Je suis bien trop éprise pour réfléchir intelligemment. Le cœur a ses raisons… Nous verrons bien.

Sur *Le Bateau d'Émile*, d'étranges nausées me prennent qui n'ont rien à voir avec le mal de mer. Surprise ! Le 25 octobre, jour de mon anniversaire, le médecin m'apprend que je suis enceinte. Un enfant de Renato, j'en ai tellement rêvé, je l'ai voulu, comme une évidence, qui nous lierait définitivement, malgré nous. Nous n'avons rien programmé, il s'annonce de lui-même, le voilà… Un bébé à trente ans, c'est un âge raisonnable, après tout… Maman m'ausculte avec sa précaution habituelle, maman qui se limait et se polissait délicatement les ongles pour ne jamais blesser ses patientes. Quiétude et volupté d'être entre ses mains, à la merci de son regard qui me confirme la bonne nouvelle. Et dire qu'après cette terrible infection, les médecins pensaient que je ne pourrais plus donner la vie. Comment Renato va-t-il accueillir l'événement ? Il n'a jamais parlé de cette éventualité. Tout d'un coup, je me sens fragile, vulnérable, un peu perdue devant l'énormité de la nouvelle que je ne peux encore partager avec lui. Émerveillée aussi.

Sur le tournage, je dois me protéger de la violence naturelle de mes partenaires, en particulier Pierre Brasseur, aux gestes très brouillons. Il peut me donner un coup de coude dans le ventre, sans même s'en rendre compte. *« Attention, m'sieur Brasseur, vous savez, j'attends un p'tit bébé… »* Il me regarde avec des yeux ronds. Lui pas comprendre. Quant à Lino Ventura, nounours à la patte de velours, cette nouvelle le fait fondre de tendresse. Il multiplie les attentions envers moi. Dans une scène où il doit me porter contre lui, je constate qu'il y met une délicatesse extrême. J'ai envoyé un télégramme à Renato à Los Angeles. *Aspetto un bambino franco-italiano-americano.* Ses lettres en retour expriment tout son bonheur, son émotion, sa hâte de me revoir. La question se pose, plus précise, lorsque nous nous retrouvons. Alors, que faisons-nous à présent ? Il hésite, il ne sait pas… *« Et toi, qu'en penses-tu ? »* Il me refile le bébé. Ce que j'en pense, moi, est-ce que je sais… Jamais l'idée du mariage ne m'a sérieusement traversé l'esprit. Je balance toujours entre foyer, famille et liberté, absence de contraintes. En fait, je serais bien restée comme maman, mère célibataire. Mais là, je ne sais pas. Il est si beau, mon Renato. Pour cet homme, oui, je sauterais bien le pas. Quant à lui, s'il a un temps évoqué le mariage en s'émerveillant face à la place des Vosges, il n'en a plus jamais reparlé ensuite. Nous remettons la décision à quelques jours. Moi, j'attends que la vie, ma bonne étoile, décide à ma place. Comme toujours.

Les premières semaines de grossesse sont exténuantes, sans compter les nausées matinales. À La Rochelle, l'air est doux en ce milieu d'automne, et nous profitons des derniers beaux jours sur le bord de l'Atlantique où, tous les soirs, Pierre Brasseur fait la tournée des grands-ducs. Il ramène dans sa chambre ce qu'il a trouvé de moins farouche comme gibier au cours de sa chasse aux gazelles. Jusqu'à la réceptionniste de l'hôtel, plutôt jolie, mais affublée d'un pied-bot, véritable borne de bois, comme on en voyait quand j'étais môme et qui ont complètement disparu aujourd'hui. Pour ce qui est de Michel Simon, personne ne le suit dans ses balades nocturnes. Il n'a pas besoin de nous. On le gênerait. Ses virées finissent toujours dans les rues les plus sombres de la ville auprès des belles de nuit qui mettent en scène ses rêves obscurs.

Fondu au noir. Ma cousine Suzanne, ma Cendrillon au cœur d'or, est tuée à Meaux dans un accident de voiture, laissant deux jeunes enfants. Elle n'a pas eu la pantoufle de vair qui lui était destinée. Malédiction familiale de mère en fille, mortes au même âge, maltraitées par le même homme, mari et père fouettard. Je reste vissée sur le tournage. Encore plus de nausées.

Malgré une distribution prometteuse, le film est une œuvrette médiocre. Simon et Brasseur ont dû intimider le metteur en scène qui ne savait comment les diriger. En revanche, les dialogues signés Michel Audiard sont savoureux. À nouveau, je saisis toute la musicalité qui s'en dégage, l'esprit, la verve. J'ai l'impression qu'il me libère et qu'il m'atteint au plus intime, sans parvenir à bien comprendre pourquoi j'aime tant « causer » comme lui. Chaque film qui passe le rapproche un peu plus de moi. Il fait ses armes, se prépare à la mise en scène. Dans dix ans, il sera prêt à faire de moi la Georgette de *Elle boit pas, elle fume pas, elle drague pas mais elle cause…*

La Dolce Vita

Finalement, c'est Luchino qui a eu le dernier mot, en déclarant : *« Allez, on les marie ceux-là et qu'ils nous fichent la paix… »* Il a bien fait, Renato et moi étions incapables de prendre une décision. Après avoir tergiversé et repoussé à plusieurs reprises la date de notre mariage – Cocteau nous appelait « les fiancés de Pâques et de la Trinité » –, Renato et moi nous unissons officiellement, le 6 janvier 1962, à la mairie du 16e arrondissement, puis à Rome, dans l'église du Campidoglio, « pour le meilleur et pour le pire ». Un coup à Paris, un coup à Rome, nous commençons à prendre le rythme. Christian Marquand et Luchino seront nos témoins. Il fait beau et froid. Je porte un splendide vison caramel dans lequel je m'enveloppe frileusement. Sur les photos, nous sommes vraiment radieux. L'une d'elles montre Luchino en train de jeter des brassées de riz sur nos têtes à la sortie de la mairie. Nous en avions tant besoin que ça, Luchino ? Pour l'occasion, le maestro nous offre un cadeau prestigieux : trois petites paillotes sur une plage près de Gênes, des maisonnettes recouvertes de chaume, l'une abritant une salle à manger-cuisine, les deux autres, les chambres-salles de bains. Trois petites merveilles dans lesquelles Visconti recevait ses amis, l'été, pour des dîners de poissons sur la plage, servis par un majordome en gants blancs et en livrée. Avec des flambeaux plantés sur le sable faisant miroiter la verrerie et les vins dans des carafes de cristal. Vision d'un autre temps, qui me rappelle les fêtes sur la plage du Lido dans *Mort à Venise*.

Il n'y aura qu'un seul mariage dans ma vie, me suis-je dit ce jour-là. Pour personne d'autre, par la suite, je n'accomplirai cette démarche. Je l'ai faite pour Renato, c'est vrai, mais aussi pour maman qui aurait tellement aimé qu'on la demande en mariage elle aussi. La dimension sacrée de cet événement, je la découvre dans la force de mon engagement. J'y crois de toute mon âme. Ce jour-là, je me suis mariée « pour la vie », comme la plus simple des femmes. Et je ne divorcerai jamais. Pour moi, les années à venir sont à l'image du sourire rayonnant que j'arbore ce jour-là. Je me marie avec celui que j'aime. Renato est à la fois joyeux et nerveux. Le lion est pris au piège. Au petit matin il a forcé la cage. J'étais prévenue, il est reparti en Italie. Je ne le verrai plus pendant un mois. La presse a dit qu'il avait disparu, que j'ignorais où il était, que je n'avais pas de nouvelles. Version romanesque, pas très charitable pour moi, mais surtout fausse. Renato tournait à Milan et comme dans n'importe quelle profession, il avait obtenu une autorisation de s'absenter pour aller se marier en France, et ne pouvait interrompre le tournage plus longuement. *Ciao bambino !*

Ma grossesse est d'autant plus pénible que Renato ne me touche plus. J'ignore si c'est une coutume du pays, mais lui ne fait pas l'amour à une femme enceinte. On dirait qu'à ses yeux, je ne suis plus la même. La trouille d'être père et la vue d'un ventre proéminent lui donnent des envies de fuite. Après s'être réjoui de la bonne nouvelle, il ne supporte pas la transformation à vue de la femme à la mère. Un homme, c'est fragile. Alors, je l'épargne, prends sur moi, cache ma fatigue, les problèmes inhérents à cet état qui ne me réjouissent pas non plus, faut pas croire… On peut vivre sa grossesse de façon épanouie, heureuse et ne pas adorer prendre dix kilos en si peu de temps. Je porte des vêtements légèrement évasés, maquille mes cernes, redresse le torse et me plaque un sourire sur la face. Je préserve l'image de la maîtresse qui lui reviendra bientôt, qu'il ne s'inquiète donc pas. Le médecin qui me suit s'étonne de mon peu d'embonpoint. *« Si je ne vous avais pas accouchée, je n'aurais jamais cru en cette grossesse »*, me dira-t-il. Mon ventre est presque plat. Je veux tellement épargner Renato, que j'escamote mon état aux yeux du monde. Il fallait que je garde ce bonheur pour moi seule. Un truc à faire hurler les féministes, Chiennes de garde. Moi je ne mords pas.

Avant notre rencontre, Renato a acheté une magnifique maison dans le vieux Rome, près du Colisée, via Tribuna di Campitelli. Cinq étages, deux pièces par niveau. Le meilleur point de vue de la ville. Nous nous installons chacun à un étage, histoire d'avoir nos aises, même si, les premiers temps, je vivrais bien collée bouche à bouche avec lui, agrippée à son cou. Un étage est réservé aux amis de passage, un autre à la salle à manger où officie la cuisinière. Les gardiens vivent au premier. Bientôt j'y installerai une petite nurserie. La terrasse est couverte de plantes, avec une cage et des tourterelles, meublée avec recherche et décorée par Renato qui a un goût exquis depuis que Luchino l'a initié à l'art. J'avais bien perçu l'artiste derrière le boxeur… Il aime les beaux meubles, les objets précieux, la peinture, et adore les antiquités. De la même façon, Renato se souciait peu de son habillement jusqu'au moment où il a rencontré Luchino qui deviendra son maître des élégances.

Les premières années de vie à Rome sont sans doute la plus belle période de mon existence. Rome, c'est un peu ma campagne, ma villégiature. Pendant des mois, j'apprends l'italien avec la camériste pour cesser d'être « l'étrangère », et sortir de mon silence durant ces soirées où l'on me parle italien à toute allure et où je souris gentiment pour faire croire que je comprends. Je bricole une langue faite d'italien et de français, je parle petit nègre et l'on me suit à peu près. C'est à cette époque que je découvre les puzzles et les mots croisés qui nourriront bien des heures de solitude et d'ennui. Il faut bien passer le temps. Parfois, Paris me manque atrocement, les amis, les commerçants, le parfum de la ville, ma langue, les jeux de mots… Je me sens exclue, à part, « la femme de Renato », rien de plus. Mais la passion de mon homme balaie vite ce spleen. Nous donnons des fêtes, des dîners pour le plaisir de passer des soirées, des nuits avec nos amis. J'ai tout à la fois, l'amour, la gloire, l'argent, la jeunesse, la santé. Tout nous sourit, tout nous est promis. Je ne ressentirai jamais une telle plénitude, cette impression étrange que rien ne peut nous arriver ou, au contraire, que tout pourrait basculer en une seconde. À cette époque, si l'on m'avait proposé le plus beau rôle du monde, le texte théâtral le plus flamboyant, je l'aurais refusé. Jamais je ne me suis sentie aussi bien près d'un homme. Lorsque nous sommes ensemble, le temps s'arrête. Rien ne compte plus que ma vie de couple.

4 juillet 1962. Désormais un ciment d'amour nous réunit Renato et moi. Ma fille s'appelle Giulia, le prénom de sa grand-mère paternelle. Ma ritale aux yeux noirs, ma jolie, ma frisée à la bouche gourmande, portrait craché de Renato, embrassée dix mille, cent mille fois, me dévoile le doux instinct maternel et donne à son père une nouvelle fierté. Quand il la voit, petit bébé de quelques heures, il a un recul de peur et d'intimidation. Il ose à peine la toucher, de crainte de la casser, de la faire tomber. Moi non plus, je n'avais jamais tenu un enfant dans mes bras avant elle, je ne savais pas que c'était si chaud, si bon de l'embrasser. Envie de la manger, de la mordre avec les lèvres. Giulia, mon amour, ma chérie, une nouvelle force qui me porte, me bouleverse et me révèle à moi-même. À peine arrivée, je sens déjà à quel point je manquerai bientôt de ton corps, de ta peau, de tes rires, de tes bras potelés autour de mon cou.

Via Tribuna di Campitelli, qui ressemble un peu à la rue des Rosiers à Paris, le défilé d'amis, de connaissances, ne s'interrompt jamais. Tout le monde vient cinq minutes, une soirée, une nuit dans notre maison de Rome. Parfois, j'en ai le tournis. Un jour, un producteur me croise entre deux étages, me salue, et me demande ce que je fais là. *« Excusez-moi, cher monsieur,* lui dis-je, *mais ici, c'est chez moi. »* Je sais qu'on s'y perd, mais je reconnais quand même ma maison. Lui, il ne savait même pas où il était ! Nous passons notre temps à raccompagner à l'aéroport ceux qui partent et à récupérer les nouveaux arrivants. Alain Delon et Romy Schneider, Jean-Claude Brialy, Christian Marquand et Tina Aumont, Jean-Louis, Nadine et Marie Trintignant, Vadim et Catherine Deneuve, Simone Signoret, Nathalie Delon ont séjourné dans la maison. Anthony Delon s'installe même quelques mois chez nous, histoire de voir son père de temps en temps. Marco Ferreri, qui habite en face, traverse la rue pour déjeuner à notre table, en quête d'Odabella, notre somptueuse cuisinière, ou bien vient prendre le café comme un membre de la famille. C'était un ogre, dévoreur de vie et de plats, grand fumeur de pétards devant l'Éternel. Mastroianni, Alberto Sordi, Vittorio Gassman et Anna Magnani passent dire bonjour. Et moi, je reçois, j'installe, je nourris, je discute, je conseille, je souris, je console, je raccompagne. Odabella règne sur la maison et la cuisine – elle ne chôme pas ! – Franca, la nourrice, ne quitte pas Giulia de la journée. Parfois, j'aimerais m'occuper un peu plus de mon bébé, que la mère remplace la nurse, quoi de plus naturel, mais Renato m'en dissuade. *« Laisse faire la gouvernante, amore, elle est là pour ça… »* Alors, je ne fais presque rien que de jeter, de temps à autre, un œil sur les plats qui mijotent et sur ma petite puce qui barbote dans son bain. Inspecteur des travaux finis. Lorsqu'il m'arrive de changer Giulia, c'est presque en cachette, histoire de ne pas perdre complètement la main. Pour Renato, je suis l'artiste, je ne dois pas m'abîmer à ces tâches que d'autres font aussi bien que moi. Je ne dis rien, pour ne pas contrarier les coutumes. Quelles coutumes, d'ailleurs ? Je suis en train de devenir une véritable bourgeoise romaine, non ? Le coq gaulois englué dans la pasta italienne ! Maman, au secours !

Les premières années, cette situation de femme mariée et soumise à son italien et macho de mari, ne me déplaît pas. Elle me repose même. Lorsque je suis à Rome pour une période d'un mois ou deux, j'oublie mes responsabilités parisiennes, tout ce que j'assume seule. Avec Renato, je ne discute pas, c'est lui qui prend les décisions, il est chez lui, il sait mieux que moi. De plus, je ne maîtrise pas assez bien la langue. Après mon mariage, la presse française dira même que je suis faite pour un Italien car je parle peu et j'écoute bien. C'est assez vrai. Renato, c'est mon bonhomme. Près de lui, je suis le type même de la jeune épousée, toujours aux petits soins. S'il souffre d'une épaule, je le masse délicatement, s'il a faim, je cours lui chercher à manger, parce que j'adore m'occuper de lui.

Et puis, à force de me sentir inutile, sans responsabilité, de ne jamais participer à la marche des choses, cette *Dolce Vita* me paraît d'un ennui mortel ! Nous traînons, dormons, buvons, fumons, discutons toute la journée, on s'habille pour aller jouer aux cartes chez Francesco Rosi, ou bien nous allons au cinéma. Ici, les films sont doublés systématiquement. C'est curieux et dérangeant au début, mais il faut reconnaître que les Italiens sont les rois du genre. De toute façon, ça braille tellement dans la salle que l'on n'entend pas grand-chose ! Après le cinéma, nous allons au restaurant en joyeuse bande. On s'ennuie ferme, mais qu'est-ce qu'on bouffe ! Le pays regorge de bons produits. Comment je n'ai pas pris dix kilos les premiers mois, c'est un miracle ! Rome et toutes les trattorias de la piazza del Popolo, quel délice, quelle merveille ! Aujourd'hui, quand je retourne à Bologne, la ville où la nourriture est la meilleure du monde, je retrouve les mêmes saveurs qu'à l'époque. Il n'y a vraiment qu'en Italie qu'on sait cuisiner les légumes. Le soir, rendez-vous au café Dal Doney, vers la piazza di Spagna, pour une tisane au citron ou un Campari. Chacun dit du mal de l'autre, tout le monde se tape dans le dos, il y a des clans, des petits groupes… Bavardages, rires, c'est reparti…

Lorsque Renato quitte Rome pour tourner, l'Italie perd de son charme et je rentre à Paris, place des Vosges. Besoin à en crever de mon ciel, des p'tits bistrots, des commerçants du faubourg Saint-Antoine. Ainsi, l'équilibre est parfait. Pendant des années, je ferai le voyage Paris-Rome-Paris pour un oui pour un non, une première au théâtre, une soirée que Luchino donne, un dîner entre amis. À chaque jour de relâche d'une pièce, à chaque interruption de film, je fonce à l'aéroport pour retrouver mon bonhomme. Et même lorsque nos vies s'écarteront l'une de l'autre, je continuerai les vols transalpins. Lui vient plus rarement à Paris et ne reste jamais très longtemps. Quand il arrive, nous allons dîner chez Prunier, avenue Victor-Hugo, manger des fruits de mer qu'il ne trouve pas à Rome, puis il va faire quelques parties de poker avec Yves Montand au club de l'Alma, et nous finissons la nuit chez Castel ou Régine. La *Dolce Vita*, ici aussi.

Renato me charme par son talent, par son esprit et, surtout, comme tous les hommes de ma vie, par son irrésistible drôlerie. Il a toujours le mot cocasse, la repartie pour me faire rire. Je me souviens du jour où il m'a accompagnée sur le tournage des *Novices*, afin de faire la connaissance du metteur en scène, Guy Casaril. Renato le salue poliment, puis ses yeux descendent lentement sur le pantalon et se figent sur les pieds de Casaril. Discrètement, je regarde aussi. Ce jour-là, ce dernier porte des espadrilles avec des socquettes en laine. Renato se penche alors à mon oreille et me murmure : *« Amore, la prochaine fois que tu signes avec un metteur en scène, fais-moi plaisir, regarde ses chaussures ! »* Le pire, c'est qu'il avait raison : si *Les Novices* fut pour moi l'occasion de bien m'amuser avec Brigitte Bardot, le film, en revanche, n'avait pas plus d'élégance que son metteur en scène.

Lorsque je suis loin de Rome, je téléphone à Renato, plusieurs fois par jour, juste pour entendre sa voix… Je ne lui pose jamais de questions et parfois, la jalousie m'aveugle, me submerge. C'est insupportable. Je tourne en rond et je m'abîme dans la pensée qu'il est peut-être avec une autre femme.

Il te faudra apprendre à partager, ma fille. Renato m'aime, mais il court le jupon sans arrêt. Il fait comme tous les Italiens qui laissent leur femme à la maison et sortent seuls ou entre copains pour suivre les filles dans les rues. Pour eux, c'est une habitude, un mode de fonctionnement. Ça ne se discute pas. J'ai beau me dire qu'il m'aime à sa façon, qu'il y a moi et toutes les autres, au bout d'un certain temps, je n'en peux plus. Le rouge à lèvres sur le col des chemises que je fais semblant de ne pas voir, un cheveu blond sur l'épaule de sa veste, les femmes qui le demandent au téléphone en roucoulant, ras le bol, assez, *basta !* Pendant des années, je vis avec mon mari d'une façon fausse et puis, soudain, je le vois et je l'accepte tel qu'il est. Lorsque je comprends qu'il me sera toujours infidèle, je décide de vivre comme lui. Je ne vois pas d'autre solution. Pour ne pas crever de jalousie, moi aussi, j'aurai des aventures. Comme tous les hommes, puisqu'ils sont ainsi. C'est ce que l'on dit. Ma vie change, elle bascule. Je me souviens encore du jour où mes yeux se sont ouverts.

Cette semaine-là, Renato est à Londres, il fait un stage d'anglais avec Christian Marquand. Il le dit, je le crois. Renato parlant anglais… Qu'est-ce que je peux être naïve parfois ! Mais pourquoi douter de la parole de ceux qu'on aime ? Quand je l'appelle, on me répond qu'il est parti chasser en Écosse. Renato, à la chasse, c'est déjà plus plausible. Puis, il me demande de le rejoindre à Londres et m'accueille avec un immense sourire, empressé, heureux de me voir, comme toujours. Pendant l'un de ses rendez-vous, je reste dans notre chambre d'hôtel, et je furète un peu sur le bureau, la table de nuit. Je ne fouille pas, non, mais je regarde distraitement sachant très bien ce que je finirai par découvrir. Et je trouve. Un petit mot. Minuscule. Énorme. *« Ti amo. Fabia. »* Coup de poing au cœur. Coup de poignard. Heureusement, je suis seule. Je m'écroule.

Quand il revient, je ne dis rien. Je serre les dents. Envie d'être méchante, de tout casser, mais je ne dis rien. Les yeux qui rient, sourire clic-clac et larmes à l'intérieur. Je fais mon cinéma à Renato. Ce que je hais le plus au monde : jouer la comédie dans la vie. À cause de lui. Le soir, nous nous retrouvons à une réception où j'aperçois au loin les Rolling Stones. C'est l'époque des paradis artificiels. Je ferme les yeux un long moment. Après quelques minutes, j'ai le sentiment d'y voir plus clair, d'aller mieux. Qu'est-ce que je m'emmerde avec cette Fabia et toutes ces bonnes femmes ? Est-ce qu'elles vont continuer longtemps à me gâcher la vie, à me glacer le sang lorsqu'elles appellent ou qu'elles laissent leur parfum dans le cou de mon homme ? Plus jamais je ne permettrai que l'on me torture ainsi. Je ne veux plus rien savoir d'elles. Je ne veux plus y penser. C'est fini, *basta !*

Renato, je t'ai trompé, pour ne pas te perdre. Pour survivre !

À partir d'aujourd'hui, je suis indépendante. J'existe aussi, je viens de m'en souvenir. Moi aussi, je pars à la chasse. Je reprends mes marivaudages polissons. Parce que je n'ai pas envie de détester les autres femmes ou de trembler dès qu'une blonde passe dans ton sillage. Tu peux le comprendre, cela, Renato ? Je n'irai pas sur le trottoir en chantonnant « *Tu viens chéri ?* », mais, comme toi, j'aurai des aventures.

Il y eut d'autres hommes, d'autres corps, des amourettes dont certaines très jolies. L'histoire de Fabia fut ma vraie révolution sexuelle, elle me délivra de cette jalousie qui me dévorait le ventre comme un rapace et me ruinait l'esprit. Elle me donna l'assurance d'être une bonne femme bandante. Je l'avais un peu oublié ces derniers temps.

Très vite, Renato comprend que quelque chose se passe, sans saisir ce qui nous arrive. Le régime de la liberté réciproque, il ne s'y fait pas. Il croit que je ne l'aime plus, alors que je fais tout pour le garder. Je ne dis rien de mes rencontres, c'est une histoire entre moi et moi. Mais il sent que je lui échappe. Il pense même que tout est fini entre nous. Après l'aventure Fabia, il semble un peu perdu. *« Tu veux qu'on divorce ? »* me demande-t-il, hésitant. « *Si tu veux…* » lui dis-je. Nous sommes aussi indécis l'un que l'autre. Quelques jours plus tard, il revient sur ses paroles, me dit qu'il m'aime. Et nous n'en parlons plus.

La relation amoureuse sans une ombre, l'harmonie absolue durera cinq ans, six ans, peut-être… et puis nos vies s'éloignent l'une de l'autre. D'aucuns diront qu'un couple ne résiste pas à tant de kilomètres. Notre amour s'est disloqué entre pays et continents. Peu à peu, malgré nos résistances et notre vigilance, nos métiers nous engloutissent. Notre séparation est une blessure mortelle, même si, je l'ai dit, nous ne divorcerons jamais. Renato rencontre une autre femme, un enfant naît de ce nouvel amour, mais nous ne pouvons nous détacher l'un de l'autre, les liens sont trop forts. Je continue mes voyages à Rome, Giulia nous soude à jamais. Nous formons une famille, malgré tout. Et notre amour demeurera.

Romy

Parmi les illustres visiteurs de la période romaine, Alain Delon et Romy Schneider ne furent pas les plus calmes, mais sans nul doute les plus flamboyants. Rome et Romy, ces noms s'enlacent étroitement. Je penserai toujours à elle en prononçant le nom de ma ville italienne. Romy et Alain. Alain et Romy. L'un ne pouvait aller sans l'autre. En 1958, la fée du cinéma se penche sur la liste des acteurs de vingt ans et choisit deux visages d'ange. Leur idylle fait battre les cœurs à l'unisson. Élégants, insolents de jeunesse et de charme, ils s'aiment et se pourchassent en riant. Les gens sont fous des petits fiancés de l'Europe. Et pourtant... Se jouant de leur beauté et du miracle de s'être rencontrés, ils se séparent. Libres de s'aimer, libres de se laisser, aussi. N'en déplaise à ceux qui voulaient écrire l'histoire à leur place. Ils se quittent aux yeux du monde, pour ne plus jamais avoir à le faire dans leur cœur. Leurs prénoms resteront gravés au ciel des amours tumultueuses. Romy et Alain. Alain et Romy. Caractères insupportables... Notre maison fut souvent le lieu de leurs rencontres, de leurs éclats et de leurs ébats.

Lorsque Alain tourne à Rome, il s'installe dans notre chambre d'amis. Quelques jours plus tard, Romy annonce sa venue. Les premières heures sont des moments de roucoulades, de pur bonheur, puis brusquement les voix deviennent stridentes, les portes claquent. Alain raccompagne Romy à l'aéroport, ils se réconcilient dans la salle d'embarquement et ils reviennent tendrement enlacés… Fêtons les retrouvailles… mais ne défaisons pas les valises ! À l'époque, Romy est le bonbon fondant des productions allemandes et elle s'englue dans des films sirupeux. À vingt-trois ans, elle apparaît en vierge rosissante et effarouchée alors qu'Alain lui interdit de continuer les *Sissi*. Les crinolines, c'est fini ! Tu oublies, ma chérie ! Il n'a pas tort, mais encore une fois, il est cassant, autoritaire. Romy, qui se libère péniblement du joug maternel, n'admet pas qu'on lui dicte sa conduite. Elle se révolte, et frappe un grand coup sur la table. Tout d'un coup, la Schleue qui dort en elle se déchaîne ! Ses mots s'embrouillent, et elle envoie une bordée d'injures en allemand sur Alain qui sort de la pièce, en gueulant. Cette gentille petite scène se reproduit tous les deux jours.

Romy grandit. Bientôt, les viennoiseries ne sont plus que des souvenirs indigestes et Visconti l'emmène se relooker chez Chanel. Le maître a compris quel diamant brut cache cette jeune fille brouillonne et magnifique. Il la modèle en femme, lui faisant jouer dans *Dommage qu'elle soit une putain,* la trouble et incestueuse Annabella. Pour elle, il a des rêves de brocart et de soie. Romy voue un tel amour à Luchino qu'après avoir juré ne plus y toucher – comme une drogue dure ! – elle endossera pour lui le lourd costume d'Élisabeth d'Autriche, indépendante et solitaire. Brûlant définitivement les oripeaux de Sissi, sous le regard transi d'un Helmut Berger en Louis II de Bavière, éperdu d'admiration.

Je me souviens de Romy dans notre maison en 1962, de son visage bouleversé, lorsqu'elle me voit en train de langer Giulia – une fois n'est pas coutume. Silencieusement, elle me regarde caresser mon bébé, le bercer tendrement. *« Nous aussi, on aura un enfant… »* dit-elle à l'adresse d'Alain, qui ne répond rien. Deux ans plus tard, Alain devient le papa d'un petit Anthony. La maman s'appelle Nathalie, ils se ressemblent comme frère et sœur. Fière, Romy encaisse le coup. Elle rentre en Allemagne. La blessure commence là. La faille.

Ensuite, c'est le silence, l'oubli. Adulée puis répudiée. Elle ne revient plus à Rome, se terre dans son pays qui ne lui propose que de médiocres bluettes. De loin, Alain ne l'oublie pas. Lorsqu'il la rappelle près de lui pour une baignade torride et vivifiante dans *La Piscine*, elle dit oui. C'est une nouvelle Romy, éclatante de féminité, qui débarque à Orly, accueillie par Alain, et la presse qui fête ces retrouvailles comme un retour de flamme. Mais les « enfants terribles » se sont assagis. La jeune fille aux joues rondes, aux formes corsetées, est devenue une femme splendide. Romy a trente ans. Elle irradie de sensualité. J'ai du mal à reconnaître dans cette femme belle et désirable, le tendron nerveux qui tapait du pied et fracassait mes tables ! À ses côtés, Alain veille sur elle, comme sur un enfant plus précieux, plus fragile que les autres. Il n'a pas tort.

Romy est le personnage le plus énigmatique, le plus vulnérable que j'aie rencontré. Je me souviens de ce besoin de donner, donner sans cesse. Généreuse, elle débordait d'attentions. Ses sautes d'humeur soudaines, entre sérénité et violence aiguë, nous exténuaient, la fatiguaient elle-même. Toujours en quête d'un absolu, indéfinissable car n'existant pas, un besoin effréné de conquêtes, de séduire les cœurs et les corps, comme pour se rassurer, vacillante au bord du vertige, de l'effondrement... On pourrait réécrire indéfiniment, sans pour autant la comprendre, l'histoire de cette fillette sans enfance, sur le front de laquelle rêves et fantasmes furent échafaudés, sans lui laisser le temps de s'épanouir et qui finit par s'éteindre comme une petite bougie. Je la revois, place des Vosges, un jour qu'elle était venue se réfugier chez moi, éperdue, ivre de tristesse et d'alcool, dans lequel elle noyait ses angoisses avant d'y sombrer pour un sommeil plein de larmes... Romy, femme-roc, vidée de ses forces, à la fêlure fine et profonde, qui la parcourait de bout en bout. Romy, cristal brisé, quartz qui s'écrase sous le pied. Ma Romina, comme t'appelait si tendrement Luchino, tu es partie, n'en pouvant plus de tes deuils, des chagrins, des déchirures insupportables. Petite gosse brûlée, tragédienne lasse de sa vie. Tu avais fini de pleurer, fini ton voyage.

Marco, ta femme à poils

Quelques semaines après la naissance de Giulia, Roger Vadim commence le tournage d'un film ambitieux dont Roger Vailland signe le scénario. En parlant de son dernier bébé, *Le Vice et la vertu*, Roger Vadim déclare qu'il vient de réaliser le film le plus fou de sa carrière et les critiques lui tombent dessus sans retenue. Ils ridiculisent certaines scènes, accusant Vadim d'exhiber Catherine Deneuve, sa nouvelle fiancée, en lui faisant porter une tunique transparente alors que les autres femmes sont en robe opaque ; ou en soulignant que les soldats allemands crient *« Heil Hitler ! »* avec l'accent de Levallois-Perret. Remarque qui me désole pour Vadim, mais qui me fait bien rigoler. *« Un film bas et vulgaire »*, *« Interdit aux moins de 18 ans. Déconseillé aux autres »*… N'en jetez plus. Quelle claque ! Le film était grotesque à certains moments, il faut le reconnaître, mais Vadim, je l'aurais suivi jusqu'au bout de ses folies. C'était un charmeur, cultivé, drôle. Un amour d'homme. Et qui aimait les femmes. On peut tout lui reprocher, sauf de ne pas les avoir mises en valeur à l'écran. De ma vie, je n'ai été aussi joliment filmée : chapeautée, moulée dans des robes faisant ressortir la taille et le buste, j'étais pulpeuse en diable ! Moi, le vice, Catherine Deneuve, la vertu, nous étions superbes, comme rehaussées de beauté et de grâce par l'œil admiratif de Vadim. Je repense brusquement à ce qu'il répondit à un journaliste qui critiquait le traitement cinématographique que le réalisateur infligeait à ses actrices : « *Mes femmes ont fait rêver un milliard d'hommes...* » C'était indiscutable.

J'ignore combien se sont endormis en murmurant mon prénom, mais le rôle de Nadia dans *Rocco et* ses *frères* fait brusquement converger vers moi les propositions de metteurs en scène italiens. De 1963 à 1966, je tourne sept films en Italie dont trois seulement sortiront en France. J'interprète même le rôle de Blanche-Neige dans un navet inénarrable dont j'ai oublié le nom. Mais parmi ces films, il y a celui, magnifique, de Mario Monicelli, *Les Camarades*. Le tournage a lieu en Yougoslavie et en Italie, dans les milieux ouvriers du XIXe siècle. J'incarne une jeune prostituée qui refuse d'entrer à l'usine et qui va devenir la tête pensante d'un mouvement ouvrier. Parmi mes compagnons de lutte – et de lit –, Marcello Mastroianni et Renato. Un film formidable qui évoque l'impossibilité d'échapper à son misérable destin, un constat désespérant de la condition ouvrière. Malheureusement, il fut boudé par le public français, qui le découvrit bien des années plus tard. Ma carrière italienne aura, Dieu merci, jusqu'à aujourd'hui, d'autres heureux rebondissements.

L'autre film qui va faire hurler dans les chaumières, c'est évidemment *La Femme singe – La Donna scimmia*, en italien – rebaptisé stupidement *Le Mari de la femme à barbe*. Les Français ont voulu souligner le côté grotesque du personnage principal en traduisant « femme singe » par « femme à barbe ». Le sens profond du film leur a complètement échappé, les cons ! En montrant la détresse de cette femme monstrueuse, Ferreri dénonce toutes les méchancetés, les exclusions. C'est le metteur en scène le plus irrespectueux et le plus grinçant de sa génération. Donc, celui qui m'attire irrésistiblement. Cette fois, il me transforme en singe femelle la plus sexy de toute l'histoire du cinéma, vêtue d'un simple cache-sexe et d'un soutien-gorge, recouverte d'une épaisse toison et coiffée d'une imposante perruque blanche. Tous les jours, je passe quatre bonnes heures en salle de maquillage, entre les mains du virtuose de Rossi, à me faire poser des bandes de poils sur tout le corps ou, un par un, sur le visage. On me démaquillait à l'essence, et ça me faisait une peau de lait ! Ugo Tognazzi, qui incarne le plus infâme des maris napolitains, paresseux et cupide, me promène sur les fêtes foraines et m'inflige toutes les humiliations. Il m'oblige même à faire un strip-tease ! On a tourné la scène au Raspoutine, le cabaret russe le plus cher de la capitale, devant une foule éberluée. Nue et poilue sous mes voiles noirs, je me dandine en rythme. Les gens m'ont regardée comme une folle après avoir vu cette scène.

La sortie du film provoque naturellement un scandale comme Ferreri les aimait. Chaud devant. Henri Chapier traitera le film *« d'entreprise abjecte »*. Quelques critiques saluent mon courage de m'enlaidir et d'être défigurée « pour la bonne cause ». Même s'il reste consterné par cette histoire, Jean-Louis Bory me trouve belle, touchante… et féminine ! *« Son pelage que l'on devine soyeux appelle le guili-guili »*, écrit-il, emporté par sa plume. Il est vrai qu'il préférait les messieurs.

Je me doutais bien que le sujet de ce film n'attirerait pas les foules et que j'allais le payer cher. Le public est désorienté par l'attitude des critiques et il ne sait que penser. Peu importe, avec Ferreri, quoi qu'on en dise, je ne me suis jamais trompée. C'est vrai, sa férocité dérange et choque. Mais sa façade cynique cache une sensibilité, un intérêt pour ses contemporains, pour les pauvres, les laids, les déshérités, que je n'ai constaté chez aucun autre metteur en scène. Ferreri est rarement compris par le public qui le prend uniquement pour un provocateur, alors qu'il manie l'humour noir comme personne. Il peut être cruel, mais jamais bête. Dans le troisième et dernier film que je tournerai avec lui, je finirai en gigot, bouffée par Anne Wiazemsky. Ça m'a plu.

En 1969, je le retrouve pour *Dillinger est mort*, avec Michel Piccoli. Pour traiter l'angoisse moderne et l'aliénation, Ferreri met en scène un homme qui, après avoir soigneusement astiqué, graissé et repeint son revolver toute la nuit, tue froidement sa femme au petit matin. Pas de dialogues, Ferreri se contente de faire parler les images. À nouveau, il déconcerte, dérange. Dans ce film fascinant et féroce, j'incarne la petite bonne avec laquelle Piccoli passe un moment câlin avant de rejoindre sa femme. Michel et moi sommes étendus, nus, enlacés. Il joue avec ma peau, ses doigts me caressent doucement. Puis il verse sur mon épaule du miel liquide qui coule le long du dos. Les lèvres, la langue de Michel sur ma peau qui étale et lèche les filaments de sucre… Jamais rien joué de plus érotique ! Comme moi, Michel est époustouflé par l'intelligence, l'originalité, la générosité de Marco Ferreri. Il dit de lui qu'il est « *un perfectionniste de l'invention* » et ne tardera pas à entrer dans la famille de ses comédiens fétiches. Lorsque nous nous rendons à Cannes pour présenter le film, Piccoli et moi recevons des crachats de la part du public, scandalisé que nous soutenions le travail de notre metteur en scène préféré.

La dernière fois que je vois Marco Ferreri, c'est en 1997, chez lui, lors d'un dîner avec Vittorio Gassman. Marco est déjà malade depuis quelques mois. À ses côtés, sa femme Jacqueline qu'on appelle « le carabinier », car elle surveille son mari comme une vraie sentinelle. Ni alcool, ni cigarettes. Pauvre Marco… Il n'a pourtant rien perdu de son espièglerie. Dès que Jacqueline a le dos tourné, son petit œil bleu s'allume, il tire quelques bouffées de ma cigarette et boit une gorgée de vin dans le verre de Vittorio. Il nous prend les mains, l'air heureux, ému de nous avoir près de lui. Je suis venue l'embrasser avant de m'envoler pour Montréal où je dois tourner *L'Âge de braise* de Jacques Leduc. Avant chaque voyage lointain, j'ai le pressentiment qu'il arrivera quelque chose à quelqu'un que j'aime. Hélas, mon intuition est bonne. Le 9 mai, jour de l'ouverture du Festival de Cannes, Giulia m'appelle. Marco est mort. Je pleure, je n'en peux plus de pleurer mes amis qui partent les uns après les autres. Est-ce que c'est cela la fin d'une existence, passer son temps à pleurer et à enterrer ceux que l'on aime ? Marco, mon sublime, mon visionnaire, va, voyage tranquille. Embrasse pour moi Renato, Tognazzi et Mastroianni. Ils commençaient à s'ennuyer de toi. Toi, le chef.

Marco parti, je perds le dernier de mes amis italiens, ils m'abandonnent les uns après les autres. Deux ans plus tôt, Mastroianni nous quittait. Je l'avais revu chez Lise Fayolle, une amie productrice qui m'invita à déjeuner chez elle. « *Ne viens pas trop tard, Marcello Mastroianni sera là et il ira se reposer ensuite.* » Il y a longtemps que je n'ai pas vu Marcello. Je sais qu'il est malade, qu'il ne tourne plus beaucoup. Chez Lise, je marche vers lui pour le saluer, lorsqu'il lève ses yeux sur moi. Je m'arrête, comme intimidée, je ne sais plus que faire, que dire. Son visage a terriblement maigri, il ressemble à celui de Renato avant qu'il ne nous quitte. Soudain, je comprends qu'il souffre du même mal et qu'il n'en a plus pour longtemps. Le diabète les a rongés tous les deux, cette saloperie de maladie qui a couru après maman et qui voudrait bien m'attraper aussi. Pauvre Marcello, si gentil, si tendre, je tiens sa main, sans le lâcher des yeux une seconde, refoulant une envie de le serrer dans mes bras, avant qu'il ne soit trop tard, de m'effondrer de chagrin. Je ne peux qu'écouter sa voix affaiblie mais toujours belle et, derrière son sourire voilé, entendre nos éclats de rire à Rome, lorsque nous nous amusions de tout. Comme nous étions heureux là-bas, hein, Marcello ! Il n'aura même pas le temps de jouer la pièce de Daniel Soulier, que je lui avais fait lire et qu'il aimait. Il meurt l'année suivante. La mort emmène le plus charmant, le plus séduisant, le plus gracieux de tous les hommes. *Marcello... Marcello...* Toutes les femmes étaient italiennes lorsqu'elles murmuraient ton prénom, ou qu'elles t'appelaient pour que tu viennes... *Marcello !* Toutes derrière toi à te tendre les bras. Mais cette fois, aucune ne te fera revenir.

Petits à-côtés de l'histoire…

Après Marco Ferreri, *La Bonne Soupe* à laquelle me convie Robert Thomas ne peut me paraître que très fade. Je n'ai d'ailleurs pas très envie d'y goûter… Je suis un peu jeune pour le personnage. Mais Robert Thomas, habituellement auteur de théâtre et qui réalise ici son premier film, me raconte la pièce de Félicien Marceau qu'il veut adapter, avec tant d'allégresse et de drôlerie, que je cède. C'est souvent ce qui se passe avec les scénarios de film. On s'emballe pour une histoire dont il ne reste rien une fois le film tourné, et on n'en croit pas ses yeux de s'être trompé à ce point. Ou d'avoir été trompé. J'accepte aussi car je ne suis pas fâchée de faire une immixtion dans la comédie légère, habituée que je suis aux rôles dramatiques depuis quelque temps. Finalement, j'ai beau me dépenser sang et eau, le résultat se révèle une soupe aux navets. Robert Thomas n'avait aucune idée de la manière dont se fait un film. Il n'avait jamais tenu une caméra. Petite consolation de ce breuvage amer : le « patin » bien roulé à Jean-Claude Brialy sur le bord de Marne, « une langue » qui dura de longues minutes. Je l'ai scotché sur place, il ne s'y attendait pas. Je ne sais pas s'il a aimé mon audace, car nous avons été pris d'un fou rire extraordinaire aussitôt après. À part cet amuse-gueule, une soupe à la grimace qui, comme il se doit, reçut le prix du mauvais goût français !

C'est avec le tournage d'*Un monsieur de compagnie* que je rencontre le réalisateur Philippe de Broca, déterminant dans ma carrière car il me fera à plusieurs reprises rompre le cours dramatique de certains rôles en me donnant à jouer des personnages légers dans des comédies souvent cocasses. De Broca est un homme qui ne tient pas en place, il court tout le temps, et vous fait cavaler à sa suite. Très direct, efficace, jamais un compliment, à peine a-t-il terminé un plan qu'il est déjà parti sur un autre. Au début, c'est un peu essoufflant et puis on prend le rythme. J'ai un tout petit rôle – quelques scènes de baiser avec Jean-Pierre Cassel que nous tournons près de Rome, à deux pas de l'anse où je me faisais assassiner dans *Rocco et ses frères*. Étrange coïncidence. Le film est surtout une excellente occasion de retrouver Jean-Pierre Marielle, des années après le Conservatoire. Marielle, c'est mon compagnon des premières heures, des premiers spectacles. C'est mon *alter ego,* avec Belmondo et Rochefort, il fait partie de ma famille. Dans le deuxième film qui nous réunira, *Cours après moi que je t'attrape*, de Robert Pouret, je suis toiletteuse pour chiens et lui percepteur, décidés l'un comme l'autre à trouver l'âme sœur dans les petites annonces du *Chasseur français*. Malentendus, disputes, ruptures, rabibochages, toutes les comédies des années 70 sont de la même eau. Jean-Pierre et moi nous en donnons à cœur joie, avec des dialogues qui font mouche. Le film sorti au mois d'août aura, contre toute attente, un succès énorme.

C'est moi qui ai initié Jean-Pierre Marielle au naturisme, en l'invitant à l'île du Levant, là ou j'emmène mes vrais amis depuis que j'ai eu le coup de foudre pour cette île. François Chaumette et l'ombrageux Michel Vitold sont de la fête. Nous y croisons Moustaki, très à l'aise dans cet élément. On se baigne nus, on rit, on s'aime, l'endroit est calme, discret. Jean-Pierre Marielle découvre le bonheur de vivre sans entraves. À l'époque, les îles Porquerolles et Port-Cros accueillent les gens bien distingués, propres sur eux. Et qui bronzent en maillot. Jean Dessailly et Simone Valère y viennent régulièrement. Les cochons comme nous préfèrent l'île du Levant qui sent le soufre. Toute ma vie, je me souviendrai du jour où Norbert Carbonneaux m'y accompagna pour la première fois. Cet après-midi-là, il fait un froid polaire. Pas de chance. Nous ne nous déshabillerons pas aujourd'hui. En arrivant sur la plage des Pierres-Plates, surprise !

Nous tombons sur le couple mythique du théâtre français, Madeleine Renaud et Jean-Louis Barrault. Je n'en crois pas mes yeux : ils sont nus comme des vers, Jean-Louis, flamberge au vent, elle toute pimpante, courant dans une eau glacée en riant, c'est incroyable et très sympathique ! Finalement, ils sont beaucoup moins coincés que je ne le pensais. Du coup, nous nous asseyons près d'eux et nous parlons théâtre dans le plus simple appareil.

Mais cette île tant aimée porte en son sein un côté plus sombre, que je découvrirai bien des années plus tard et dont je parle à la fin du livre. Mes années d'exubérance se sont éclipsées pour faire face à la douleur d'enfants oubliés du monde, punis et cravachés, morts pour être simplement nés. Nous y reviendrons.

Après *La Française et l'amour,* je retrouve Christian-Jaque pour un nouveau film à sketches qui me fait rencontrer Bourvil. Je l'ai peu connu, nous n'avons tourné qu'un film ensemble, mais depuis toujours j'ai une admiration sans borne pour lui. Dans *Le Cercle rouge* de Jean-Pierre Melville, bien que la douleur l'empêchât de se mouvoir normalement, il avait tenu à courir sans être doublé pour toutes les scènes de poursuite. Il était épuisé, mais après le clap de fin, il se mit à chantonner « La taca-taca-tacatiiiique du Gendaaaarme ». Il allait mourir, il le sentait, et il plaisantait encore. J'adorais cet homme qui ne semblait pas connaître la méchanceté.

Pour la première fois depuis près de dix ans que je fais du cinéma, je me promène entièrement nue dans le film. Scène classique, passage obligatoire dans la carrière d'une comédienne, de l'héroïne qui sort de sa douche et marche jusqu'à ses vêtements. Les quelques secondes nécessaires et suffisantes pour qu'on se rappelle que la Girardot était « complètement à poil » dans ce film-là… Le regard de Bourvil se pose sur ma croupe. Gloups ! Les yeux lui sortent de la tête. J'étais plutôt gironde à l'époque. Mais je cachais mes seins dans le creux de mes bras croisés, le même geste que je ferai plus tard dans *Un homme qui me plaît.* Depuis l'adolescence, je traîne ce complexe. On m'appelait madame Robert à cause de ma poitrine volumineuse et je me tenais voûtée pour la dissimuler. Mes seins beaux et gonflés, j'aurais dû les redresser. Bourvil était un amour. Je repense à Brigitte Bardot et à ses seins insolents qui pointaient sous le chandail. Fière. Sans vergogne. Tellement libre, Brigitte. Quand j'ai tourné à poil pour la première fois, je me suis libérée. J'ai lancé aux techniciens : « Bon les gars, maintenant, on peut se tutoyer ! »

Pourtant, j'étais bien dans mon corps, lorsque, avec maman, nous passions nos vacances sur les plages de l'île du Levant. Je fus même élue – et photographiée totalement nue – première dauphine à l'élection de Miss Île-du-Levant. Après la guerre, nous étions allées à Hyères retrouver ses anciennes collègues. C'est à cette occasion que nous avons découvert le naturisme sur les plages de l'île. J'avais treize ans et, depuis, je n'ai cessé d'y retourner. La première fois, nous nous étions retrouvées sur le port après avoir loupé le dernier bateau pour le continent. Des gens nous prêtèrent une tente et nous indiquèrent un point d'eau potable. Nous avons dormi dans des grottes sur la plage, enchantées de cet imprévu amusant. C'est là que je fus dépucelée pour la deuxième fois par un petit ami. Deuxième fois, oui, ayant connu quelques ratés avec mon premier amant, sur le joli couvre-lit de maman ! J'étais encore plus pucelle que la pucelle d'Orléans, quoique, avec les voix qui la harcelaient sans cesse, je doute de sa bonne foi ! Mais c'est une autre histoire…

Premiers passages à bides

En 1965, Marcel Carné me propose le rôle de Key Larzi, dans *Trois chambres à Manhattan*, d'après le roman de Simenon. Ayant vu la plupart de ses films, je rêve comme toutes les comédiennes de travailler avec lui, bien que l'on m'ait prévenu de ses sautes d'humeur, de son caractère impossible et de ses hurlements lorsqu'il n'obtient pas ce qu'il veut d'un acteur ou d'un technicien. Le rôle de Key Larzi est magnifique et douloureux : paumée, les yeux rivés à une télévision murale comme les autres consommateurs de ce bar de New York, elle rencontre Maurice Ronet, lui-même abandonné par celle qu'il aime. Ensemble, ils errent dans les rues et les pubs de Manhattan, commandant des plats qu'ils touchent à peine, fumant et buvant à longueur de scènes, pour finir dans une chambre d'hôtel où leur histoire va tenter d'exister. Dans leur dérive à travers la ville, ils sont accompagnés par une musique de jazz, lancinante, poisseuse comme la déprime qui sous-tend le film. Une histoire un peu lente mais qui ne manque pas de charme et assez moderne dans son traitement.

En attendant que je puisse m'envoler aux États-Unis pour les scènes extérieures, je joue *Après la chute*, la pièce d'Arthur Miller, mise en scène par Visconti. J'avais rencontré le dramaturge à Paris lorsqu'il était venu me voir dans *Deux sur la balançoire*. Cette fois, je le revois pour discuter de sa pièce. C'est un homme souriant mais assez froid et réservé qui semble toujours poursuivre une idée. Curieusement, il parle de tout sauf de Marilyn Monroe dont la pièce raconte les derniers mois de sa relation avec Miller. Selon mon habitude, je ne pose pas de questions, mais à travers les paroles, les gestes de celui qui fut son dernier mari, j'essaie de cerner l'âme de cette femme-enfant et de comprendre comment de tels extrêmes ont pu s'attirer au point de croire que leur union était possible. Finalement, la pièce sera un fiasco. Nous ne dépasserons pas la cinquantaine de représentations. Les rares spectateurs qui viennent voir le spectacle sont absolument scandalisés par mon strip-tease sur scène. Comment ? Madame Girardot ose se déshabiller pour jouer les Marilyn ! Ils ne le supportent pas. C'est pourtant bien peu de chose. Après avoir ôté mes vêtements, je me promène sur le plateau en culotte et en soutien-gorge, avec de magnifiques bas en dentelle, et j'esquisse quelques pas de danse, c'est tout. Pas de quoi fouetter un chat ! Aujourd'hui, dans *Le Cid* ou *Don Juan,* les acteurs évoluent entièrement nus sans que cela choque qui que ce soit. La presse retiendra que je suis une fausse maigre, comme si elle n'avait fait que se rincer l'œil. Je me sens salie, injustement attaquée.

L'échec de la pièce me permet de retrouver plus rapidement que prévu l'équipe de *Trois chambres à Manhattan* et je m'envole avec Carné vers les États-Unis pour les premiers repérages. Il y a plus d'un an que le réalisateur élabore le projet et qu'il m'attend. Les premiers jours à New York, Carné perd complètement la tête. Comme il n'a pas beaucoup d'argent sur place, il doit revoir ses prétentions de décor à la baisse. Abasourdie et honteuse, je le regarde courir après les rares cavaliers de Central Park pour tenter d'obtenir de la figuration à bon marché. Lui, Marcel Carné, s'abaisser à cela ! À New York, nous sommes des misérables, des moins que rien. La production n'a même pas prévu un endroit pour les changements de costume. Nous nous maquillons et nous habillons dans un bungalow de fortune, dans les toilettes ou dans les voitures garées en face des lieux de tournage. L'acteur Roland Lesaffre dort dans la salle de maquillage. Jamais vu un tel bricolage.

Cela au rythme des cris de Marcel qui passe son temps à se heurter aux coutumes singulières de ce pays. Sa colère, sa grande douleur est de ne pouvoir dire « moteur ». Ici, c'est l'assistant qui lance la caméra et non le réalisateur, et il ne s'y fait pas. Il tente bien d'enfreindre la loi du cinéma américain, mais il se fait rappeler à l'ordre à chaque fois : *« Mister Carné, pliiiiiiiiiise ! »* résonne une voix de stentor venue du ciel. Au bout de quelques jours de ce régime, nous n'avons qu'une envie : rentrer chez nous. Pour tout arranger, la Mafia poursuit Charles Lumbroso, le producteur, pour qu'il paie la taxe que ces truands soutirent en toute impunité aux entreprises de cinéma. Une sorte de racket légalisé. Pour Carné, c'en est trop. Il renonce à poursuivre le tournage sur place et nous plions bagage. Paname, nous revoilà ! Tant pis pour l'authenticité, Léon Barsacq, le décorateur, reconstituera les rues de Manhattan à l'échelle des studios de Billancourt. Nous ne sommes plus à cela près. Je suis un peu triste pour Carné, mais l'Amérique n'est pas pour lui. Lui, c'est juste un petit piou-piou de Paris, jamais sorti des décors de Trauner, perdu loin de ses studios. Je me souviens du chef opérateur Eugen Shuftan, complètement sourd, qui portait de gros croquenots aux pieds, comme ceux du clown Grock. Un personnage très attendrissant. À Paris, quand Carné disait « moteur », l'autre, qui n'entendait pas, continuait tranquillement à vérifier les lumières, ce qui rendait le réalisateur fou furieux. En fait, Carné gueule beaucoup, mais il veut juste avoir le dernier mot. Comme un enfant gâté. Ensuite, il se calme. Une fois qu'on a compris ça, il est charmant. Sur un plateau, c'est un rayon laser : il voit tout, il sait tout, pas un détail ne lui échappe. En même temps, ce talent est gâché par une nervosité constante, une inquiétude qui crée une tension assez insupportable. Au milieu de ce furieux bazar, visage impassible et demi-sourire aux lèvres, Maurice Ronet me calme, me réconforte. Autre motif de satisfaction : la présence aux studios de Boulogne d'un acteur débutant, Robert De Niro, qui fait de la figuration pour le film. Nos regards se croisent. Quelqu'un me rapportera qu'il a dit de moi : *« C'est la plus belle femelle mec que je connaisse… »*

Le film est un four. Ce film sera même jugé comme le pire de ce grand réalisateur. À notre stupéfaction et contre l'avis de Carné, *Trois chambres à Manhattan* est présenté au Festival de Venise et je reçois le grand prix d'interprétation féminine. La célèbre coupe Volpi. *« Pour avoir su offrir un rare exemple de jeu clair et simple en dépit des difficultés d'un scénario moderne banal et sans originalité. »* Tels étaient les termes du motif retenu par le jury. Charmant pour Carné ! Il est vrai que ses dialogues pompeux sonnaient parfois si faux que Maurice Ronet et moi avions un mal fou à être naturels. Et à ne pas rire. Cette coupe Volpi ne sera pas d'un grand impact pour ma carrière, mais elle me fait l'effet d'un baume sur une cicatrice mise à mal depuis longtemps. À Venise, je suis fêtée, complimentée, photographiée. Pour le premier grand festival de ma vie, c'est un véritable sacre. Et, comble de bonheur, Renato m'a rejointe. Carné, lui, sera insulté, éreinté par la presse. Visconti prendra même sa défense en déplorant l'attitude des journalistes oublieux ou ignorants des chefs-d'œuvre de cet immense metteur en scène. Carné avait surtout le défaut, à leurs yeux, de ne pas appartenir à la Nouvelle Vague. Quelques années plus tôt, sur un thème similaire, Louis Malle réalisa le très abouti *Ascenseur pour l'échafaud* sans subir la vindicte et les quolibets d'une presse à la botte d'un courant qui se disait d'avant-garde. Et devant la déconfiture de Carné, dans ma petite robe Pierre Cardin, prêtée pour la cérémonie, et devant ce public qui m'acclame, je me sens toute petite, j'ai envie de me cacher dans un trou de souris. Je ne sais pas être au premier rang. J'apprends.

Un jour les honneurs, le lendemain les lazzis. C'est la loi du métier. Ne jamais oublier que l'on peut mourir et renaître de ses cendres en un seul rôle. Là encore, j'étais heureuse de me lancer dans la comédie musicale *Le Jour de la tortue*, de Garinei et Giovannini, dont Maurice Vidalin avait écrit le livret français. J'avais une envie folle de danser, travailler à la barre, pousser la chansonnette à nouveau. Un besoin plus fort que tout de m'exprimer physiquement. Robert Manuel assurait la mise en scène et Philippe Nicaud me donnait brillamment la réplique. Il chantait et dansait vraiment très bien, Philippe. Quant à moi, Dieu sait ce que j'ai transpiré pour atteindre un bon niveau de danse ! Il faut croire que ce n'était pas encore assez : *Le Jour de la tortue* est un bide retentissant, nous assurons vingt représentations, pas une de plus.

Même mon strip-tease dans la cuisine n'a pas convaincu. Adieu le Théâtre Marigny ! Décidément, les spectacles musicaux ne me portent pas chance. Et je ne suis pas au bout de mes malheurs.

Seule dans le noir, de Frédéric Knott au Théâtre Édouard-VII se heurte également à un mur d'incompréhension. Pourtant, à l'étranger, cette pièce qui raconte l'histoire d'une jeune aveugle aux prises avec des gangsters, fait un triomphe et sera même adaptée au cinéma avec Audrey Hepburn. Alors quoi ? Qu'est-ce qui explique ce rejet ? Une journaliste me rebaptise : *« Celle qui se trompe toujours. »* De cette époque datent mes différends avec les journalistes. En fait, je crois qu'ils se divisent en deux clans : ceux qui me soutiennent quoi que je fasse, parce qu'ils aiment la comédienne, qu'ils me prennent comme je suis avec mes coups de cœur et mes coups de gueule, et que mes choix de films intéressent. Et les autres, plus timorés, qui me fantasment, me voudraient lisse et casquée, sans un cheveu qui dépasse. Tous ceux que *La Femme à barbe* a défrisés, définitivement. J'aurais préféré que cette journaliste écrive : *« Celle qui ose d'autres voies. »* C'est tout. Pourtant, la pièce était bonne. J'avais même fait un séjour dans un institut pour aveugles pour bien saisir les attitudes de mon personnage. Sans doute, la mise en scène de Raymond Rouleau aurait-elle supporté un peu plus d'audace, moins d'affectation. Peut-être aurais-je dû le dire…

Là encore, je n'ai pas osé. On me croit rebelle alors que, sur un plateau, je suis un modèle d'obéissance. C'est un tort et ce sera la grande faiblesse de ma carrière. Penser que chacun excelle dans sa partie alors qu'un film se fait à plusieurs et que l'on doit se dire les choses naturellement. J'ai beau le savoir, et voir ce qui ne va pas, je ne dis rien. Peur de blesser. Je perds ma vie par délicatesse… comme dit la chanson.

Quel constat ! De janvier 1965 à octobre 1966, trois bides retentissants au théâtre, l'un à la suite de l'autre. Tout d'un coup, je me sens seule, hagarde, je voudrais être soutenue, guidée. Le voilà le passage à vide que je pressentais. Je découvre que l'on m'aime, oui, mais le public ne supporte pas que je le déçoive et rien ne me sera pardonné. C'est la rançon, le prix. Il est lourd à payer. Je ne peux quand même pas choisir mes rôles sur commande. Être toujours là où l'on m'attend. J'ai trente-quatre ans, l'âge des premiers bilans. Quand on me demande mon âge, il m'arrive de mentir un peu. Je dis trente… reste floue. Le coup de rétroviseur est déprimant : on ne s'intéresse pas à moi. Personne au théâtre n'a jamais écrit en pensant à Girardot. Avec ces trois échecs successifs, j'ai l'impression d'être un laideron, sans sex-appeal et qui porte la poisse !

Plus grave. Moi qui jurais ne pas vouloir sacrifier ma vie sentimentale à ma carrière, que fais-je d'autre que de délaisser mon mari et ma fille ? Parfois, la petite voix de Giulia résonne en moi. Petit cœur, tendre amour, je n'ose même plus l'appeler, de peur qu'elle me réclame et d'avoir à lui refuser ma présence. Encore et encore. Des prières comme autant de coups de poignard, à chaque appel. Si avant je trouvais mon équilibre entre deux pays, deux familles, maman ici, Renato et Giulia en Italie, aujourd'hui je me sens écartelée, lasse de ces allées et venues. Et tout ça pourquoi si mon métier ne m'apporte pas autant que tout ce que je lui abandonne ?

Le soir, à la tombée de la nuit, une angoisse me prend. Il faut que je sorte, que je voie du monde. Fuir ce face-à-face avec moi-même. J'ai toujours eu cette peur du noir, de la nuit. Les heures où j'attendais maman, seule dans l'obscurité à guetter son retour, me remontent à la gorge lorsque je ne vais pas bien. En cela, le métier d'acteur, qui me fait quitter la maison en fin d'après-midi et revenir à deux heures du matin, est idéal. Je m'écroule souvent d'un sommeil sans rêves, étourdie par la fatigue de la représentation, des discussions, des cigarettes et de l'alcool. À croire que je l'ai choisi pour conjurer mes frayeurs.

Pour la première fois, je suis prête à tout laisser tomber.

Dans ces cas-là, rien ne sert de ruminer, il faut partir. Aller où le désir vous attend. En espérant que quelqu'un ait encore envie de vous. Ce rendez-vous avec la Scala, je l'ai pris six ans plus tôt ! Alors que je joue *Deux sur la balançoire*, Marguerite Wallmann, metteur en scène d'opéra, me propose de jouer le rôle de la récitante dans *Perséphone*, l'opéra de Stravinsky d'après André Gide. En Italie, sur la plus illustre scène lyrique du monde, la Scala de Milan. La Scala de Milan ! Le nom a une sonorité magique. Chanter, évidemment, il n'en est pas question, mais parler, oui, dire des vers, pourquoi pas ? À l'époque, je ne réalise pas l'ampleur de la proposition. Et puis, tout d'un coup, la date arrive, je n'ai pas vu le temps passer, et voilà, nous y sommes.

Sur scène, c'est un cafouillis inimaginable. Il y a des dizaines de personnes sur les planches, assistants, répétiteurs… la moitié ne faisant pas partie du spectacle. Au bout de quelques minutes, je comprends qui est la pièce maîtresse de ce grand chantier. À la Scala de Milan, les chanteurs sont des marionnettes aux ordres d'un souffleur. Incroyable. *Et un, et deux, et trois, et quatre…* dit le maître de ballet. Personne n'écoute. Les chanteurs, les danseurs sont tous scotchés au bonhomme dans la boîte. C'est lui qui ordonne d'aller à droite ou à gauche, qui tire les ficelles. Tous les regards sont rivés au trou sur la scène. À tel point qu'une danseuse tombera dans la fosse à force de fixer ce mec.

Quand je m'assieds à mon poste de récitante, avec mon maquillage qui me fait des yeux de poisson et mes roudoudous sur la tête, je n'en mène pas large. De plus, je dois descendre un escalier vertigineux sans rampe dans une robe très ample dans laquelle je m'empêtre à chaque pas. Toute cette confusion me fout le trac, et je ne veux pas dépendre de ce pingouin dont la voix émerge des profondeurs. Cet opéra, je l'ai bien écouté et le livret de *Perséphone,* je le connais par cœur. Alors, qu'on me laisse faire ! *« Partez ! »* me crie le souffleur, lorsque c'est à moi de parler. J'obtempère pendant la première partie de la répétition, mais à la pause, je le prends à part. *« Écoutez, vous je vous emmerde, je suis plus musicienne que vous, j'ai assez d'oreille pour savoir quand il faut partir. Je partirai quand j'entendrai la musique. Donc, ça suffit, je ne vous regarde pas, je ne vous regarderai jamais. Allez vous faire foutre, je ne vous vois pas ! »*

Il n'en revient pas. Vingt ans qu'on ne lui a pas parlé comme ça. Le grand manitou s'est fait moucher. Du coup, il me laisse tranquille, mais je vois bien qu'il guette la faute. Ma fille, redouble d'attention ! Pas question de te planter.

Le spectacle est prévu pour cinq représentations. Tous les soirs, pendant quatre jours, un homme vient me voir dans ma loge et me demande avec un grand sourire : « *Ça va ?* » ce à quoi je réponds invariablement : « *Ça va.* » Rien de plus. Qui est ce type ? On m'a toujours appris à ne pas parler aux inconnus et celui-ci ne daigne pas se présenter.

Le soir du quatrième jour, donc la veille de la dernière représentation, il frappe à ma porte.

– *Ça va ?*

– *Ça va.*

Mais cette fois, il ajoute :

– *À propos, est-ce que je pourrais avoir des autographes pour des amis ?*

– *Bien sûr. Combien je vous en signe ?*

– *Au moins quarante...*

– *Quarante ?!*

– *Madame Girardot,* dit-il d'un ton sentencieux, *vous faites du cinéma, mais vous ne savez pas ce qu'est le théâtre. Vous semblez ignorer que nous sommes la plus grande claque du monde !*

La plus grande claque, elle est pour moi, je tombe des nues. Je sais ce que c'est que le théâtre, excusez-moi, mais une arnaque pareille, non, je n'imaginais pas ! Le soir, Marco Ferreri à qui je raconte cette histoire m'explique qu'en Italie, tout marche ainsi. Il faut payer, c'est tout. Scala Africa.

Arrive le jour de la dernière représentation. L'homme entre dans la loge avec son air mielleux, mais cette fois, j'ai compris. Je lui tends une enveloppe et il ressort en souriant. « *On s'occupe de tout, madame* », me dit-il. La suite est extraordinaire. À la fin du spectacle, le rideau tombe sur la scène, je descends de ma chaise de récitante et m'avance pour saluer avec les autres. À ce moment, je vois des sbires énormes se jeter sur le ténor, sur les chanteurs, les danseurs et les retenir dans les coulisses. D'une bourrade, je suis poussée sur le devant de la scène, toute seule, le rideau s'ouvre et de la salle jaillissent des « *Bravo Girardot ! Bravo Girardot !* » enthousiastes. C'est ma claque ! Le premier triomphe de ma vie ! J'ai l'impression d'être dans un film de Fellini.

Quelque temps plus tard, j'enregistre une émission avec Michel Drucker, et je raconte cette histoire en me moquant allègrement des coutumes de la Scala. Le lendemain de sa diffusion, dans l'avion qui m'emmène à Rome, une magnifique femme brune vient s'asseoir à côté de moi : Maria Callas. Brusquement, tout ce que j'ai dit la veille me revient. La Scala, c'est son théâtre, elle y a chanté ses rôles majeurs et n'a pas dû apprécier que je le ridiculise ainsi. Elle se tourne vers moi comme un sphinx et me sourit gentiment. « *Tiens, tiens, Annie, je vous ai vue à la télévision, hier…* » Je rougis, bredouille des excuses, mais elle me coupe, d'une voix douce, comme un souffle : « *Non, non, ne vous excusez pas. S'il n'y avait qu'à la Scala de Milan… mais vous savez, la médiocrité est partout…* » Puis son regard qui s'était allumé un instant se perd dans le vague, un peu triste. Elle est ailleurs, déjà, divine, inaccessible. Je l'abandonne à ses songes. Nous nous reverrons onze ans plus tard, à son domicile parisien, quelques mois avant sa mort.

Au ciel avec Lelouch

Il était temps que tu entres dans ma vie, monsieur Lelouch, toi ma Nouvelle Vague ! Nous ne connaissons pas grand-chose l'un de l'autre lorsque nous nous rencontrons pour *Vivre pour vivre.* Tu m'avais repérée sur le tournage de *L'Homme aux clés d'or*, je débutais, et toi tu faisais tes armes comme assistant à la mise en scène, en apportant les sandwichs et les cafés. C'est souvent ainsi que les plus grands débutent. Plus tard, tu penses à moi pour *Un homme et une femme*, lorsque Anouk Aimée est sur le point de te lâcher. Mais quand tu m'appelles pour me proposer le rôle, je joue à la Scala de Milan et mon impresario ne m'en avertit même pas, il dit *non* à ma place. Étrange destinée. On peut rêver et imaginer ce qui se serait passé, s'il m'avait transmis ton appel…

En 1967, tu me fais signe à nouveau. Tu as de la suite dans les idées. Entêté et batailleur. Déjà. Pourtant, ils ne donnaient pas cher de ma peau, les producteurs à qui tu avançais mon nom. Certains disaient que j'étais finie… Toi, tu n'as pas voulu le croire, tu n'as écouté que ton cœur, ton cœur de cinéphile. En me faisant signe, tu me sors de la poussière. Et les producteurs qui insistent pour que je fasse des essais ! Après quinze ans de métier ! Mets un couvercle sur ton orgueil, ma Lolotte, et serre les dents. Ce rôle, je le veux, et je l'aurai. Ne serait-ce que pour prouver à Claude qu'il a raison de croire en moi. Encore. Depuis des années, je rêve d'un scénario, d'un rôle qui me ressemble. Claude l'a compris, qui me permet d'être, à l'écran, ce que je suis réellement. En me faisant jouer dans *Vivre pour vivre*, il me redonne le goût du cinéma. Cela n'a pas de prix.

À l'époque, je traverse une crise très dure avec Renato. Je l'aime, nous vivons toujours ensemble – lui à Rome, moi à Paris – mais il supporte mal mes nouvelles libertés, alors qu'il mène allègrement sa vie de séducteur. De mon côté, sexe et séduction servent souvent de remèdes contre la jalousie, mais je ne suis pas vraiment à l'aise dans ces exutoires, n'étant ni une aventurière ni une tombeuse, je ne marivaude pas en bonne mauvaise conscience. Seuls les sentiments profonds me font vibrer. En rencontrant Claude Lelouch sur le tournage de son nouveau film, je suis « à point » pour vivre une grande histoire d'amour. *Vivre pour vivre*, c'est le titre du film. Il ne sera question de rien d'autre.

Avec Claude, l'amour arrive comme ça, naturellement. Je m'y attache sans m'en rendre compte en le regardant vivre, travailler. En adorant sa façon de filmer. Il insuffle son enthousiasme à toute l'équipe, tout le monde est concerné, investi par le film. Celui-là, il me botte ! Voilà ce que je me suis dit en le voyant gesticuler ! Il me fait pénétrer dans un autre monde, m'amuse, me détend. L'ambiance qu'il instaure sur un tournage est sereine, décontractée. Il est le chef d'une famille qu'il a besoin de créer de toutes pièces pour s'épanouir à l'intérieur. Après ces mois de tensions, de passions, il me rassure. Sur le plateau, il est incroyable, surprenant, ne filmant que ce que l'on résiste à lui donner, sans que cela pèse. Il vous met en situation de vivre ce qu'il décide et vous regarde derrière sa caméra. Le texte arrive comme on le respire, on ajoute ce que l'on sent. Les premiers jours, je manque presque de repères : il laisse aux acteurs une telle liberté, que je n'ai pas l'impression de jouer un rôle. Son plaisir, sa technique est de faire dire au comédien des répliques que son partenaire n'attend pas et de filmer les réactions, les dialogues qui s'improvisent. Ainsi, pour le dernier plan d'*Un homme et une femme*, Anouk Aimée ne savait pas que Trintignant l'attendait sur le quai de la gare. Aucune triche. Et cela me plaît.

Vivre pour vivre est à l'image de nos vies, et de nos tribulations sentimentales. Moi, j'ai l'impression de vivre ma propre histoire : j'aime un homme qui me trompe. Bafouée mais orgueilleuse, je décide de réagir et d'aimer ailleurs, mais lorsqu'il revient me chercher à la fin du film, je pars avec lui. Dans une scène, je suis face à Montand, mon mari, qui rentre d'un safari et lit son journal sans un regard pour moi, froid et indifférent. Avant de filmer, Claude lui avait dit : « *Annie va te demander si ça s'est bien passé en Afrique…* » À moi, il donne la consigne suivante : « *Demande-lui s'il t'a déjà trompée ?* » Nous nous installons pour tourner, je regarde Montand fixement et avec un petit sourire lui dis : « *Dis-moi, est-ce que tu m'as déjà trompée ?* » Ce qui se passe alors dans les yeux de Montand est extraordinaire. Il semble « cueilli » par cette phrase et ne peut réprimer sa gêne. Il se décompose, devient verdâtre. J'ai l'impression de lire sur son visage comme dans un livre ! « *Heu… c'était prévu, cette réplique ? Ou c'est Simone qui m'attend à la sortie des artistes ?* » C'est à hurler de rire. Claude est un sacré farceur. Courageux mais pas téméraire, Montand est brusquement transformé en mari perdu, peu sûr de lui, qui se rattrape à ce qu'il peut en bégayant. Il sait qu'à l'écran, on voit tout et n'aime pas que la situation lui échappe. Pauvre Montand ! Subitement, je retrouve les scènes maintes fois vécues avec Renato. C'est très troublant.

« *Ne pas tomber amoureux d'Annie aurait été anormal* », avouera Claude en se souvenant de notre rencontre. Aucun homme ne m'a jamais filmée, aimée ainsi. Caressée du bout de la caméra. Rendue si belle, si femme. S'ajoute à notre histoire, le parfum grisant de l'aventure puisque le film nous transporte des Pays-Bas, jusqu'aux États-Unis en faisant un crochet par l'Afrique. La vie de Claude n'est pas plus simple que la mienne. Éternellement partagé entre deux femmes, il balance entre celle qu'il aime encore et celle qu'il va aimer demain. Pour l'instant, Claude et moi vivons une parenthèse et notre unique préoccupation est d'être discrets pour ne faire souffrir personne. Malheureusement, un journaliste charognard, à qui Claude cassera la gueule par la suite, nous surprend en Normandie, à la sortie d'un hôtel, et s'empresse de révéler notre liaison. Renato, qui traverse une période éprouvante professionnellement, entre dans une rage terrible. À mon retour à Rome, il parle de me quitter. Une blessure d'amour insupportable pour cet homme fier et encore très épris que j'aurai un mal fou à calmer, à réconforter. Et ces idiots de journalistes italiens qui renchérissent, à l'affût de la moindre rumeur de divorce, en évoquant *« la relation discrète de Claude Lelouch et d'Annie Girardot »*, faisant passer Renato pour un crétin. De toute façon, dans leurs torchons, Renato a toujours été le bel abruti et moi le laideron intellectuel…

Même si Claude a voulu l'ignorer devant les producteurs, *Vivre pour vivre* me sauve la mise au moment où tout allait s'arrêter pour moi. À l'aube des années 70, un nouveau cinéma apparaît dans lequel je dois faire mon trou, trouver ma place. Claude sera le passeur d'une époque à l'autre. *Vivre pour vivre* constitue le vrai départ de ma carrière.

Nous nous retrouvons, deux ans plus tard, en Amérique, sur le tournage d'*Un homme qui me plaît.* Mon histoire avec Claude est terminée, nous sommes restés amis, mais je n'arrive pas à me défaire d'une certaine nostalgie, celle de l'ambiance du précédent tournage. Encore une fois, cet état de douce tristesse convient très bien au rôle que j'incarne puisque, pendant tout le film, mon personnage ne cesse de se demander si Belmondo est sincèrement amoureux d'elle et jusqu'où il serait capable d'aller pour la rejoindre.

Avec Claude, Jean-Paul, Claude Pinoteau, le premier assistant, nous ne nous quittons pas. Après tant de mois pénibles, je suis heureuse, nous traversons des régions superbes aux paysages grandioses, la Nouvelle-Orléans, le Grand Canyon, le Colorado, il y a du soleil, de la bonne humeur. Ce que j'ai pu rire avec eux, comme j'ai aimé cette petite équipe ! Jean-Paul adore rigoler, perpétuellement joyeux et extraverti avec sa gestuelle à la Jules Berry. Je me souviens de nos blagues permanentes à Los Angeles, dans les bars, lorsque Claude nous filmait, Jean-Paul et moi, et que nos mésaventures réelles se retrouvaient dans le film. La scène des billets de banque fut totalement improvisée : Lelouch demanda à un comédien américain d'interroger Belmondo sur la personnalité figurant sur son billet de banque français. Pris au piège, Jean-Paul, qui n'y avait jamais prêté attention, répondit une ânerie qui me fit éclater de rire. La suite fut un long délire avec le défilé de toutes les personnalités qui nous passaient par la tête.

Tout le monde se souvient de la Cadillac décapotable conduite à toute allure par Jean-Paul fuyant des Indiens à cheval dans le désert de Monument Valley. J'étais terrorisée à l'idée qu'un cheval percute la voiture-caméra et se blesse. Claude était accroché à un câble d'hélicoptère et filmait notre cavalcade sur la musique effrénée de Francis Lai. Image de la jeunesse et de l'insolence de Claude. Image de l'amour fou que nous avons éprouvé l'un pour l'autre. On ne peut pas faire des films comme ceux-là sans s'aimer éperdument. Comme à son habitude, Claude parlait aux acteurs pendant les prises et, alors que j'étais dans la décapotable près de Jean-Paul, il me demanda brusquement d'enlever ma robe. Je n'ai pas discuté et me suis retrouvée nue sous le regard moqueur de Bébel qui a imaginé ensuite la réplique pour me faire décroiser les bras que j'avais repliés sur ma gorge par pudeur. C'était merveilleux de jouer ainsi, tous les acteurs se prêtaient au jeu de Claude, devenant ainsi leur propre metteur en scène. De toute façon, avec lui, la règle était simple : tant qu'il n'avait pas dit « coupez ! » les acteurs continuaient, quoi qu'il arrive. Lorsque je revois cette scène aujourd'hui, je comprends le génie de ses trouvailles. J'ai l'impression que chaque spectateur peut ressentir la chaleur du soleil sur mes seins.

Claude était absorbé par son travail. Le dimanche, comme nous ne tournions pas, il proposait de louer un Zodiac à moteur et d'aller se balader. Avant de partir, il disait : *« Je vais quand même prendre ma caméra, on ne sait jamais… »* La suite, nous la connaissions d'avance : on faisait une vraie journée de travail. Et, en général, ce que nous avions tourné ce jour-là figurait dans le film.

L'autre image qui me reste d'*Un homme qui me plaît*, c'est le dernier plan du film. À l'aéroport de Nice, j'attends l'avion qui doit ramener Jean-Paul Belmondo. Il m'a donné rendez-vous dix jours plus tôt, me promettant de me rejoindre après avoir informé sa femme qu'il la quitte. Viendra ? Viendra pas ? Pour me mettre réellement dans la situation, Claude ne m'a rien dit. Je suis là et j'attends. J'ignore si le sémillant Jean-Paul surgira de cet avion que mes yeux fouillent désespérément. Est-ce une aventure qui se termine ou une histoire d'amour qui commence ? L'œil-caméra de Lelouch me filme, ainsi que les voyageurs qui descendent la passerelle, mais j'ignore où Claude se trouve. Tous les passagers sont sortis à présent. Les hôtesses, le commandant de bord débarquent. Tiens ! Voilà les femmes de ménage avec leurs seaux et leurs balais qui s'engouffrent dans l'avion ! Tout pour que je comprenne, mon cher Claude, mais j'avais deviné depuis belle lurette que Jean-Paul ne viendrait pas. Tu te rends compte du mal que tu t'es donné pour rien ? Tu étais voyeur, même un peu sadique dans cette scène, mais tu es mal tombé. Tout de même, tu ne me croyais pas assez bête pour imaginer que Belmondo quitterait sa belle Italienne et reviendrait me chercher ? ! Tu me prends pour une midinette, ou quoi ? Moi, j'ai vécu avec un Italien, je sais ce que c'est, je les connais les ritals et surtout mon grand séducteur de Renato. Les hommes, ils n'ont pas beaucoup de courage, ils trompent, mais ils ne quittent pas souvent leur épouse. J'ai assez payé l'addition. Vous, les hommes, vous ne comprenez rien aux femmes. Et lorsque vous commencez à les comprendre, elles sont déjà parties.

Claude, tu as voulu m'avoir, tu t'es caché pour espionner ma réaction. Sur l'écran, je souris puis je ris. Gentiment. Quelle conne d'y avoir cru, n'est-ce pas ? Avec une petite larme, oh, pas grand-chose, juste ce qu'il faut pour faire pleurer dans les chaumières. Et la musique de Francis Lai pour soutenir l'émotion. J'espère que je ne t'ai pas déçu. Sache qu'en ne faisant pas débarquer Belmondo, tu as réalisé la plus belle fin de film que je vivrai jamais. Ce n'est pas sur son absence que je verse une larme, mais sur mon propre départ. Et ce sourire en forme d'adieu, il est pour toi, Claude, pour te dire que nous avons vécu un grand bonheur, une belle aventure, mais que c'était trop beau pour qu'elle continue, cette histoire-là. J'ai été la femme la plus heureuse du monde d'avoir travaillé avec toi. Tu m'as fait vivre et aimer d'une autre façon. *Vivre pour vivre*, c'est toi qui me l'as appris. Je me sens bien dans ce cinéma tout en finesse, en élégance. Chez toi, on ne se donne jamais en spectacle. Quand on sent que l'histoire est finie, on part. Pas la peine de se faire expliquer les choses et surtout pas ses échecs. C'était avant qu'il fallait se parler.

Il y aura d'autres voyages, d'autres hommes pour moi, d'autres femmes pour toi et des enfants qui naissent avec des films. Hé, Claude, attention, tu as dépassé la cote d'alerte ! Maintenant, notre voyage est fini, il appartient désormais aux souvenirs. Rien n'est plus beau que ce que nous avons fait dans ces deux films, nous ne pourrons pas aller plus loin. Toi et moi, Belmondo et moi, Renato et moi, c'est notre histoire que tu racontes, mêlant toujours réalité et fiction… Avec *Un homme qui me plaît*, tu as créé, composé, exécuté, orchestré, le plus sublime des quatuors du cinéma français, pour la félicité des chassés-croisés amoureux. *Chabada, chabada...*

Robert Mitchum, oui le grand Robert Mitchum, avait vu *Un homme qui me plaît* et, de passage à Paris, il avait demandé à me rencontrer. Il m'invite à dîner au Royal-Monceau où il séjourne. Tout est parfait, il est suffisamment bavard, c'est-à-dire pas trop, pour mon anglais ânonnant. Il m'invite à la fin du repas à partir avec lui en Angleterre où il doit faire la promotion d'un film. Je ne sais pas s'il aurait pu exister une femme au monde pour ne pas dire « oui » à sa proposition. Mais le lendemain, au lieu de Mitchum, c'est Renato, « informé » de mon escapade, que j'ai retrouvé au Royal-Monceau toutes griffes dehors, ulcéré de jalousie. Ce culot !

Comme le titre de son film, *Partir, revenir*, Claude revient sans arrêt dans ma vie. À chaque creux de vague, il surgit et me tend la main. Il doit avoir une sonnette d'alarme près du cœur. Il ne me lâchera plus des yeux et, jusqu'au film *Les Misérables,* je ferai des visites éclairs sur ses plateaux, six, dix jours de tournage. *Partir, revenir, Il y a des jours et des lunes, Les Misérables…* Claude Lelouch, homme fidèle à ses acteurs, à ses amours… Homme fidèle tout court. Après Visconti, Ferreri, Audiard, Carné, de Broca, il m'a fait faire le grand saut. Chaque metteur en scène a sa muse, son égérie, j'ai été la sienne, un temps. Lorsque je revois dans *Vivre pour vivre* la scène du train où je m'imagine faisant mes adieux à Montand, face à la vitre derrière laquelle le paysage défile, je réalise que personne ne m'a mieux filmée que toi. Avant de te rencontrer, si l'on excepte Visconti et Ferreri, je ne fréquentais que des académiciens. Je m'endormais un peu.

Claude et moi, nous sommes beaucoup aimés, beaucoup égratignés, déchirés aussi. Nous nous sommes perdus de vue, retrouvés. Aujourd'hui, je ne sais plus où en est cette relation accidentée, rafistolée. Si je t'ai blessé, Claude, je te demande pardon. Tu es tellement bêta et sublime avec les femmes que je te pardonne aussi le mal que tu m'as fait. Tu es magique. Tu m'as sauvée tant de fois de la noyade, ça ne s'oublie pas. Merci de m'avoir donné ces merveilleux films, merci pour ces chemins vagabonds que nous avons faits ensemble. Et sans rancune, s'il te plaît.

Le duo que j'ai formé avec Nicole Croisille pour interpréter *Des ronds dans l'eau*, le générique de *Vivre pour vivre*, m'a donné des envies de musique, de chansons, de disques. Les chansons me font exulter ou me poussent à murmurer mon émoi. Piaf, Brel, Brassens, Trenet m'ont fait chanter à leur tour. Leurs mots, leurs refrains m'accompagnent au quotidien. La chanson est une continuation de la comédie. On raconte toujours une histoire. Chanter, c'est essayer de donner quelque chose de mieux que la vie, plus fort que la vie. Moi, je fais partie des « diseuses ». Je parle sur une musique et de temps à autre, ma voix s'élève et je fredonne. Si l'on m'a choisie pour être récitante à la Scala de Milan, c'est que j'arrive à faire passer des émotions. Je le pense, je le sens. Depuis toujours, je chante dans des spectacles et personne n'a pensé à me faire enregistrer. Grâce à Françoise Dorin, que j'ai rencontrée au moment de *Deux sur la balançoire,* le rêve se réalise : elle m'écrit mon premier 45 tours. Après le tunnel que je viens de traverser, ce travail sur la voix et la musique me régénère. Comme une sève nouvelle.

Le grand Jacques

« Dis donc, il paraît que t'es avec Brel ? » m'avait demandé Claude Lelouch lors d'un de nos coups de fil... Quelle pipelette, ce Claude ! Difficile, dans ce métier, de ne pas révéler ses amours, ses coups de cœur, ses poings dans la figure au grand jour. Pour Jacques, il a raison.

Un an après le film *Vivre pour vivre*, je tourne *La Bande à Bonnot* de Philippe Fourastié, et Jacques Brel fait partie de la distribution. Jamais je n'aurais imaginé tourner avec lui, jusqu'à ce qu'il s'éloigne de la scène et lorgne du côté des projecteurs...

D'Olympia en Olympia, je le suis depuis que j'ai l'âge de comprendre le bonheur et le mal d'aimer. Pas encore de le vivre. Cela viendra bien assez vite, je le sens. Ce qu'il chante, c'est mon langage. Il me crache son chagrin, il me le gueule. On se ressemble, lui et moi. Lorsque je le regarde, je tremble, mon cœur s'affole. Je crois qu'il éveille en moi un désir physique que je n'ose pas m'avouer. Après le spectacle, je fonce au bar d'à côté pour l'apercevoir. À l'époque, le contact avec les artistes se fait plus simplement. Souvent, il est là, buvant un coup, avec des amis, cigarette aux lèvres, l'air un peu las, les traits tirés, sensuel et beau. Sans service d'ordre, c'est un temps où l'on aime sans hystérie, dans le respect. Je pourrais l'approcher, mais je n'ose pas. Je suis encore un peu sauvage, craintive, apeurée. Le destin se chargera bien de nous réunir. Et ma bonne étoile d'agir.

Au mois d'octobre 1966, Brel fait ses adieux à la chanson et j'assiste à son dernier récital en pleurant. Comment vais-je vivre sans ses poèmes magnifiques ? Ses chansons touchent ce qu'il y a de plus beau en nous, elles poussent au pardon, au recueillement, à la joie. Mais j'aime aussi leur tristesse et leur férocité. Un féroce désespoir. Alors pourquoi il nous quitte, ce con ? Qu'est-ce qu'on va devenir sans lui ? Après le spectacle, je vais directement lui poser la question. Cette fois, je ne suis plus la petite groupie anonyme, lui aussi, il me connaît. Dans sa loge il m'avoue, tout simplement, que les tournées le fatiguent. Seraient-ce déjà les premiers signes du mal ? Il me dit aussi : *« Le jour où je ne m'étonnerai plus, où je ferai dans la facilité, je quitterai le tour de chant. »* Peur de se répéter. Et il ajoute : *« Si un jour, tu me revois chanter, tu me coupes les couilles ! »* Nous sommes devenus très familiers, lui et moi ! Lorsque je le quitte en lui disant à bientôt, je ne sais pas que Philippe Fourastié est en train d'écrire le scénario de *La Bande à Bonnot,* qu'il lui réserve le rôle de Raymond la Science, et à moi celui de Maria la Belge. Un film excellent, dont, malheureusement, certains propos anarchisants choquèrent le public. Avec mai 68 qui éclate le mois suivant, le paisible citoyen va en entendre d'autres et des plus sévères.

Sur le plateau du film, les premiers temps, nous nous observons en nous tournant un peu autour. Heureux d'être là. Avec mes jupes longues et fluides, ma perruque lisse et mes bottines, je me sens belle et sexy. Derrière ses petites lunettes rondes, les yeux de Jacques pétillent du plaisir d'incarner l'anarchiste sans foi ni loi. Il semble très à l'aise face à la caméra. Quelques tentatives de rapprochement s'ébauchent, on flirte un peu. Rien de plus. Il n'est pas encore l'heure de notre amour. Un an plus tard, Brel vient me rendre visite à la maison, place des Vosges. Nous nous regardons intensément, je n'ose rien et lui semble très embarrassé. Nos corps sont tendus l'un vers l'autre. Je sens qu'on se plaît, qu'il va se passer quelque chose. Il m'avoue qu'il a eu envie de venir me voir à Belgrade où je tournais *Il pleut dans mon village*, mais il ne veut pas tromper sa compagne du moment. *« Je ne sais pas faire ça... »*

dit-il. C'est tout à son honneur, mais dommage pour nous… Nous avons le temps.

Aussi timides l'un que l'autre, notre désir réciproque passe dans des œillades, des éclats de rire, un silence qui s'installe, sa main sur ma nuque au moment de me quitter. Et ses yeux dans les miens, comme s'il voulait y imprimer son regard. Jusqu'au jour où il revient, place des Vosges, sans prévenir. Son sourire a changé. La caresse de sa main sur mon visage aussi. Je ne demande pas où il en est de son histoire d'amour. S'il vient, c'est qu'il est libre de m'aimer. Fermons la porte à clé. Cette fois-ci, je te garde, mon amour. Prisonnier de mes bras. Doucement, car les barreaux font peur aux poètes, il faut les approcher à pas de biche sinon ils s'enfuient… Reste au creux de ma nuit, baladin au long cours, les bateaux et les îles attendront bien un peu ton sillage étoilé.

Il peut rester six mois sans me faire signe, pour resurgir brusquement, merveilleusement. Un an passe. Il ne chante plus. Lelouch le fait tourner dans *L'aventure, c'est l'aventure*. Lelouch, Brel, mes amours se croisent… Un jour que je m'apprête à partir sur le tournage de *Mourir d'aimer*, Jacques débarque à la maison. Mes yeux scrutent les traits tirés de son visage. À peine si mes doigts osent effleurer ses lèvres, débroussailler ses cheveux. On dirait que… mais non. Un coup de fatigue sans doute. Nous nous aimons longuement, passionnément. Avec lui, j'arpente de nouveaux rivages. Le corps a ses passions que la raison… Il devient si rare l'ami. Quand le reverrai-je à présent ? Il repart et s'enfonce à nouveau dans un long silence. Il disparaît. J'en souffre.

La dernière fois que je vois Jacques, c'est en 1972, il vient m'apprendre qu'il ne peut jouer dans le film *Ursule et Grelu*, ainsi que je le lui ai demandé. Il est malade mais ne dit rien. *« Gémir n'est pas de mise… »* chantais-tu, Jacques. Et moi, je n'ai rien vu, rien compris. Peut-être aurais-je dû le lire dans tes yeux ton prochain départ, entendre la sirène du grand voyage… Est-ce pour fuir le temps qui se rétrécit comme peau de chagrin que tu décides de faire le tour du monde pendant trois ans ? Dans ces pays peints par Gauguin où les femmes des îles mêlent leurs seins aux fruits qu'elles portent contre leur corps… Trois ans, c'est long… Peut-être pensais-tu ne jamais revenir ? En novembre 1974, la maladie te grignote une partie du poumon. Tant qu'à respirer peu, autant vivre dans ces pays où les odeurs de fleurs parfument votre haleine. Ta fleur des îles, tu l'as trouvée aussi : Madly, ton dernier amour que tu emmènes aux Canaries.

« Rêver un impossible rêve… » Nous ne nous reverrons plus, Jacques.

Quatre ans plus tard, je tombe sur une photo de toi aux îles Marquises où tu t'es définitivement retiré. Comme tu as maigri ! Ton visage porte le masque épouvantable des morts en sursis. J'apprends par la presse ton passage à Paris pour un ultime traitement, mais je ne veux plus croire à ce que l'on nous fait encore espérer. Don Quichotte, ce sera ton ultime bataille contre les hôpitaux… Il me reste ta voix sur ton disque, *Les Marquises*, si belle, si déchirante, que je l'écoute en boucle en te pleurant, et qui sera, pendant des semaines, ma seule respiration. *« Le temps s'immobilise, aux Marquises »*…

Grâce à toi, j'ai compris que le chant était le lieu de toutes les souffrances, de toutes les voluptés. Chacune de tes chansons me transperce, et je pleure de ne pas t'avoir fait comprendre combien je t'ai aimé. Je garde l'empreinte de tes doigts maigres et brûlants sur mon corps, et je voudrais me souvenir des mots que nous nous sommes chuchotés à ta dernière visite. J'ai beau fouiller ma mémoire, je crois bien que nous ne nous sommes jamais dit : « Je t'aime. »

C'est tout. Et c'est mon grand regret. Mais, où que tu sois, je sais que tu sais. Pas un jour ne s'écoule sans que je pense à toi. Et pas une nuit. Bien que, de tous les hommes que j'ai aimés, tu sois le seul à déserter, fixant l'horizon parce qu'il y a toujours une lumière quelque part. Tu danses avec les flots. Tu voles dans ta vieille carlingue. Viens donc faire escale au bord de ma nuit. Je t'attends. Nous avons encore tant de choses à nous dire…

Monsieur Audiard

Si en 1968, je dis oui à Gérard Pirès pour son *Erotissimo*, c'est surtout parce que j'ai envie de changer de genre. Depuis quelques films, j'enchaîne les personnages mélancoliques, maussades et j'ai besoin de rire à présent. Avec Jean Yanne, Francis Blanche, Dominique Maurin en frère grand Duduche et Serge Gainsbourg qui me fait des propositions obscènes à la sortie d'un cinéma porno, je ne devrais pas m'ennuyer ! Mort, mort, mort, les mecs ! Je vous aime, vous savez.

Le film raconte l'histoire d'une bourgeoise qui, se sentant délaissée par son homme et doutant de son sex-appeal, va recourir à tous les artifices que lui offre la société de consommation pour le reconquérir. Ça me plaît de jouer les vamps et de me balader dans des robes Paco Rabanne et des tenues affriolantes même si je me sens à des années-lumière du personnage que j'incarne. Hormis un trait d'eye-liner et un soupçon de rouge, je n'utilise pas d'artifices pour faire tomber un homme dans mes filets. Je suis plutôt discrète dans ma façon de me vêtir et de me maquiller. Dans les années 60, toutes les filles portaient des robes courtes, puis des mini-jupes, le pantalon étant réservé au sport, au week-end, à la campagne ; moi je l'ai adopté pour les dîners en ville, les réceptions où l'on me regardait parfois de travers. De la même façon, on me reprochait mes cheveux courts, cette coupe singulière, en me disant que pour réussir au cinéma, il fallait avoir les cheveux longs… J'ai alterné cheveux courts, longs, frisés, raides, je n'en ai fait qu'à ma tête et l'histoire montre que j'ai eu raison. J'aime bien être jolie, et puis je m'en fous !...

Dans *Erotissimo*, je porte cinq perruques différentes, du blond à l'acajou, bouclées et vaporeuses, des robes ultracourtes, des cuissardes en Skaï noir. Panoplie caricaturale, mais à la mode de l'époque pour rendre mon mari jaloux, rôle incarné par Jean Yanne, absolument irrésistible... mais qui m'a résisté, avec son humour pince-sans-rire et ravageur : *« L'abominable Jean Yanne, l'acteur de tous les rôles de crapules et d'assassins. »* À ses basques, Francis Blanche dans le rôle de l'inspecteur des impôts qui se délecte à empoisonner la vie de son client. Parfois, le fou rire les prend et gagne toute l'équipe. C'est un tournage joyeux, léger comme une bulle de champagne, à l'image de cette époque, insouciante et folle. Michel Polnareff compose *La Femme faux-cils* que je chante dans le film. Paroles : Jean-Loup Dabadie. Déjà sur ma route... Lui et moi n'avons pas fini de nous croiser.

À la première du film, deux panneaux à l'entrée du cinéma orientent la file des spectateurs : *« Tenue bourgeoise à la corbeille, tenue érotique à l'orchestre. »* Fallait oser mais, après 1968, le vent de la liberté sexuelle soufflait partout. Cette satire de l'érotisme et de la société de consommation, aussi loufoque que décapante, remporte un franc succès auprès du public et des critiques qui saluent mon retour. Pour une fois, tout le monde est d'accord. Grâce à Lelouch qui m'a fait passer des anciens aux nouveaux metteurs en scène, à Pirès qui rajeunit ma silhouette et à Audiard qui se prépare à me donner le rôle le plus loufoque de ma carrière, je retrouve ma place dans la mémoire des producteurs et dans le cœur du public. Et, de plus en plus, dans un cinéma en prise directe avec le réel.

Bien avant d'être dirigée par Michel Audiard dans les deux films dont les titres me collent toujours à la peau, j'ai parlé son langage. Michel, qui a grandi dans le 14e arrondissement, a gardé un accent « titi parisien », un côté voyou des rues, que je connaissais un peu, car mon oncle Maurice, communiste invétéré, parlait ainsi. Sa femme Blanche était plumassière aux Folies-Bergères, et tous deux adoraient le bal musette. Je me souviens qu'en partant de chez nous, il disait toujours : *« Bon, ben, salut, j'tiens plus sur mes cannes, j'me casse… »* en mettant bien l'accent tonique sur le « me ». Moi aussi, grâce à Audiard, j'me suis mise au parfum ! Michel a écrit les dialogues d'une dizaine des films auxquels j'ai participé. Les premiers avec Gabin et Ventura. Dès qu'un problème de texte se posait, on appelait « le cycliste », comme on le nommait, et il arrivait en urgence sur son vélo. Notre « La Bruyère du Val-de-Marne » était réclamé à cor et à cri. Certains, même, ne pouvaient plus se passer de lui, ils devenaient capricieux. Lino Ventura, par exemple, ne changeait pas un mot du texte sans l'imprimatur d'Audiard. Et si ses dialogues lui paraissaient bancals, insuffisants, il voulait le cycliste toutes affaires cessantes. C'était excessif, mais il avait raison : Audiard, plus on le pressait, plus son travail était beau. Du grand art !

Audiard a le don de piquer aux acteurs leurs expressions, parfois même sans qu'ils s'en rendent compte. Il a beaucoup emprunté à Bernard Blier et à Gabin et, à partir de là, leur a créé une langue propre. Il nous a fait dire des choses énormes avec calme et délicatesse, contrairement aux dialogues appuyés, surjoués de l'époque. Audiard fait de nous des prestidigitateurs. Je retrouve la même jubilation qu'en jouant Feydeau au Conservatoire. Deux, trois mots, un ton, presque rien et les gens hurlent de rire et retiennent les répliques par cœur, comme le font aujourd'hui les mordus du *Père Noël est une ordure*.

Les dialogues de Michel réveillent quelque chose en moi que je ne soupçonnais même pas. Ils sont comme surfilés, c'est une musique qu'il m'est facile de chanter. Je me balade dans cette langue avec légèreté, audace, impertinence. Parfois, on me demande si Audiard était soucieux que l'on respecte son texte. Mais il aurait fallu être fou pour y changer quoi que ce soit ! Tout est prévu. Un mot en plus, un mot en moins et c'est le cassage de gueule assuré. Comme une partition. Audiard m'a fait danser avec ses mots à un rythme d'enfer, en accélérant mon débit. Avant lui, je marchais bêtement. Il a créé une nouvelle Annie, pas celle de *Rocco,* pas celle de *Mourir d'aimer*, non, une autre. Après lui je n'ai plus parlé ni marché de la même façon. Couturier des phrases, il m'a écrit du sur-mesure : que pouvait-il faire de plus pour moi que de me créer cette silhouette qui m'allait comme un gant ?

Dire les mots d'Audiard, c'est enfiler une robe de soie sur une peau bronzée, s'enduire d'une huile parfumée, un plaisir sensuel et joyeux, quelque chose de physique qui me révèle naturellement. C'est jouissif. J'entre dans ses textes en toute simplicité parce qu'ils me correspondent. Il me fait grandir, me donne mon carburant. Comme tous les hommes qui m'ont aimée. Avec lui, je découvre que je suis belle, que je peux séduire en faisant rire. Cocteau a fait ma tête, Audiard, ma voix. J'ai explosé de plaisir de me mouvoir avec l'insolence, les sarcasmes d'Audiard, d'être sa proie de cinéma.

Michel est un incroyable bon vivant, pour lui rien n'est grave. Il se moque de tout, rien ne peut l'empêcher de rire. Son gros défaut, c'est le mensonge : il ment comme il respire et il peut être de très mauvaise foi. Pour ne pas être emmerdé, espionné, contrôlé, il raconte n'importe quoi, invente, l'imagination toujours au travail ! J'aurais beau jeu de lui en vouloir, je suis comme lui ! Moi aussi, je mens pour avoir la paix ! Il trimballe une image d'anarchiste, de provocateur mais, au fond de lui, c'est un tendre, un rêveur, un idéaliste. Un timide qui se défoule dans l'humour en promenant son côté pince-sans-rire. Il me parle souvent de son adolescence un peu triste, car sa mère ne comprenait pas ce goût de l'écriture et s'inquiétait pour son avenir. Le petit Michel écrivait en cachette, sous les draps du lit, pour ne pas la contrarier. Il n'y avait pourtant pas de quoi s'inquiéter, chère madame. Ce n'est pas pour rien qu'on l'appellera plus tard *« le scénariste des films qui marchent »*…

Quand il n'écrit pas, il ne pense qu'à réunir ses potes pour des repas de fous que Bernard Blier ne manquerait pour rien au monde. Une sacrée fine gueule, celui-là ! Avec ça, étourdissant de drôlerie, une façon insolente et cocasse de te répondre quand tu lui parles, toujours la repartie à la bouche… Je me souviens des repas que nous faisions porte de Pantin, près des anciens abattoirs, dans la Halle aux Vins, l'ambiance était extraordinaire. Moi, seule femme au milieu de tous ces hommes, j'étais aux petits oignons, un peu roulée dans la farine.

Se taper la cloche avec les copains et suivre les courses cyclistes suffiraient au bonheur de Michel. Il mène une vie simple, sans chichis. Sans doute est-il le dialoguiste le mieux payé du cinéma mais il n'a pas changé de train de vie pour autant. Non, il mène une existence pépère, tranquille auprès de sa chère Cricri. Une année, il m'invite dans sa maison près de Houdan pour le départ du Paris-Nice. C'est étrange de croiser au petit matin tous ces malabars aux belles cuisses et aux yeux bleus, Bobet, Anquetil, Jansen, Aimar, Zoetemelk, hier, Lemon, Armstrong aujourd'hui : ils se ressemblent tous, finalement… Moi, excitée et ravie, je reluque ces machines à muscles qui me dépassent de trois têtes. Le vélo, chez Michel, c'est au-delà de la passion, on frôle l'addiction. Il passe son temps à pédaler d'un endroit à l'autre pour colmater un dialogue, aller chercher du travail, foncer à un rendez-vous. Où cours-tu comme ça, sur ton vélo, Michel ? Finalement, lui qui a la réputation d'être paresseux, n'arrête pas d'écrire ! Et l'écriture va lui donner le goût des comédiens. À force de les faire parler, l'idée lui vient de les mettre en scène. Il a envie d'être le patron ! En réalisant ses propres films, Michel cesse d'être le dialoguiste des années 50 et se vautre avec délices dans les histoires les plus rocambolesques du début des années 70. Tourner *Elle boit pas, elle fume pas, elle drague pas, mais... elle cause* avec lui, est un cadeau du ciel : il est tellement heureux de nous diriger qu'il rayonne sur le plateau. Les comédiens, il rêve de les faire valser selon sa fantaisie. On dirait qu'il ne nous a réunis que pour nous faire dire ses dialogues et qu'on rigole ensemble. Et nous autres, Blier, Mireille Darc et moi, tétons sagement le lait d'Audiard. Déjà, on ne peut plus s'en passer.

Trois ans plus tard, je le retrouve dans *Elle cause plus... elle flingue*, film phénoménal d'originalité avec Darry Cowl, André Pousse, Bernard Blier, Galabru et Carmet. Cette fois, Michel a imaginé une histoire hallucinante : tuer des gens pour vendre leurs os au Pape, en les faisant passer pour des reliques ! C'est une époque où l'on ose les scénarios les plus insensés, les plus extravagants ! Rien n'arrête son inventivité. Malheureusement, Michel n'osa pas aller jusqu'au bout de son délire burlesque et le montage manqua singulièrement de folie. Dommage…

Pour la troisième fois, je retrouve Bernard Blier, ses mimiques, ses gesticulations. Il peut avoir son quart d'heure de colère, mais en général, il promène sur le plateau une mine réjouie, un air goguenard, une truculence de chat gourmand. Ce qui est merveilleux avec Bernard, c'est l'aisance avec laquelle, d'un film à l'autre, il incarne, ici, un truand à la petite semaine, là, un commissaire de police. En une seconde, il passe de la drôlerie à la tragédie. Pipe au bec, comme le personnage de Maigret qu'il aurait adoré incarner, il se vautre dans les dialogues d'Audiard comme dans un lit de plumes. *« Audiard me met un argot inventif à la bouche »*, disait Blier en parlant du « cycliste ». Je l'entends encore : *« J'ai pas l'habitude de me faire baiser deux fois de suite ! »* Et moi : *« C'est dommage, tu sais pas ce que tu perds ! »*

J'ignore pourquoi Michel m'a surnommée *« la femelle magnifique »*, alors que devant lui, je suis timide comme une jeune fille, à l'égal de son immense pudeur. Au restaurant, assis côte à côte, il me serre la main très fort, en disant, *« Tu restes là, hein ? »*, pour être sûr que je ne vais pas foutre le camp le temps qu'il se retourne. « *Reste avec moi* », me répète-t-il encore et toujours. Ne t'inquiète pas, Michel, je ne te quitte pas. Je lui souris, il me rend mon sourire et nous continuons à nous regarder silencieusement. Le temps s'arrête, quelques secondes rien que pour nous. Il sent bien qu'il me plaît même si c'est un jeu. Mais à l'époque, un autre homme me ronge, me bouffe la vie au point de me faire perdre toute spontanéité… Ne serait-ce que pour poser, tendrement, naturellement, ma tête sur l'épaule de Michel. Comme j'en crève d'envie.

Non, rien n'est grave pour Audiard… jusqu'à ce que son fils perde la vie dans un accident de voiture. Là, tout change. Il meurt au monde avec son enfant. Ce jour funeste, quelque chose se rompt, c'est une tragédie, le début de la fin pour Michel. En 1983, je lui demande de participer à mon spectacle *Marguerite et les autres*, mais il est déjà très malade, ce que j'ignore. Il s'excuse de ne pouvoir m'y rejoindre. Là encore, comme pour Brel, je ne comprends pas la gravité de son mal. Jusqu'au bout, il ne dit rien. Lorsqu'il meurt, deux ans plus tard, j'ai l'impression de perdre ma voix, mon rire, ma gouaille, tout ce qu'il a su magnifier, sublimer en moi.

Michel, j'ai passé ma vie à ne pas vouloir comprendre que mes amis, mes amours allaient me quitter. Que tout passe, comme l'eau que j'essayais d'emprisonner dans mes mains lorsque j'étais enfant. On peut serrer la main jusqu'à la douleur, vient un moment où il faut lâcher prise et laisser s'écouler la vie. Voilà pourquoi j'étais en retard le jour de ton enterrement. En marchant dans les allées du cimetière pour rejoindre les amis, j'avais l'impression que tu m'engueulais avec ta voix nasillarde et cet accent qui n'a pas quitté mon oreille. Mon Dieu, qu'est-ce que j'ai pu t'aimer, mon cycliste ! Comme elles me manquent ta veste à carreaux, la casquette assortie, ta clope au bec et ta voix traînante ! Et tes yeux qui fendaient ton visage lorsque tu éclatais de rire. Est-ce que tu m'as aimée, toi aussi ? Pardonne-moi, Michel, je ne réalisais pas, ce matin-là, que je m'étais levée pour venir à ton enterrement. Comme on ne s'est jamais dit « au revoir », tu ne m'as jamais quittée. Tu le sais, ça ?

Madame Tout-le-monde

« C'est l'histoire d'un massacre, l'histoire de ce qui arrive quand la haine se trouve du côté de la loi… » Ainsi parlait Cayatte de *Mourir d'aimer.* Avec ce film, nous avons bouleversé les convenances, les consciences, et obligé le public à poser un autre regard sur cette femme que la société avait poussée au suicide. 700 000 entrées ! Mieux que *Love Story* ! Il faut croire que les gens avaient envie qu'on leur raconte une véritable histoire d'amour, même si elle finissait mal, et pas une bluette sympathique trop bien ficelée. Il paraît que Jean Gabin, dont le film *Le Chat* sortait à la même époque, soupira en parlant de moi : *« Elle est encore là. Elle va tout balayer avec son film… »* Pourtant Dieu sait qu'il y en eut des réticences ! Même François Truffaut écrivit une lettre ouverte effrayante de sécheresse à propos du film : *« C'est une honte pour le cinéma français… »* disait-il. Cette lettre me désola. Je n'en croyais pas mes yeux. Pour le seul contact que nous ayons jamais eu ensemble, c'est quand même dommage ! Je ne faisais pas partie de sa famille de comédiennes, il avait d'autres égéries. Peu importe, c'était son droit, mais pour l'affaire Russier, puisqu'il y faisait référence, comme les autres il se trompait lourdement. Il a jugé sans savoir et s'est mis du côté des juges et des adversaires de cette femme. Comme les autres, il pensait qu'une enseignante avait abusé d'un enfant. Il se trompait de cause. Cayatte, lui, ne se trompa pas de film.

Truffaut parlait d'un garçonnet en culottes courtes alors que la « victime » de cette malheureuse histoire était un malabar d'un mètre quatre-vingts, moins coincé dans sa libido que tous les barbons qui se mêlèrent de cette affaire. Moi, je l'ai vu ce garçon, je l'ai rencontré puisqu'il fut l'assistant de Cayatte sur plusieurs de ces films. Nous avons parlé ensemble, pas trop, juste ce qu'il fallait pour comprendre qui il était vraiment en me laissant mon libre-arbitre. Me serais-je engagée dans un tel sujet sans connaître les protagonistes de l'histoire ? Tout le monde aurait compris la perversité de la femme voire de l'enfant, sauf moi ? C'est absurde. On a eu la peau de cette femme, elle a été broyée pour une histoire qui ne regardait qu'elle. Voilà ce qu'il faut comprendre. On lui a tout enlevé, ses enfants, son métier, on l'a traînée dans la boue, elle n'avait plus rien. Tout ça pourquoi… Si la majorité avait été à dix-huit ans, il n'y aurait même pas eu de procès. Leur relation se serait arrêtée naturellement, ou pas, comme n'importe quelle histoire d'amour, mais non, il fallait que cette société moralisatrice s'en mêle, dicte sa loi, s'acharne et laisse un cadavre sur l'asphalte. Répandre la misère, le remords autour d'elle, voilà tout ce dont elle était capable.

Il y eut des pressions et des menaces sur nous pour que le film ne sorte pas. À sa sortie, je reçus quelques lettres d'insultes et de désapprobation. Mais bien plus nombreux furent les témoignages de sympathie et de regrets de ne pas avoir su avant, de ne rien avoir pu faire pour ce professeur. C'est vrai que je me suis passionnée pour cette histoire, au-delà peut-être de ce qui était raisonnable, mais pour une fois, mon Dieu, que j'avais quelque chose à défendre ! Je ne pouvais pas à la fois incarner ce personnage et m'en protéger. N'importe quelle comédienne se serait laissé imprégner par la douleur qu'avait endurée Gabrielle Russier. Lorsque je suis dans un rôle, je le vis. Il n'y a pas de cinéma. C'était une nécessité de dire l'ignominie. Du coup, je suis devenue la cible de toutes les attaques qui ne pouvaient plus l'atteindre, et il y en eut de très dures.

« Heureux » revers de la médaille, tout le monde se sentit impliqué dans cette affaire, concerné, interpellé. Parce que la société française était mise en cause, les spectateurs eurent le remords de n'avoir pu empêcher le petit prof de Marseille de mourir d'aimer, et me témoignèrent toute la tendresse du monde. *« Si on avait été au courant, on ne vous aurait pas laissée mourir... »* Pour eux, Gabrielle et Annie ne faisaient qu'une.

La lettre la plus touchante fut celle de monsieur Russier qui m'apprit que sa fille était allée me voir, quinze ans plus tôt, dans la pièce *La Machine à écrire* et qu'elle m'avait beaucoup aimée dans ce rôle. Deux jours avant sa mort, elle écrivit : *« Je voudrais que ce qui m'arrive serve au moins à quelque chose... »* Sois tranquille, Gabrielle... Je sais au plus profond de moi que ton cri a été entendu. L'émotion des spectateurs me l'a prouvé.

À maintes reprises, le cinéma m'a conduite dans les prisons, d'un côté ou de l'autre des barreaux. Prison des Baumettes. Enfermée comme mon héroïne. Depuis ce jour, elle a laissé son empreinte dans ma mémoire, des bruits de clés et de portes, des résonances, des cris. D'ailleurs, je n'ai pas attendu *Mourir d'aimer* pour me sensibiliser aux dérives du système judiciaire, à toutes les injustices et à la situation honteuse des prisonniers. Quelle misère que l'inhumanité de notre appareil judiciaire ! Toute cette crasse, cette violence, ces mômes dont on abuse et qui préfèrent crever plutôt que d'attendre la fin de leur peine, ces gens entassés, c'est insupportable. Si en plus de leur peine, ces hommes doivent endurer des sévices, des tortures, des humiliations, là, je dis non. C'est inadmissible. Cette souffrance me hante.

Depuis que, grâce à leurs témoignages, je connais l'ampleur de la maltraitance, qui est l'usage quotidien dans ce monde clos, et le courage de ces hommes face à leurs bourreaux, j'ai décidé de les aider. Avec mes petits moyens. Et ce que je peux leur offrir de mieux, c'est mon temps et l'amour véritable que j'ai pour tous ceux qui sont enfermés. C'est ainsi que j'ai commencé à visiter les prisonniers et à me familiariser avec l'univers carcéral. Visites que je poursuis encore aujourd'hui, lorsque mon travail et l'administration des prisons le permettent.

Je suis allée à la prison de la Santé, à Fresnes, à Fleury-Mérogis, mais aussi à Pielsen, à Prague. J'ai visité les habitants de cette ville dans la ville. À chaque fois, c'est une expérience extraordinaire, des moments inoubliables. Moi, je ne sais rien d'eux, mais eux ils connaissent ma vie, ils ont vu tous mes films. *« Hé, Annie ! Comment ça va ? »* Ils m'interpellent d'une porte à l'autre, ou derrière des barreaux quand je passe dans la cour. Ils crient mon nom, je lève la tête vers les voix qui m'appellent et je découvre le ballet des petits paniers et des sacs en plastique qui montent et qui descendent d'une fenêtre à l'autre, comme à Naples. Je ris, cela me bouleverse. La vie, l'humour, la poésie sont partout.

Je les retrouve dans une grande salle, en général après la projection d'un de mes films. Ils s'approchent un peu intimidés. Au début, j'ai l'impression que je n'existe pas vraiment, je suis la comédienne que l'on accueille, l'invitée du jour, l'attraction de la semaine dans un emploi du temps réglé au millimètre. J'apparais comme un fantôme de cinéma. Et puis, les minutes passent, et une fois satisfaite leur curiosité sur le métier, *« Delon, il est sympa ? Et de Funès, vous avez dû bien rigoler… »*, ils évoquent leur vie à la prison. Certains me regardent comme si j'étais la preuve que la société ne les a pas complètement oubliés puisqu'elle vient jusqu'à eux ; d'autres, comme s'il n'y avait plus que moi, Annie Girardot, à m'intéresser à eux. Ceux qui espèrent encore et ceux qui ont renoncé.

L'échange se poursuit longtemps après mon départ. Les prisonniers de Toulouse m'envoient des cadeaux pour me remercier d'être venue les voir, des lettres où ils écrivent que je suis *« une lumière »* pour eux, *« un phare »*. C'est gentil, beaucoup trop. S'ils savaient comme je me sens bien en leur compagnie, le plaisir que j'ai de leur parler simplement, leur dire *« ça va ? »*, bonjour, rire avec eux, inscrire leur prénom sur un autographe. S'ils s'imaginaient tout ce qu'ils m'apportent ! Dans les prisons de femmes, l'ambiance est différente, l'intimité, la complicité se créent instantanément. Les jeunes viennent me confier leurs peines de cœur, leurs petits problèmes, leurs désespoirs. Je parviens parfois à requinquer les plus dépressives, consoler celles qui doutent de tout.

Après *Mourir d'aimer*, la presse a écrit que je ne voulais plus jouer de personnages de fiction. Ce n'est pas exact. Il m'est arrivé ensuite de jouer des rôles légers dans des comédies enlevées comme je les aime, mais c'est vrai que ce film fut un moment charnière dans ma carrière de comédienne. Cette histoire m'avait révoltée et Gabrielle Russier m'habitait, corps et âme. Elle dort toujours au fond de moi, prête à se relever pour dénoncer toute forme de répression. C'est ma manière toute personnelle de faire de la politique, de m'engager. De fait, depuis ce film, la fiction a cessé d'exister parce que les femmes que j'incarne sont plus proches de la réalité en général et de moi en particulier. Je ne joue plus la comédie. Tout ce que je fais, je le vis.

Elle n'est pas non plus très éloignée de moi, *La Vieille Fille*, de Jean-Pierre Blanc, qu'il réalise en 1971. L'année de mes quarante ans. J'arrive à un âge où chaque femme fait un bilan de son existence, et surtout de sa vie sentimentale. C'est le moment des décisions à prendre. Un enfant ou pas ? Pour Annie Girardot, c'est déjà fait, mais pour Muriel Bouchon que j'incarne, tout est encore possible. L'amour, le désir, le plaisir, elle n'en connaît pas la couleur. Petite secrétaire raisonnable et soignée, elle se recroqueville sur le sable d'une plage en serrant ses cuisses dans le creux de ses bras. Ce n'est pas encore cette année qu'elle rencontrera l'homme de sa vie. Elle ne cherche même pas, d'ailleurs. C'est ce qui m'a plu dans ce personnage, elle ne provoque rien, elle attend et se tient disponible, c'est tout. En cela, elle et moi sommes semblables. Et ce n'est pas ce ballot, ce gros maladroit de Philippe Noiret avec ses lunettes et ses cheveux en bataille qui devrait modifier le cours des choses. Quoique… En y regardant de plus près…

… « *Un film en Noiret Blanc…* », disait Philippe finement. Une belle histoire, et pourtant au départ aucun distributeur n'en veut, à commencer par l'affiche que la production n'aime pas car nous tournons le dos à l'éventuel spectateur ! Alors que c'est justement le thème de l'histoire : la rencontre de deux timides, de deux solitudes, « *deux laissés-pour-compte* », résumait Noiret. Seuls au monde, et peu soucieux d'être photographiés sous leur meilleur profil, puisque personne ne les regarde jamais. Finalement, Jean-Pierre, Philippe et moi nous battons pour qu'il sorte – avec cette affiche –, et nous avons raison : le film fait un tabac.

Depuis qu'on se le promettait, Philippe et moi avons enfin trouvé l'occasion de jouer ensemble ! À force de nous déplacer, lui comme moi, entre des rôles très divers, nous nous sommes rejoints. Lui aussi joue dans des premiers longs métrages, il donne sa chance à des réalisateurs débutants. Et puis, il prend de vrais risques. *La Grande Bouffe* reste le film dont il est le plus fier. Encore et toujours, Marco Ferreri. J'ai connu Philippe alors que j'étais à la Comédie-Française et lui au TNP. Je voyais ce grand gaillard au café La Régence. Moi, je plaisantais avec Hirsch et mes autres potes du Français, lui nous regardait de loin, l'air sérieux et réservé. Un peu boudeur aussi. Déjà, il me plaisait beaucoup.

Le tournage de *La Vieille Fille* a lieu à Cassis, sur une plage que je connais bien puisque j'y ai ma maison à deux pas. Il fait beau, on se dore sur la plage pendant les prises, on se baigne ensuite. L'équipe travaille, concentrée, décontractée. Philippe et moi avons le même âge, celui de nos rôles, la vieille fille et le vieux garçon. Au fil des jours, nous faisons réellement la découverte l'un de l'autre. Rarement réalité et fiction se sont mêlées de manière si troublante. Nous tentons de pâles approches sous l'œil de Jean-Pierre Blanc, nos hésitations sont réelles, nous sommes très intimidés ! *« Quand on joue avec Annie, on n'a rien à faire… »* dira-t-il de moi plus tard. Effectivement, j'ai l'impression que nous ne faisons rien d'autre que nous apprivoiser des yeux ! Sa voix grave et profonde, sa lippe boudeuse puis ironique l'instant d'après, et même son air un peu bonasse me séduisent d'emblée. Il a quelque chose d'emprunté, de gauche, comme un adolescent que la croissance aurait surpris et que ses 90 kg embarrasseraient ! Et, déjà, cette nonchalance, merveilleux bouclier contre toutes formes de stress. Nous vivons une histoire d'amour silencieuse, dans laquelle s'expriment l'attirance, l'affection que nous avons l'un pour l'autre. Le tout avec une chasteté et une réserve proches de nos personnages. Une histoire où seuls nos souffles et nos regards s'unissent. C'est un jeu, une cour sans grand danger que celui de se dire « je t'aime » sur la pellicule. Inscrire à jamais le bonheur que l'on se donne sur la bobine du film, et nulle part ailleurs. Voyez comme on s'aime ! Au cinéma, on ne ment pas. C'est là pour toujours. Girardot, Noiret, amoureux éternels.

L'année suivante, Philippe et moi formons un couple mûr, usé par le quotidien, dans *La Mandarine,* du délicieux Édouard Molinaro. *« Ce film, c'est la rencontre d'un tenace* (lui, Doudou) *et d'une têtue »* (moi, évidemment), dira un journaliste. C'est vrai. Au départ, personne ne veut de cette histoire, aucun producteur, aucune star n'imagine le film à travers le roman de Christine de Rivoyre. Quoi qu'il en soit, le réalisateur et l'auteur décident de s'atteler à l'adaptation du livre et Molinaro me la fait lire aussitôt. Cette famille, bourgeoise en apparence mais complètement loufoque et qui fonctionne comme une tribu dans sa roulotte, m'enchante. Je réponds immédiatement à Édouard combien j'aimerais incarner Séverine, femme gourmande et chaleureuse dont les fringales se réveillent après dix ans d'un bonheur un peu trop tranquille… Elle voudrait croquer tout ce qui passe de bon à sa portée et ce jeune Anglais interprété par Murray Head est particulièrement mignon ! De son côté, Édouard pense que j'ai la liberté de ton qui correspond au personnage. Depuis longtemps, il désirait travailler avec moi, cette fois, c'est le moment. Je donne mon accord et le tournage est programmé. C'est une époque bénie où mon nom au casting fait office de sésame. Avec Édouard, le rapport est tendre, complice, sentimental, la sympathie immédiate, comme une évidence. Notre entente rend le tournage exceptionnellement chaleureux. Il faut dire qu'avec Madeleine Renaud, la plus espiègle d'entre nous, Marie-Hélène Breillat, Jean-Claude Dauphin et Murray Head, on ne s'ennuie pas non plus. *La Mandarine* est un de mes plus jolis souvenirs de tournage. Le soir, avec l'équipe technique, dynamique et très soudée elle aussi, nous allons dîner, discuter, prendre un verre, avant de rentrer nous coucher. Nous sommes inséparables. Je ne me souviens pas de m'être isolée à l'époque pour faire des mots croisés dans mon coin comme il m'est souvent arrivé de le faire par ailleurs.

Joie aussi de revoir Philippe et de constater que nous nous plaisons toujours autant. Il me fait rire, je me sens bien avec lui. On joue un peu avec le feu dans ce métier, et les patins que nous nous roulons dans le creux du lit conjugal ne nous laissent pas de marbre. C'est une vorace, la Séverine, elle veut l'amour de son mari et de son amant ! Généreuse et sentimentale. Elle me ressemble un peu. Mais quand les projecteurs s'éteignent, les baisers de cinéma s'envolent. Au-delà d'une certaine limite, les billets ne sont plus valables. Il existe entre les êtres des murs aux parois invisibles. À ne jamais franchir. On le sait, et c'est très bien ainsi. Allez, adoptons la morale de *La Mandarine* : pas le droit d'être triste !

Je retrouve mon Édouard, six ans plus tard, dans le film *Cause toujours, tu m'intéresses*, titre qu'il déteste, mais qui lui est imposé par la production. À l'origine, il aurait dû s'appeler *La Liaison téléphonique*. L'histoire est celle d'un homme, Jean-Pierre Marielle, qui s'ennuie et compose un numéro de téléphone au hasard. Et je suis celle qui lui répond. Une liaison s'engage par téléphone entre ces deux solitaires qui décident tout de même de se rencontrer. Le jour J, Jean-Pierre Marielle ne se dévoile pas à l'inconnue, il l'observe de loin et la conversation s'engage incognito entre lui et cette femme déçue que l'homme qu'elle attendait lui ait posé un lapin. L'histoire d'amour qu'ils vivront ensuite sera court-circuitée par celui qui, croit-elle, ne s'est jamais manifesté et qu'elle risque de fantasmer toute sa vie. À moins que… Je crois que j'ai rarement autant ri sur un film. Les scènes entre Jean-Pierre Marielle et son voisin africain, monsieur M'ba, sont des moments d'anthologie, et celle où Jean-Pierre dégringole d'une palissade de chantier sous l'œil goguenard du contractuel Michel Blanc, l'une des plus savoureuses que je connaisse. C'est aussi un film sur l'âge, le temps qui passe et la peur de ne plus connaître l'amour. Ce que je vivais alors… Pourquoi ce film, beaucoup plus fin que bien des comédies de l'époque, ne trouva pas le cœur du public, c'est un mystère…

Jean Rochefort fit montre de modestie lorsqu'on lui proposa de jouer le rôle de mon mari dans *Les Feux de la Chandeleur* de Serge

Korber, ne jugeant pas crédible le fait que je puisse vouloir mourir d'amour pour lui ! Charmant, non ? C'est tout lui, ça, modeste et simple. Un acteur formidable. Loin du business et de la publicité, Jean fait son bonhomme de chemin. Je le connais depuis le Conservatoire et j'ai été surprise qu'il se passe tant de temps avant qu'il ne gagne le cœur du public. Comme il pouvait tout jouer, les personnages simples ou un peu décalés, on ne lui proposait pas grand-chose dont il fût digne. Comme moi, il n'a pas inspiré les metteurs en scène de la Nouvelle Vague. Heureusement, il fait partie de ces acteurs qui ont d'autres passions que la comédie, il se ressource à la campagne avec ses chevaux, comme son pote Noiret. Enfin, moi, les canassons c'est pas mon truc ! Aujourd'hui, Jean est un comédien dont on savoure les compositions avec délice, en tout cas moi, je me régale chaque fois que je le vois à la télévision ! Il a l'œil qui frise, ses rides du sourire illuminent son visage, sa voix profonde me charme, un vrai tombeur, ce Jean ! Ami fidèle aussi, authentique et discret, qui n'est jamais blessant même si son humour, sa constante dérision n'épargnent personne.

Ces *Feux de la Chandeleur* où j'interprète une femme exaltée, dérangée par l'amour extravagant qu'elle éprouve pour son mari, brûlent dans ma mémoire d'une façon particulière. Je peux même dire qu'ils me cuisent encore la peau. C'est en effet sur ce film que je rencontre Bernard Fresson, avec qui je vais vivre une histoire enflammée. La révolution, le séisme. Lorsque j'ai connu Renato qui restera mon grand amour, je n'étais pas encore mûre et suffisamment épanouie pour vivre, corps et âme, une vraie passion. En revanche, Bernard a sur moi un ascendant physique que je n'aurais jamais imaginé. C'est lui qui va m'apprendre ce que peut être la fusion d'un couple, dans ce qu'elle a de meilleur et de pire. Il arrive après Lelouch et Brel, au moment où je me sens prête à vivre une relation à deux, où je voudrais me poser un moment auprès d'un homme, sans me soucier des avions, du passeport, de sa femme. Sans calculer le temps de trajet jusqu'à l'aéroport. Un homme qui serait là, tout simplement. Et tout le temps.

Bernard est d'un tempérament volcanique, qui multiplie les attentions pour me montrer qu'il m'aime, qu'il tient à moi. Mais de plus en plus souvent, son ardeur, sa jalousie l'égarent, il devient excessif et violent dans ses réactions, et notre relation en pâtit. Je souffre en silence, je me tais pour sauver ce qui peut l'être encore. Mon Dieu, faut-il que j'aime cet homme et que je m'accroche aux moments heureux, pour être ainsi au ralenti de moi-même, pour chuchoter ma vie ! En 1978, je le quitte après une scène plus pénible que les autres qui me fait perdre mon joli sourire… Évidemment, mes proches me disent : *« Mais enfin, Annie, pourquoi cherches-tu les hommes violents, qui étouffent ta personnalité ? »* Je ne les cherche pas particulièrement, j'aime les caractères entiers, c'est vrai… *« Les durs, les vrais, les tatoués… »* : Piaf et moi, on se ressemble pour ça. Ça ne veut pas dire que l'on aime se faire casser la gueule. Moi aussi, j'aime les tendres, les caressants, les attentionnés.

Toute ma vie, j'ai craint la violence, les gifles, les coups. Peur de la douleur, de la souffrance. Elle me brûle encore la tarte phénoménale que m'envoya Alain Delon dans *Traitement de choc*, en 1972. À la première claque, je regarde Alain Jessua, je l'interroge : *« Ben alors, qu'est-ce qui se passe, c'était pas prévu, ça ? »* mais il ne bouge pas. À la deuxième prise, Alain recommence à me gifler, et encore, et encore, et encore… Je commence à trembler de tous mes membres. Je me sens perdue, fragile, je n'en peux plus de ces coups, ça me résonne dans la tête. Il faut que cela cesse, je ne peux plus le supporter. Stop ! Brusquement, la panique me prend, je perds la tête. Devant les techniciens muets de saisissement, j'ai une véritable crise d'hystérie. Le couteau prévu pour la scène est à mes pieds, je m'en empare, je hurle, je pleure. Dans cette séquence, je dois tuer Alain et j'ai beau m'acharner sur lui, je n'y arrive pas. Finalement, voyant mon état de nerfs, Alain s'éloigne de moi, Alain Jessua arrête la scène et vient me réconforter. Je m'effondre dans ses bras, choquée.

Un long moment s'écoule avant que je ne recouvre mes esprits. Quelle mouche a piqué Alain de me brutaliser ainsi ? Il est fou ou quoi ? Est-ce pour venger Renato, son copain, et me punir de toutes mes aventures ? C'est cela qu'il faut comprendre ? Oui, c'est bien cela. Je le saisis en un instant. Un rappel à l'ordre, en quelque sorte. Comme si Renato était un modèle de fidélité ! Mais cela ne compte pas pour Alain. Il est ainsi, excessif, il défend Renato, le premier de ses amis. C'est un sens de l'honneur un peu spécial, la femme n'appartient qu'à un homme et à lui seul. Voilà ce qu'Alain est en train de me dire : je te frappe parce que je te respecte, et je frappe, à travers toi, tous les hommes qui t'ont possédée. Je l'entends ta fureur, ton chagrin, Alain. Ne t'inquiète pas. Mais il faudra quand même que je t'explique certaines petites choses…

Quoi qu'il en soit, une chose est sûre : du *Rouge est mis* à *Traitement de choc*, en passant par *L'amour est en jeu*, *La Proie pour l'ombre* où Daniel Gélin me gratifiait d'un bel aller-retour et *La Corde raide*, je me rends compte que j'ai été la tête à claques du cinéma français ! Et la tournée que m'administre Isabelle Huppert dans *La Pianiste* n'est pas mal non plus ! J'y reviendrai.

José Giovanni, qui connaît bien Alain, dit qu'il est toujours dans l'émotion, que partout où il va, il trimballe de l'amour ou de la haine. C'est vrai. Son magnétisme est extraordinaire. Alain n'est pas d'un caractère facile. Sa carapace peut passer pour de l'indifférence. Mais s'il est capable de grands coups de gueule, je lui ai connu les plus beaux élans de tendresse. Destructeur, pulvérisateur, mais vivant. Scorpion jusqu'au bout de son combat. Scorpion comme moi. Et qui aime faire des mots croisés, comme moi ! On peut ne pas l'aimer, il peut agacer parfois, mais on ne lui discutera pas un sens de l'amitié et sa fidélité à toute épreuve. Maintes fois, il me l'a prouvé. Il a une passion pour la vie, un goût des choses intenses, lui aussi peut être violent. Il vit comme il joue, avec ses tripes. Poings fermés ou paumes ouvertes. En parlant d'Alain dans *La Veuve Couderc*, Pierre Granier-Deferre dit : « *Il est le personnage même qui amène le destin.* » Dans ma vie, c'est la même chose : il a toujours été là aux moments importants, aux tournants de mon existence. Une figure de mon destin.

Pour revenir à *Traitement de choc*, voilà un film qui porte bien son nom. Alain en était le héros monstrueusement fascinant. Un léopard. Mais quelle noirceur que cette histoire de rajeunissement de l'élite à coups de cellules humaines prélevées sur de pauvres travailleurs portugais. Nous avons eu toute leur communauté sur le dos ! Dans ce film, j'étais brutalisée, observée, poursuivie par deux molosses, on me forçait à regarder des cadavres... J'errais dans de longs couloirs blancs et des salles aux murs recouverts d'acier, un univers froid et terrifiant. Tout ce que je découvrais était horrible et personne ne me croyait. À Belle-Île-en-Mer, abandonnée des touristes puisque nous tournions à la fin de l'été, dans cette campagne totalement coupée du monde, avec Alain en docteur Faust, épouvantablement beau et inquiétant, et son acolyte, Michel Duchaussoy, impassible, j'ai eu la frousse de ma vie ! Un vrai cauchemar. J'avais la nausée, les guiboles qui tremblaient en permanence. J'ai achevé le tournage, aussi surmenée que mon personnage. Seul pôle de douceur et d'humanité, la présence de Robert Hirsch qui jouait un patient homosexuel vieillissant courant éperdument après sa jeunesse. Il me confiait sa hantise de voir son corps se transformer, l'amour lui échapper, il me bouleversait. J'avais l'impression qu'il me parlait de lui, de ses peurs. D'ailleurs, Robert, qui était assez drôle dans la vie, affichait une certaine gravité sur le tournage, il semblait avoir gagné en sagesse. Il était beau, loin de nous, un peu à part.

Lors d'une scène de plage, Alain et moi courons nus au milieu d'autres naturistes. La presse ne parla que de cette scène, comme d'un événement de première importance, certains s'étonnant même de me voir si bien roulée. Habillée, j'avais donc l'air si tarte ? Pourtant, je n'ai jamais joué les dames la pudeur et me déshabiller devant la caméra lorsque le scénario le demandait ne m'a jamais posé de problème. Certains adorèrent le film, d'autres demandèrent ce que Girardot faisait dans cette sombre entreprise. Pourquoi ? Le sujet d'Alain Jessua était culotté, dur, sincère, il y croyait. Il m'a fait penser à Cayatte. Cette satire des mœurs de notre société dénonçait des pratiques honteuses et posait une question simple : faut-il fermer les yeux sur une réalité abominable ou la révéler ? Nous sommes tous des cannibales, disait-il en substance. Je lui ai fait confiance, j'ai eu raison et je ne regrette

Du côté de Las Vegas avec Renato pour tourner *Smog* de Francesco Rossi (1961), inédit en France. L'amour est un jeu en plein soleil. © Corbis

1. Avec ma fille adorée, ma tendre Giulia. © D.R.

2. 1986. Quatre générations de femmes ! Maman, Giulia, ma petite-fille Lola et moi. Nous logeons près d'Albi pendant le tournage de *Florence ou la vie de château*, le téléfilm de Serge Korber où je joue avec ma fille Giulia. © D.R.

3. Notre fille Giulia. Le lien indestructible entre Renato et moi. Entre Rome et Paris. Ma belle Italienne de France. © E. George - Sygma

2

3

Juillet 1954. Je viens de recevoir le Premier Prix de comédie au Conservatoire. © D.R.

Avec Renato et Romy. Notre belle visiteuse romaine du temps de sa romance avec Alain Delon. Amour et passion. Les portent claquaient. © Kipa

1

2

1. Luchino Visconti, le Prince qui me fit naître au cinéma avec *Rocco et ses frères* et rencontrer mon partenaire dans le film et futur mari, Renato Salvatori. © D.R.

2. 1965. Première de la pièce d'Arthur Miller *Après la chute* en compagnie de l'auteur, du metteur en scène Luchino Visconti et de son interprète masculin, Michel Auclair. © D.R.

3. Le grand Robert Mitchum veut m'amener faire un tour à Londres avec lui. Mais Renato veille ! © D.R.

3

1. 1982. Avec Catherine Lara et Bob Decout pendant les répétitions de *Revue et corrigée*. Si la comédie musicale est un flop, nous avons au moins sauvé le Casino de Paris. © Corbis Sygma

2. César 1996 du meilleur second rôle pour *Les Misérables* de Claude Lelouch. Un moment d'intense émotion. J'ai reçu tant d'amour... © Corbis Sygma

3. Reprise de *Madame Marguerite*, la Madame Sans-Gêne de l'école de la République, au théâtre de la Gaîté-Montparnasse en 2001. © Productions Jean-Claude Auclair

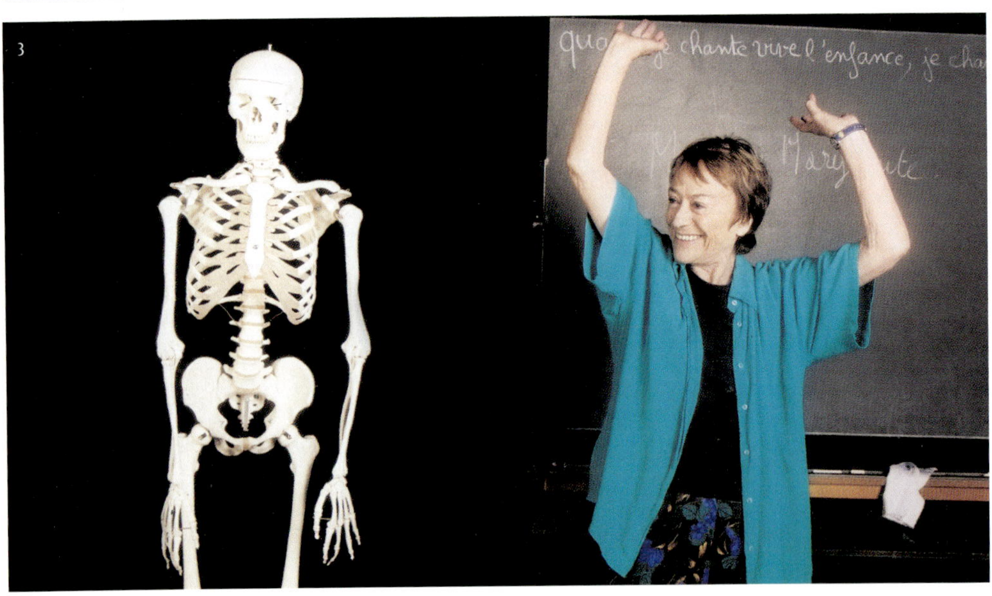

Les Anarchistes ou la bande à Bonnot de Jean-Paul Guibert (1968). Avec Jacques Brel, une passion comme une lame de fond. © Corbis Sygma

La Zizanie de Claude Zidi (1972). Mon cher Louis de Funès. Ses yeux sont les plus doux du monde.
© Nana Productions/Sipa

Avec mon compagnon Bernard Fresson dans *Les Feux de la chandeleur* de Serge Korber (1972). Nous aimions tourner ensemble, mais c'était l'amour vache. © Corbis Sygma

1. *Rocco et ses frères* de Luchino Visconti (1960). Dans un instant, la silhouette inquiétante de Renato Salvator va fondre sur moi. J'avais réellement la frousse. Je l'aimais dans la vie, mais dans le film il me faisait peur. Prod DB © Marceau Cocinor/Titanus SPA/D.R.

2. Sur le tournage de *La Femme singe* de Marco Ferreri (1963). Quatre heures de maquillage chaque jour. © Corbis Sygma

3. Avec Claude Lelouch sur le tournage d'*Un homme qui me plaît* (1969). Nos vies faisaient battre le cœur du film. © Corbis Sygma

4. *Elle boit pas, elle fume pas, elle drague pas, mais... elle cause* de Michel Audiard (1970). Il m'a appris à libérer les mots et à accélérer mon débit. Grâce à lui, je suis devenue la Girardot d'aujourd'hui. Prod DB © Gaumont/D.R.

4

Molières 2002. Mon grand, mon beau, mon fidèle Alain Delon, l'ami de Renato, l'ami de toujours. © Villard/Sipa

rien. Si, de temps à autre, je ne prenais pas quelques risques, je serais encore au Conservatoire à jouer les vieilles marquises poudrées ou les duègnes à col dur. Merci bien.

Seuls moments de détente et d'évasion : Giulia et Anthony, le fils d'Alain, venus nous rejoindre pendant une dizaine de jours. Il fait doux sur la plage de Belle-Île, ce sont les derniers feux d'un automne magnifique. Je roule avec ma Giulia dans les vagues et sur le sable. C'est une petite bonne femme de douze ans déjà, elle en fait quinze, mais lorsque je prends son petit museau mouillé entre mes mains pour y déposer des baisers, je retrouve la fraîcheur de son souffle d'enfant. Désormais, elle vit six mois à Paris et le reste de l'année à Rome avec Renato. Je n'en pouvais plus de ne la voir qu'entre deux avions.

Après les succès de *Mourir d'aimer*, de *La Vieille Fille* et du second film d'Audiard, je traverse une période d'extrême lassitude, ponctuée d'échecs successifs. Le film *Juliette et Juliette* de Remo Forlani ne rencontre pas l'assentiment du public, ce qui ne me surprend pas, n'y croyant pas moi-même. Mon rôle est inconsistant, je le découvre après m'être engagée, et je ne peux plus faire marche arrière. Seul le film de Cayatte, *Il n'y a pas de fumée sans feu*, un film sur la rumeur où je joue l'épouse d'un homme politique, interprété par Bernard Fresson, que ses adversaires tentent de déstabiliser en l'impliquant dans une affaire de mœurs, émerge de cette médiocre série. Cayatte s'était inspiré de l'affaire Markovic qui avait ébranlé le couple Pompidou. Grâce à ce film, j'ai indirectement eu la chance de rencontrer le célèbre volcanologue Haroun Tazieff lors d'un vol Aden-Paris. Cayatte avait décidé de tourner sur le lac Abbès à Djibouti une scène censée illustrer un cauchemar que je faisais. Pour un cauchemar, c'en était un sur cette terre aride et salée qui nous rongeait comme de l'acide. Paysage dantesque de volcans éteints ou en activité, où l'on avait tourné *La Planète des singes*. De Djibouti où j'avais rencontré un médecin qui m'avait fait connaître le drame de l'excision, nous sommes partis au Yémen. Donc, Tazieff dans l'avion du retour, c'était rafraîchissant. Il me fit une leçon de volcanologie au poil. Passionnant. À l'époque, il était chef de service de volcanologie de l'Institut Physique du Globe. Il connaissait toute la région sur le bout de la pellicule, et des doigts. Et franchement, je préférais l'admirer de haut. Cayatte m'avait proposé de rester avec lui à Aden. *« Avec Bernard Fresson dans les parages, je suis morte dans les dix minutes »*, lui avais-je répliqué. Fresson partait à Montréal jouer un épisode de *La Veuve Caillaud.* C'est comme ça qu'il est passé de + 42° à – 42°, mon gars tout chaud.

Le film marche, Cayatte remplit toujours les salles pour toutes les bonnes ou les mauvaises raisons. Il est comme une locomotive lancée sur un rail unique, celui de la dénonciation. Mais bientôt le train va dérailler et nos voyages s'arrêteront là.

En fin d'année, je décide de coproduire le dernier film de Serge Korber, *Ursule et Grelu* qui nous réunit Bernard Fresson et moi. L'histoire d'amour dans l'histoire d'amour. Un peu de légèreté nous fera du bien à tous les deux et nous tournons avec un grand bonheur. Moi, je suis Ursule, petite bonne femme qui, après avoir porté la bonne parole à travers le monde, vêtue de l'uniforme de l'Armée du Salut, rencontre l'amour fou en la personne de Grelu, accordéoniste barbu et escroc fabuleux. Nous tournons dans les studios de la Victorine. Dès que je peux faire exister ce lieu, j'y retourne. Je m'en voudrais toute ma vie si on transformait cet endroit magique en immeuble de rapport. Je me bats pour ça. L'intrigue du film est charmante, la musique d'Alain Goraguer et les chansons de Pierre Delanoë très entraînantes, même si elles ne resteront pas comme ses meilleures compositions. *Le Zizou de Zouzou*, c'est pour rire, pour danser, comme *La Marche des canards*, pas de quoi nous tomber dessus comme le firent les critiques de l'époque en soulignant *« la débilité de l'entreprise »*. Ce film n'intéressa personne, si j'en juge par le peu d'entrées et les mauvaises critiques que nous avons essuyées. Nouvel échec très cruel car j'y croyais beaucoup. Symbolique aussi il annonce le prochain naufrage de mon histoire d'amour avec Bernard.

Je tourne, je tourne puis silence !

Le silence soudain des metteurs en scène m'inquiète, une inquiétude qui se transforme en angoisse lorsque cette situation s'installe trop longtemps. J'ai bientôt quarante-cinq ans, je ne suis plus assez fraîche pour jouer les petites nénettes et pas assez âgée pour les rôles qui vont directement à Signoret ou à Suzanne Flon. D'excellentes comédiennes ont fait leur apparition sur le marché, et se partagent les rares beaux personnages féminins. Et puis, les problèmes d'argent me minent le moral. L'argent, je n'ai jamais su le garder, l'économiser. Il passe dans l'achat d'appartements, de maisons, à part ça je n'ai rien. Je donne, je donne, sans compter. Mes amis, amants se félicitent de mes succès et certains en profitent. Trop. Je ne contrôle plus rien. J'ai le sentiment d'aller au turbin pour une communauté entière. Toutes ces indélicatesses me laissent sur le flanc, éperdue, et les impôts se chargent de me rappeler la réalité. De plus, étant toujours mariée avec Renato qui connaît lui aussi des revers de fortune, j'assume ses erreurs, ses excès. Peu à peu, je m'enlise.

La Gifle de Claude Pinoteau me remet sur les rails et à flot. Une gifle magistrale qui, cette fois, n'est pas pour moi mais pour miss Adjani. Isabelle fait ses débuts au cinéma de manière fracassante. Mais elle n'en tiendra pas rigueur à Lino Ventura : une taloche de mon Lino, ce n'est pas bien méchant, c'est comme une caresse, une brise légère. Même s'il fut champion du monde de lutte ! Ma prestation dans le film est relativement courte : je suis la mère d'Isabelle, séparée de Lino, ayant refait ma vie avec un aristocrate anglais *very british*, auprès de qui mon accent parisien semble un peu anachronique, mais c'est ce qui plaît à Claude Pinoteau. Un personnage plein de tempérament et d'humour. Nous tournons en Angleterre durant deux semaines, dans un sublime manoir et une ambiance merveilleusement détendue. Claude Pinoteau, c'est la décontraction et la gentillesse assurées. Le film connaîtra un gros succès public et une excellente critique pour toute la distribution. Les gens vont adorer cette histoire de conflit entre un père et sa fille et se prendre d'une grande affection pour le couple au sale caractère que nous formons Lino et moi. Longtemps après, on m'en reparlera comme d'un rôle essentiel dans ma carrière. Pendant tout le tournage, j'ai l'impression étrange de vivre ma propre réalité. Dans l'histoire, mon mari et ma fille habitent un autre pays que le mien et rêvent de retrouvailles sans oser le dire… C'est exactement ce que nous vivons Renato, Giulia et moi, ne nous le cachons pas. De plus, Giulia souffre de me savoir auprès d'un autre homme que son père. Même si, de son côté, Renato a une nouvelle compagne qui lui a donné un fils. La vie, l'amour ont repris leurs droits, Giulia sait tout cela, mais, contre vents et marées, elle veut voir ses parents réunis, se raccrochant comme elle peut aux souvenirs lumineux de son enfance. Je la comprends, moi-même, cette idée me traverse l'esprit comme une météorite. Renato me demandera aussi de reprendre la vie commune. Je dirai : « *…On verra plus tard… peut-être… un jour…* » Et la vie passe. Bien sûr, je reviens régulièrement à Rome, où j'occupe toujours mon étage dans notre maison, mais j'ai parfois l'impression d'être un fantôme dans cette ville. En Sardaigne, j'ai fini par laisser ma maison à Renato et à sa petite famille pour préserver leur intimité, et j'ai acheté celle d'à côté. Il paraît que je suis « cool », comme on dit maintenant… un peu trop parfois. Quoi qu'il en soit, nous continuons de passer les vacances ensemble, plusieurs années de suite. Tranquillement.

Je n'avais pas joué avec Lino depuis *Le Bateau d'Émile*, dix ans plus tôt. Mais la complicité est toujours là. Entre Lino et moi, elle passe par les regards, nous sommes de la même école, celle de la sobriété dans l'émotion. « *Deux sensibilités de forts* », disait Claude Pinoteau pour nous définir. Personne n'a oublié le dernier plan du film, sur un quai de gare à Paris, où je dois décider si je pars m'installer en Australie avec mon mari anglais ou si je reviens vivre avec Lino à Paris. Je téléphone en Angleterre, d'une cabine, et Lino me regarde de loin, m'interrogeant des yeux, essayant de deviner ce que je dis. Le film se termine sur lui, inquiet, tendu vers moi. Avec la musique de Delerue, le train qui part et ces deux regards qui se croisent. Et un point d'interrogation. Pinoteau a laissé le choix de la fin de l'histoire au spectateur.

Je retrouve mon Lino comme je l'ai quitté : un peu ombrageux, bourru même, parfois mystérieux, qui n'aime pas être dérangé et, l'instant d'après, chaleureux, boute-en-train et bon vivant. Toujours modeste. Et un peu inquiet. Toujours chic et élégant. Une allure, une classe naturelle qui forcent le respect. Indomptable et incorruptible Lino, qui joue dans les films qu'il aime, les choisissant scrupuleusement, et rien de plus. Jamais il ne fait une promo qui lui pèse ni de longues interviews. Il est une des rares vedettes à ne pas avoir d'agent, et à ne pas discuter ses contrats. Il impose son prix, d'ailleurs tout à fait raisonnable. C'est à prendre ou à laisser.

Lino porte les mots « amitié », « équipe », « famille » comme un étendard. Sur le plateau, c'est lui qui nous fait la cuisine, *la pasta*, comme chez lui. Il faut le voir préparer les repas de toute l'équipe comme si nous étions ses enfants ! Il n'est pas italien de Parme pour rien, mon Lino, il a l'amour de la famille. Audiard, qui a du palais et un sacré coup de fourchette, dit de lui : *« Lino fait les meilleures pâtes aux fruits de mer d'Europe. »* Avec Lino, on rigole, on se raconte de bonnes blagues, les mots d'esprit des uns et des autres, les potins marrants, les derniers échos de tournage. Pas un mot sur sa vie privée ou sur des problèmes trop personnels. J'envie la force qu'il a de se taire, de se contenir lorsqu'on le provoque. Moi, je n'ai jamais su. Le sourire sur le visage de Lino, c'est un ciel qui s'illumine, un lever de soleil. J'ai envie de le serrer dans mes bras. Et puis, la seconde d'après, son visage se ferme, il devient grave. Là, il me confie ses inquiétudes sur l'évolution du cinéma, un cinéma intimiste dans lequel il ne se reconnaît pas. Il déplore le manque d'imagination des scénaristes et la vulgarité de ce qu'on lui propose à longueur de temps. Les scénarios manquent de souffle, il les refuse tous, mais il s'inquiète. *« Si je dis non à tout, on dit que je suis fini parce qu'on ne me voit plus. Si je joue dans un navet, on dit que je fais n'importe quoi ! Alors, qu'est-ce que je fais ? »* constate-t-il, dépité. Dans *La Gifle*, Lino incarne avec une émotion magnifique un père largué, désarmé, affectueux mais impulsif. Je me souviens qu'à la sortie d'une projection, des jeunes étaient venus me voir enthousiasmés, en ajoutant qu'ils aimeraient bien l'avoir pour père. Si ce n'est pas une preuve d'amour, ça…

À sa mort, en 1987, je me retrouve chez Odette, sa femme, avec des amis, José Giovanni, entre autres. Nous venons parler de Lino, encore et encore, pour partager ce qu'on aimait en lui, les moments drôles, les émotions vécues ensemble. Pour le faire exister encore un peu, qu'il ne s'en aille pas tout de suite. José voudrait bien parler, mais il n'y arrive pas. L'émotion est trop forte, le chagrin aussi. Lino était son meilleur complice. Parler de lui au passé, c'est au-dessus de ses forces. Il a à peine la force de se taire et de se tenir assis sur sa chaise. Il est des gens dont l'existence rend la vie plus supportable. Lino Ventura était de ceux-là... Je me souviens de sa petite fille handicapée, qui ne parlait pas lorsque je l'avais vue la première fois et que l'on aurait pu croire fermée à toute communication. Là, miracle, elle s'anime, vient me parler gentiment, arrive parfaitement à se faire comprendre. Formidable victoire de l'amour et de la patience de Lino et d'Odette contre la fatalité.

À la fin du tournage, je rentre à Paris en avion avec Claude Pinoteau. Dieu sait que j'ai souvent pris l'avion dans ma vie, mais je ne m'y suis jamais habituée. La crainte est toujours là. Je me souviens qu'au moment du décollage, mes ongles s'enfoncent dans l'avant-bras de ce pauvre Claude assis près de moi. Il serre les dents et attend que le vol prenne son régime de croisière. Ensuite, je me détends et nous pouvons parler. *« J'ai lu une pièce d'un jeune Brésilien, l'histoire d'une maîtresse d'école d'élèves de 7e. Sa façon d'enseigner est assez spéciale. Je crois que cela ferait un spectacle formidable. Tu ne connaîtrais pas quelqu'un qui pourrait l'adapter ? »* demandai-je à Claude. Sa réponse fuse : *« Ben, Jean-Loup Dabadie, évidemment !* (l'auteur précisément des dialogues de *La Gifle*). *Il adapte des pièces américaines formidablement bien, adresse-toi à lui ! »* Jean-Loup, bon sang, mais c'est bien sûr ! Comment n'y avais-je pas pensé plus tôt ?

La Gifle fera encore plus d'entrées que *Mourir d'aimer*. Le succès est énorme, et pourtant les propositions ne se bousculent pas. Rien de très exaltant au cinéma ; quant à la télévision, ce que l'on m'y fait tourner est sans intérêt. Comme je n'y ai jamais vraiment cru (ensuite, je changerai d'avis), elle me le rend bien, nous sommes quittes. Plus préoccupant : cela fait maintenant douze ans que je ne suis pas remontée sur une scène de théâtre. Les textes que l'on me soumet régulièrement m'indiffèrent. Maigre consolation, les articles qui continuent à paraître sur moi dans la presse montrent que je reste l'actrice la plus aimée du public français. Depuis *Mourir d'aimer*, il semble que je sois devenue indéboulonnable. On m'aime et voilà. Un journaliste perfide a beau souligner *« un nez trop long, un menton trop pointu, des sourcils trop épais (...) des cheveux coupés n'importe comment (...) »* et déplorer que je sois *« toujours aussi mal fagotée »*, peu importe, car on adore mon rire éclair, ce charme *« indéfinissable »*. Et le public s'identifie à moi, cela revient en permanence. *« On se souvient toujours plus d'elle que de ses pièces ou de ses films »*, ajoutent les critiques. Ce qui ne me fait pas forcément plaisir, mon but n'étant pas de faire cavalier seul, mais de participer à un projet.

Les spectateurs me veulent en femme abandonnée, crucifiée, trucidée. Ou bien, en bonne copine, en conseillère. Je rassure. L'anti-vamp, en un mot. Avec moi, pas de risque que les fidèles maris se détournent de leurs foyers. Peut-être aurais-je aimé jouer les espionnes glamour, porter de longs fourreaux noirs, des gants jusqu'au milieu du bras, de longs fume-cigarettes... Mais je ne suis pas Gilda et je me débrouille autrement. Bref, tout le monde m'aime, sauf les metteurs en scène et les producteurs qui m'enterrent régulièrement tous les dix ans ! J'ai dit un jour que si le métier ne voulait plus de moi, ce n'était pas grave, j'en ferais un autre. Que l'important était d'être bien dans sa peau. C'est faux. Je ne m'imagine pas faire autre chose que jouer la comédie. D'ailleurs, à part écouter de la musique, faire des puzzles, des mots croisés, je n'ai pas de vraie passion. Après ma journée de tournage, quand je suis à Paris, je m'occupe de la maison, je range, je fais mes courses rue du Faubourg-Saint-Antoine et la cuisine, je regarde la télévision. Comme n'importe quelle femme qui rentre de son boulot. Je suis comédienne, un métier comme un autre.

Madame Marguerite, première !

La période est creuse pour Madame Tout-le-monde. Mais Jean-Loup Dabadie ne chôme pas et me fait parvenir, feuillet après feuillet, l'adaptation de la pièce *Madame Marguerite* de Roberto Athayde, ce jeune auteur brésilien dont j'avais parlé à Pinoteau. J'ai découvert ce texte savoureux à Cassis où je passais quelques jours avec Bernard, Giulia, maman, Aimé et les enfants de Bernard. Sans oublier tous nos chiens. Au milieu de cette armée canine, nous sommes bien gardés ! C'est une période de calme et d'harmonie. Je retrouve ma Giulia. Depuis peu, ma fille est repartie vivre à Rome à la demande de son père, et j'en souffre comme une mère à qui l'on aurait arraché son nourrisson. Elle me manque atrocement. Renato est malheureux, il crée une tension autour de Giulia pour me retenir encore un peu. Ces dernières années, je m'étais habituée à la présence de ma petite, j'aimais aller la chercher à l'école, l'entendre jouer dans sa chambre. À présent, j'ai besoin d'elle. Lorsque je ferme les yeux, je rêve d'enfouir mon nez dans ses cheveux, son cou souple et chaud, de m'endormir comme ça, tendrement. Envie de la sentir, de la respirer. À Paris, elle est de ma chair, de mon sang, alors que chaque retour d'Italie me la rend un peu plus étrangère, lointaine. Ses premiers mots étaient italiens, ses goûts sont italiens, sa manière d'être est italienne. J'ai peur de la perdre, peur qu'elle m'oublie, que le fil ténu de nos regards croisés se brise. On comprend que ces vacances au bord de la mer dans une ambiance joyeuse et quasiment familiale me fassent un bien fou.

Jean-Loup planche avec application. Tous les deux jours, de nouvelles pages arrivent et j'en fais la lecture devant toute la maisonnée. Peu à peu, *Madame Marguerite* sort de la nuit et prend forme. Plus je lis ce texte, plus je me familiarise avec cette femme. Au départ, je sais peu de choses d'elle, qu'elle a une culture différente de la mienne, une autre enfance, dans un pays lointain, le royaume des sambas. Ce rythme… on ne peut que danser, c'est irrésistible. Je suis séduite, définitivement.

Elle me plaît de plus en plus, la Margotton, et je ne suis pas la seule, mes amis rient et en redemandent. Voilà ce qu'il me fallait pour repartir d'un bon pied au théâtre. Les gens m'aiment en confidente, en amie, en professeur ? Ce personnage est tout cela à la fois. Entre deux coups de folie et deux éclairs de lucidité, la maîtresse d'école de classe de 7e remet en cause l'enseignement et, s'adressant au public comme à ses élèves, lui apprend les choses de la vie. Une heure de déraison pleine de bon sens. Je sens que je tiens un personnage dont l'impétuosité est la mienne, que je vais être complètement moi-même, enfin. En fait, cette femme va me coller aux tripes, me permettre d'exorciser mes frayeurs, mes rages, mes espoirs, de les sortir de moi. Je n'imagine pas encore le séisme que provoquera Marguerite dans ma vie. En attendant, je donne mon accord à Jorge Lavelli et nous fixons les premières séances de travail au milieu du mois d'août. Dabadie aura eu quinze jours en tout et pour tout pour écrire l'adaptation qu'il refondra à nouveau quelque trente années plus tard !

De retour à Paris, je me heurte à un metteur en scène qui, non seulement déteste les monologues – il était temps de s'en apercevoir ! – mais surtout, qui me reproche de ne pas savoir mon texte. Un peu refroidie par cet accueil, j'explique à Lavelli que j'ai toujours appris mes rôles pendant les répétitions et que je ne compte pas changer ma façon de faire. Bon sang, ça commence bien. Ce type me déteste avant le début des répétitions ! De plus, il a des idées étranges sur le costume de l'enseignante. Il voudrait que je porte des talons hauts, des jarretelles, des bas, des machins de grande cochonne et un fouet, pour émasculer les élèves. Là, je l'arrête tout de suite. « *Moi, dans cet accoutrement, jamais !* » J'ai fait du strip-tease sur scène parce que Visconti me l'avait demandé. Mais me mettre à poil pour exciter les marmots, merci bien ! Non, je porterai une jupe à fleurs et des grosses chaussures de sport. N'en déplaise à Lavelli, le charme de madame Marguerite est ailleurs : dans ses paroles, dans sa merveilleuse leçon d'espoir.

Après huit années d'absence de la scène, je vais retrouver le chemin du succès et surtout un public qui m'a manqué au-delà de ce que l'on peut imaginer. Il fallait que je le voie, que je le caresse des yeux. Aujourd'hui, tout le monde vient voir la pièce, mais on a oublié qu'en 1974, date de sa création au Théâtre Montparnasse, elle faillit s'arrêter par manque de spectateurs. Michel Audiard, Louis de Funès, Arrabal, Clouzot, Raymond Devos sont les premiers à m'encourager. Michel Simon amène sa petite fiancée de la rue Saint-Denis. « *Moi c'que j'ai préféré, c'est quand tu fais ton ménage...* » me dit-il ensuite avec sa voix chevrotante. Sacré Michel ! Il parle du moment où j'efface le tableau ! Dans ma loge, Raymond Devos me dit : « Madame Marguerite *n'est pas une pièce d'aujourd'hui, de demain, c'est une pièce éternelle.* » Au moins un qui a compris ! Hormis cette bande de connaisseurs, personne ne vient. On dit que je suis cinglée de me lancer dans cette aventure, qu'après avoir fait beaucoup de navets au cinéma, je fais n'importe quoi sur scène... Et moi, face au public pendant deux heures trente, je crève de trouille. Le soir de la première, je me confie à Annie Cordy : « *J'ai peur, j'ai peur... si tu savais...* » « *C'est bien d'avoir peur, ça empêche de tomber* », me répond-elle. Facile à dire. J'ai beau me le répéter, tous les soirs, une frousse phénoménale me submerge. C'est l'expérience la plus dure de ma vie. Et je ne veux pas qu'elle s'arrête. C'est terrible cette angoisse qui t'empoigne et t'accroche, t'enserre continuellement.

À la même époque, Félix Leclerc donne un récital au Théâtre Montparnasse. Le samedi, je dois assurer deux représentations, mais il y a si peu de monde que je lui donne la deuxième tranche. Félix, je l'aime infiniment. Il chante le bonheur avec des mots simples et j'en ai bien besoin. Qu'est-ce que je vais devenir si cette pièce s'interrompt ? *« Annie, chapeau ! non, pas chapeau... béret ! »* me dit-il un soir, après avoir vu mon spectacle. Et puis la direction décide de tout arrêter et de ranger *Madame Marguerite,* son squelette et son tableau noir au rayon des accessoires. Le même soir, une collectivité d'enfants débarque au théâtre et envahit la salle. Il n'y a pas assez de places. On m'appelle. Annie, qu'est-ce qu'on fait ? On les refuse ? Ah, non ! Non ! On les a assez attendus, on ne va pas les renvoyer à présent ! On se débrouille, c'est tout. Les bistrots du quartier nous prêtent dix, vingt chaises, on vide les loges et les coulisses du moindre tabouret, les plus petits s'installent par terre, sur le plateau, et en avant la musique ! Bon sang, quel bonheur ! Ils sont là à mes pieds, la salle bourrée comme un œuf. Ils écoutent, ils rient. J'ai l'impression qu'ils l'aiment bien cette Margotton. Applaudissements, sourires et baisers dans la loge. C'est gagné !

Dans un petit coin de la scène, mes deux fidèles soubrettes ne me quittent pas de l'œil : Oufa, ma chienne épagneul breton offerte par Cayatte pendant *Mourir d'aimer*, et Jana, heureuses d'avoir vu leur maîtresse à l'œuvre. Chère Oufa, elle m'a suivie sur tous les tournages jusqu'au moment où le cancer m'a arraché sa laisse pour ne plus la lâcher. À cette époque, je n'ai plus l'espace suffisant pour la garder près de moi, et je la confie à une amie. De ma vie, je n'oublierai les yeux de ma chienne adorée qui me regardait en m'implorant de ne pas la laisser. Mais, je ne t'abandonnais pas, mon amour, c'était momentané. J'allais revenir. Et pourquoi n'ai-je pas demandé au vétérinaire de me prévenir si tout était perdu, s'il fallait la piquer ! Je n'ai rien dit, je n'ai pas revu ma chienne et je m'en veux encore aujourd'hui. Mais quelle lutte pouvais-je mener contre le crabe maudit qui, après mes amours, mes amis, m'enlevait ma Oufa chérie ? Quand elle mourut, je restai un long moment prostrée, revivant mentalement les moments joyeux que partagea avec nous cette chienne tant aimée. Je la revis à Frégène en Italie ou en Sardaigne, heureuse d'accompagner Renato à la chasse, ou place des Vosges, lorsqu'elle vibrait littéralement en attendant que je l'emmène avec moi au théâtre. Je pourrais parler d'elle pendant des heures. Seuls ceux qui connurent l'amitié sans faille d'un animal familier peuvent comprendre le déchirement de le perdre.

Après le succès de *Madame Marguerite*, un mouvement extraordinaire se crée autour de la pièce, le bouche-à-oreille attire le public qui remplit la salle jusqu'à la fin : le spectacle revit, il y aura deux cents représentations au Théâtre Montparnasse, suivies d'une tournée en province, en Belgique, en Russie, partout…

Marguerite, tu m'as sauvée. Il me faut repartir à présent, plus solide, plus aimée aussi, je le sens, je le sais. Mais presque deux ans s'écouleront avant que je ne retrouve au cinéma un rôle aussi fort que celui que je viens de tenir au théâtre, un tel engagement, une aussi belle opportunité d'être auprès des spectateurs, au cœur des gens.

La rage de vivre

Il pleut sur Santiago est un très joli film du réalisateur Helvio Soto, sur le coup d'État militaire en Argentine en 1973, mais je n'y fais que passer. Ce qui en soi importe peu puisque les spectateurs feront de même devant les portes d'entrée des cinémas. Échec retentissant, enfin si l'on peut dire : personne n'en parle. Ensuite, je retrouve José Giovanni sur le tournage du *Gitan*, avec Alain Delon et Renato qui joue son pote de cavale. Les deux frères à nouveau réunis comme au temps de *Rocco*. Moi, je suis Ninie, tenancière d'auberge sur les bords de la Marne, le sourire féminin dans ce monde d'hommes, un tout petit rôle mais peu importe. Je dis toujours oui à José, il est de ma famille, de mon sang, de mes larmes aussi.

Les rôles de gargotière vont-ils à présent devenir une seconde nature ? Dans le film de Claude Makovski, *Il faut vivre dangereusement*, j'enfile à nouveau le tablier d'une patronne de restaurant. Ancienne courtisane avant d'essuyer les verres derrière mon comptoir, j'incarne l'égérie bourrue d'un privé qu'interprète Claude Brasseur. Film policier en bonne et due forme, avec règlements de comptes et pétarades en tous sens. Et *happy end* pour les héros, les gentils. Rien de nouveau sous le soleil. Mais je n'oublie pas la bonne humeur du metteur en scène qui déteignait sur le tournage. La chance aussi de rencontrer Claude Brasseur. Je l'aime infiniment, Claude. Sa route dans le métier a sans doute été plus difficile qu'on ne l'imagine. Longtemps, il subit le joug de son père, Pierre Brasseur. Ce n'est pas rien d'arriver derrière un tel monument, de s'affirmer avec une image paternelle aussi écrasante. Comment s'épanouir sous une telle ombre ? Et il y est parvenu de façon magistrale.

Durant cette longue période d'inactivité, je poursuis mes recherches de rôles, d'éventuelles adaptations en lisant scénarios et romans. Ce que j'ai toujours fait, mais sans beaucoup de succès. Mes propositions tombent à l'eau, on ne retient pas mes idées. Jusqu'à ce que je découvre *Le Cri*, le roman de Noëlle Loriot. Elle me l'a envoyé par la poste, tout simplement, et je l'ai lu d'une traite. Cette fois, je ne me trompe pas. Lorsque je termine la lecture de ce témoignage bouleversant, je sais que j'incarnerai cette femme-médecin qui, après l'avoir nié, fait face à son cancer et le combat victorieusement. Ce rôle est pour moi, cela ferait un film magnifique.

Il ne sera pas question de la mort mais, bien au contraire, de la rage de vivre, un film optimiste que je n'aurais pas tourné si le personnage était mort à la fin. Mais je me suis renseignée, la femme qui a inspiré ce roman va bien, elle a triomphé de la maladie. Pour l'avoir expérimenté sur moi-même, je crois profondément à la force du mental sur le physique dans certaines maladies. Tout est possible dans l'espoir, le refus, la volonté. *Docteur Françoise Gailland,* que réalise Jean-Louis Bertucelli, bouleversera les bien-pensants sur tous les fronts. Pour la première fois, les femmes prennent leur destin en mains, luttant « comme des hommes » contre la maladie, parlant librement de contraception et d'avortement. Fille de sage-femme, amante et mère, j'ai connu les tabous et les peurs qu'engendrent ces questions, l'angoisse de l'attente, les jours de retard que l'on compte et que l'on recompte, et les affres douloureuses de l'interruption de grossesse. Rarement, je me suis sentie autant concernée par un sujet.

Dans son livre, Noëlle Loriot ose dire les mots, appeler la maladie par son nom. Malheureusement, Bertucelli et moi ne sommes pas d'accord sur la psychologie du personnage et le scénariste non plus ne comprend rien à cette femme. Avec lui, le docteur Françoise Gailland que j'incarne devient un monstre froid qui annonce avec flegme à François Périer : « *À propos, j'ai un cancer...* », de la même façon qu'elle lui demanderait l'adresse d'un bon garagiste. L'adaptation qu'il en a faite est lugubre et désincarnée, sans une once de compassion. C'est inimaginable que je puisse entrer dans la peau de cette femme. Au contraire, derrière le masque serein, c'est la panique et la défense qui s'organise. Il n'a rien compris. Moi qui ai la réputation d'être la comédienne la plus docile du cinéma – et je ne le conteste pas –, cette fois, je rue dans les brancards. On ne va pas me la gâcher, ma Françoise ! Puisque le scénariste la caricature, je décide de réécrire tout le texte, aidée de Noëlle avec qui je suis en parfaite communion. Chaque matin, on m'apporte les feuillets du rôle, et je me mets immédiatement au travail pour rendre à Françoise Gailland toute son humanité, exprimer au plus près son désarroi. Peu à peu, je deviens elle, elle devient moi. La fusion est totale.

Isabelle Huppert joue le rôle de ma fille. Une apparence fragile, un prénom aérien et quelque chose d'implacable dans le regard. Elle n'a que vingt ans, mais elle sait parfaitement ce qu'elle veut. Une petite dure. Déjà. Je le réaliserai pleinement vingt-cinq ans plus tard dans *La Pianiste*, quand sa violence se déchaînera contre moi, sa mère de cinéma. Une brutalité qui venait de loin...

Les Français vont aimer passionnément *Docteur Françoise Gailland* et ils se précipiteront dans les salles. Plus de deux millions et demi de spectateurs. Un record. Une aventure d'aujourd'hui, une héroïne moderne contre le mal du XXe siècle. On m'aime au chevet des femmes et lorsque je parle en leur nom. Annie Girardot en médecin qui triomphe du cancer, on y croit. J'ai joué les professeurs, les chauffeurs de taxi, les avocats, les mères de famille, tous des rôles ancrés dans la réalité sociale. En restant moi-même, sans tricher. Voilà pourquoi j'ai voulu faire ce métier, à l'époque où entre médecine et comédie mon cœur balançait. Cette femme-médecin, grâce à qui la presse me sacre à nouveau en 1976 « comédienne la plus aimée des Français », c'est l'infirmière que je voulais devenir avant d'entrer à la Rue Blanche. Pour ce rôle, je reçois mon premier césar des mains de Charles Vanel et de Marie-France Pisier. Dans la salle, Romy Schneider me saute au cou, rayonnante, plus émue que moi. Ma petite Romy devenue femme.

Le film de Bertucelli est un succès, mais il sonne aussi comme un double signal d'alerte. Je réalise que le cinéma peut être quelque chose de grave, que les spectateurs réclament une parole puissante, qui les galvanise ou les réconforte. Ils veulent qu'on leur parle, c'est tout. Depuis *Mourir d'aimer*, le public me montre à chaque fois le chemin. « *Deux femmes vraies pour une comédienne vraie* », titrent les journaux pour couronner les rôles phares de ma carrière. Gabrielle Russier, Françoise Gailland. Deux rôles porteurs d'espoir.

Comme Françoise Gailland, il est urgent que je révise mon emploi du temps à la baisse. Depuis vingt ans, ma carrière s'est construite frénétiquement, à coups d'éclats et de flops retentissants. Je ne sais plus ce que je tourne, je dis oui à tout, sans discernement, sans exigence. J'ai dit oui à des femmes légères, des prostituées, des femmes à barbe, des clochardes fantasques. Des rôles auxquels j'ai cru, mais en voulant être toutes les femmes, je me suis fourvoyée, répétée et je me suis perdue. Je vis à un rythme effréné, passe à côté de ma fille et subis sans les comprendre les turbulences de ma petite Giulia, dont l'adolescence se construit sans moi. Je pense à elle, elle me manque, mais je m'en éloigne tous les jours davantage.

« *Je suis malade, j'ai peur…* » avoue Françoise Gailland, en larmes, avant de se reprendre et de faire front. Et moi, je n'en peux plus. Je voudrais lever le pied, dire stop. Je passe mon temps à fuir les contrôleurs et les percepteurs lancés à mes trousses. Les factures s'accumulent, je tourne pour payer, payer, payer encore. Travailler, payer, courir, travailler, courir, payer… Cette folie ne s'arrêtera-t-elle donc jamais ?

La mort du Prince

Depuis plusieurs mois, Luchino Visconti est très malade. Renato et moi n'arrivons pas à aller le voir, la vision de notre maître et ami, diminué, paralysé nous est insupportable. Nous ne voulons pas l'obliger à se montrer ainsi devant nous. Je prie pour qu'il ne parte pas sans que je l'aie embrassé une dernière fois, et je ne fais rien pour le revoir. Évidemment, le Prince a autre chose à faire que de m'attendre. Il s'envole. C'est à Nantes, en début de tournée de *Madame Marguerite*, le 17 mars 1976, que j'apprends sa mort. Sa sœur Uberta raconta qu'ils écoutaient la deuxième symphonie de Brahms. Il était alité, grippé. Au moment où la musique arrivait à son terme, Luchino murmura en milanais : « *Ça suffit, je suis fatigué...* » et sa vie s'arrêta.

Je m'en veux, je m'en veux, pourquoi, bon sang, mais pourquoi est-ce que je n'ai pas écrit ces mots que je ne cesse de lui répéter depuis ? Mon impuissance me tue. Encore une fois, je n'ai rien fait, par timidité, par pudeur, par connerie. Renato et moi sommes deux sensibles et deux abrutis d'avoir laissé partir Visconti sans un geste. Mais nous étions pétrifiés. Je sais qu'Alain Delon lui a téléphoné. Et Romy aussi. Moi, encombrée dans ma peur d'oser, je n'ai pas bougé. Sa paralysie m'a gagnée aussi.

Luchino, mon Prince, je lui dois tant, lui qui m'a éveillée à la beauté, à la grâce, qui m'a tant apporté en me faisant connaître l'amour de ma vie. Après le premier film, il était certain que nous allions nous retrouver pour travailler ensemble. Et puis... je me suis étourdie de tournages, les choses sont allées de plus en plus vite, nous avons fait nos films chacun de son côté. Les années ont passé. Et aujourd'hui, il s'en va mon Luchino. Sans me dire au revoir. Comme tous ceux que j'aime. C'est leur signe distinctif. Je me mets en situation de ne jamais avoir à dire « au revoir » à ceux que j'aime. C'est évident. Mais j'en crève.

Depuis, je transporte ce remords comme un caillou dans ma chaussure. Je ne guérirai jamais de cette réserve idiote. Une faute impardonnable. Luchino, c'est mon parrain, lui qui m'a fait naître à un cinéma beau et puissant, il aurait pu être mon père, mon mari, mon amant. L'homme idéal, d'une noblesse inouïe, qui était au-dessus des autres. Il savait nous faire rire et rêver. Pour lui, nous voulions donner notre maximum, il nous aimait tellement, nous étions tous ses enfants. Aujourd'hui, chaque fois que je prends l'avion, je lui demande pardon. Pardon de ma bêtise, pardon de ne pas avoir osé te chuchoter mon amour.

Cayatte, l'avocat procureur

Je n'ai pas dit au revoir à Cayatte non plus, mais c'est pour d'autres raisons. Nous avions cessé de nous aimer. *À chacun son enfer*, en 1977, est le film de notre rupture, professionnelle et amicale. Je ne partirai plus en campagne avec toi, Cayatte. Ni à la guerre. À chacun son combat, à présent. J'ai accepté de faire ce dernier film alors qu'après *Mourir d'aimer* et *Docteur Françoise Gailland*, je me méfie des sujets un peu « mélo. » *« Du mauvais cinéma au service d'une cause juste »*, dit-on de Cayatte, et parfois avec raison. Il tire sur la corde sensible au détriment du sujet, confondant émotion et pathos. Le but est de provoquer une véritable réaction, pas de faire larmoyer le public. Quand il me lit le synopsis d'*À chacun son enfer*, je n'hésite pas. *« Allons-y. On va encore ouvrir les vannes ! »* Mais au moins, profitons-en pour affronter ce tabou, dénoncer cette verrue dans notre société, la peine de mort. La cause vaut bien quelques souffrances, non ?

L'intrigue du film s'inspire librement du crime de Patrick Henry, « L'affaire de Troyes », ainsi que la nomment les journalistes, et qui n'a pas encore été jugée au moment où le tournage commence. L'histoire du film est sensiblement différente, mais plus terrible encore : mère d'une fillette kidnappée et retrouvée assassinée, j'apprends que le meurtrier n'est autre que mon fils issu d'une précédente union. En une nuit, je perds mes deux enfants. Dans ce film, tout est lourd, dur à tourner. Pas une seule plage de repos, je plonge dans une noirceur absolue. En incarnant la souffrance à l'état brut, j'ai voulu montrer ce que pouvait être une tragédie d'aujourd'hui. Très vite, je sens que j'ai présumé de mes forces. Physiquement, psychologiquement, ce film me tue. Et Bernard Fresson, qui joue mon mari, ne m'est d'aucun secours. Depuis quelques mois, les tensions se sont multipliées entre nous, la violence, la peur s'invitent tous les jours à notre table et l'issue de la relation ne fait plus aucun doute. Mais chaque chose en son temps… Un drame après l'autre. À chacun son enfer.

Alors que, jusque-là, nous avons toujours été d'accord, Cayatte et moi nous opposons sur la fin du film. L'assassin doit payer, c'est sûr, mais Cayatte tient absolument à ce qu'il meure. Moi, je suis la mère, je prends mon fils avec moi sous le bras et je disparais pour lui donner une autre chance. Pour lui, aucune réparation, nulle rédemption ne sont imaginables. Le meurtrier doit mourir. Et comme il est persuadé que Patrick Henry sera condamné à mort, il ne veut pas être en reste et refuse d'envisager une réhabilitation de l'assassin. C'est ignoble, je n'en crois pas mes oreilles. L'ancien avocat maître Cayatte change de casaque et devient procureur. Il hurle *« à mort ! »* avec les loups. Je suis ulcérée, je pense à Gabrielle Russier pour laquelle il avait pris fait et cause, contre tous, en dénonçant l'intransigeance, la dureté, la bêtise de nos contemporains. C'était bien la peine ! À nouveau, je me rebelle. Dire que Cayatte prétend dans la presse que je suis *« un modèle de discipline »*, cette fois, il ne va pas être déçu. On n'a pas le droit de faire des sujets comme ceux-là sans laisser un peu d'espoir à la société. C'est honteux. Je le lui dis. *« Cayatte, je t'en prie, ne sacrifions pas les deux enfants, soyons en avance sur les autres, faisons une fin exemplaire ! »* Je le supplie de ne pas me faire jouer cette fin. Il refuse. Il s'arc-boute, j'insiste, j'attends plusieurs jours et finalement, je dois m'incliner.

Je m'incline, oui, mais j'ai la rage au cœur, les tripes retournées. Ce salaud, il s'est servi de moi. Il utilise l'acteur pour désespérer le spectateur. Toute ma vie, je m'en voudrai d'avoir accepté son choix. Elle est intenable cette fin, je n'ai jamais pu la regarder. Une telle violence. J'aurais dû dire, non, je t'emmerde, Cayatte, je ne veux pas entrer là-dedans. Je ne tourne pas ! Le cinéma est fait pour corriger les choses, et puisqu'il est parfois en avance sur la vie, faisons progresser les idées. Ta bombe cinématographique, elle finit en pétard mouillé !

À partir de ce jour, Cayatte meurt pour moi, je refuse de le revoir. En 1978, et parce qu'il me persuade qu'un contrat m'y engage, je tourne dans *L'Amour en question,* aux côtés de l'actrice suédoise, égérie et femme d'Ingmar Bergman, Bibi Andersson. Ce film, j'ai toujours refusé de le voir et d'en assurer la promo. Pourtant je l'aimais, cet homme que je considérais comme intègre, sur la même longueur d'onde que moi. J'ai cru qu'ensemble nous pourrions faire évoluer les mentalités. Changer le monde, un petit peu. Quel malentendu ! Quelle trahison ! Que les gens aient pu penser que j'étais pour la peine de mort m'a traumatisée des mois durant.

À chacun son enfer est un tel cauchemar, que j'arrête un moment les rôles dramatiques. J'ai la tête et le cœur explosés, un sale goût dans la bouche. L'impression d'avoir été instrumentalisée, abusée. Je ne veux plus baigner là-dedans, cela devient morbide. Maintenant, je veux m'amuser un peu, me détendre.

Jambon d'Ardenne, le film de Benoît Lamy, et *Le Dernier Baiser,* de Dolorès Grassian, arrivent à point nommé. Le premier est une coproduction franco-belge, tournée dans une toute petite ville des Ardennes. Là encore, pour un film qui sort au cœur de l'été, c'est un joli succès. Et si le thème du film essuie quelques critiques des éternels grincheux, j'arrive à tirer mon épingle du jeu. Après le film de Cayatte, je respire dans le rôle de madame Simone, patronne de restaurant qui ne se laisse pas marcher sur les pieds. Qu'est-ce que vous voulez, je suis à l'aise, moi, dans cette splendide cuisine, au milieu des plats, des friteuses et des poêles géantes. J'ai l'impression d'être chez moi et de faire la tambouille aux amis ! Je me sens revivre.

Le Dernier Baiser est aussi une petite production. Toute ma carrière, j'ai alterné les films à gros budgets et les entreprises plus hasardeuses. La presse me l'a assez reproché. Là encore, je ne regrette rien. Dans l'histoire, je suis Annie, chauffeur de taxi qui ne « charge » que des clientes féminines depuis que son mari l'a quittée. Ce serait assez mon style ! Maria Pacôme est la femme trompée et malheureuse et Bernard Fresson, le mari volage que nous poursuivons jour et nuit. Les gags et malentendus s'enchaînent à un rythme que Maria et moi soutenons allègrement vu l'entente formidable qui règne entre nous. Les scènes de fous rires ne sont pas simulées, nous nous amusons comme des folles. Il faut nous voir faire des mouvements de gym pour nous réchauffer, dans un parc, la nuit, en attendant que son infidèle de mari quitte l'hôtel où il s'est réfugié avec sa maîtresse ! Je suis contente que Bernard fasse partie de cette épopée joyeuse. Nous n'avons qu'une scène ensemble, à la fin du film, où il me persuade qu'il a raison de quitter sa femme puisqu'il aime si fort ailleurs. Bernard est magnifique de tendresse, émerveillé par la découverte de l'état amoureux et me tire des larmes. C'est une des plus belles scènes d'amour de toute ma carrière. Et la chanson *Le Dernier Baiser*, composée par Alice Dona et Serge Lama, formidable. Une ode à l'amour envolé, au bonheur d'avoir aimé. Je connais, j'ai donné.

J'ai pris des centaines de taxis dans ma vie, j'aime beaucoup les chauffeurs de taxi. Et ils me le rendent bien. Avec eux, je passe toujours un bon moment. J'ai rencontré un chauffeur SDF qui travaillait la journée, dormait dans sa voiture et, le matin, allait prendre une douche chez un copain. Il trimballait sa vie dans le coffre. En me quittant, il me serra la main chaleureusement et me dit : « *Vous êtes une personne qui inspire le respect.* » Un autre jour, un chauffeur me dit : « *Alors, il paraît que vous avez fêté vos soixante-dix ans ! Comme Delon !... mais lui, il n'en a que soixante-six !* » Je le regarde amusée et un peu surprise car il semble connaître toutes les dates de naissance des acteurs de cinéma. Effectivement, il me montre un tableau de bord où il suffit d'appuyer sur une touche pour avoir ces renseignements, sur une autre pour connaître un trajet, une autre encore pour connaître la météo, etc. Un vrai *Quid* électronique à lui seul ! On s'est embrassés, il a sorti son appareil photo, c'était très drôle. Un chauffeur marocain m'apprit que son père me considérait comme un être supérieur, une sorte de déesse. Donc une immortelle ! Il était outré que je meure dans le feuilleton *Le Vent des moissons. « Comment peut-on se permettre de faire mourir Mme Girardot, la plus grande comédienne qui soit ! »* Les gens sont merveilleux, inépuisables comme leur imaginaire, leur amour et leur fidélité.

Comme la plupart des chauffeurs de taxi, mon personnage récolte les confidences des clients éplorés ou rageurs, en particulier celles d'une cantatrice qui vient de découvrir que son mari la trompe. Pour le rôle de la chanteuse, avant Maria Pacôme, j'ai pensé à une autre Maria : Maria Callas. Elle a disparu de la vie publique depuis longtemps, je ne l'ignore pas, mais je me souviens de sa gaieté, elle aimait rire, plaisanter et elle pourrait être désopilante dans ce rôle, si elle acceptait. Je ne perds rien à essayer de la convaincre. Si elle dit oui, je suis aux anges, paf ! Là-haut, direct !

La Callas, diva mia

J'ai rencontré la cantatrice en 1965, après la représentation de la pièce d'Arthur Miller *Après la chute,* mise en scène par Visconti. À l'époque, ses problèmes de voix l'ont déjà fait renoncer aux grands rôles d'opéra. Luchino est à Paris et il m'emmène dîner avec la Callas et Aristote Onassis chez Maxim's. J'ai invité maman et mon frère Jeannot. Je voulais qu'ils soient de la fête. Maria rayonne au bras du milliardaire grec. « … *Mon seul véritable amour* », dira-t-elle de celui qui l'abandonnera trois ans plus tard, sans la prévenir qu'il se marie ailleurs. Maria l'apprendra par la presse. Elle encaisse le coup comme la tragédie lui a appris à le faire, debout et souriante, telle une figure de proue qui fend l'air et avance malgré les embruns qui lui fouettent le visage. Quitte à s'écrouler une fois le rideau tombé et les projecteurs éteints. C'est ce qu'elle fera d'ailleurs, en se laissant mourir d'amour.

Je suis allée l'applaudir dans *La Norma* et *La Traviata*, dirigée par Visconti, et j'ai vu comment elle insufflait sa propre personnalité, son caractère aux rôles, mêlant le jeu dramatique au chant, donnant une vérité impressionnante à ses personnages. Inoubliable d'émotion, de grâce, de féminité à fleur de peau. Je retrouve Maria Callas en 1977. Il y a plus de dix ans qu'elle s'est retirée des grandes scènes d'opéra. Depuis, elle a donné des cours célèbres aux États-Unis, les fameux master classes, et quelques concerts à travers le monde. Avec plus ou moins de succès, selon l'état de ses cordes vocales. Quand je la rencontre, elle se terre dans son appartement parisien, avenue Georges-Mandel, n'honorant plus les soirées parisiennes de sa présence lumineuse. En fait, elle ne reçoit presque plus personne et les amis fidèles, ceux qui pourraient lui apporter un véritable réconfort, n'osent pas outrepasser son refus d'ouvrir sa porte. Les rares échos la concernant la décrivent comme vivant seule avec gouvernante et chauffeur, promenant ses chiens quelques minutes par jour dans le quartier. Elle n'a même plus à se protéger des flashes cuisants des paparazzi : ils l'ignorent. À moins qu'ils ne respectent sa solitude, son repli. En fait, la Callas se laisse mourir dans l'indifférence générale.

Lorsque je lui demande un rendez-vous, elle me reçoit tout de suite. Elle ne m'a pas oubliée. Dolorès m'accompagne. Avenue Georges-Mandel, une dame petite et menue trottinant comme une souris nous fait entrer dans une pièce très haute de plafond, au magnifique parquet de bois beige, et nous propose un café. Un énorme chat blanc trône sur un fauteuil clair et nous regarde fixement. Le tout dans un silence absolu. Puis nous sommes conduites dans le salon rouge où la Callas nous attend, enfoncée dans un grand fauteuil. Le regard a perdu sa flamme, ses cheveux ont blanchi, mais son sourire est touchant de gentillesse. Nous exposons rapidement le sujet du film. Maria écoute avec attention, elle sourit souvent, semble émue que l'on se soucie d'elle, qu'on l'admire encore. En fait, elle n'est pas contre l'idée de faire du cinéma, mais elle ne se sent pas prête à tourner maintenant. *« Je ne suis pas une chanteuse, mais une comédienne qui chante »*, disait-elle. C'est l'occasion idéale de le prouver. Malheureusement, l'équipe ne peut attendre, le tournage doit commencer tout de suite. Le film se fera donc sans Maria.

Septembre 1977. Une semaine après la fin du tournage, la nouvelle de sa mort tombe brutalement. Et je repense à notre proposition avec un regret infini. Maria n'avait jamais fait de cinéma, hormis le *Médée* de Pasolini, qui reçut un accueil mitigé. Elle en fut très affectée. La réaction des critiques interrompit net son désir de poursuivre dans cette voie. Je veux croire que notre comédie légère et sans prétention l'aurait amusée, distraite du marasme dans lequel elle s'abîma jusqu'à la fin. Peut-être l'aurions-nous retenue encore un peu, qui sait… D'autant que *Le Dernier Baiser* fit une très honorable carrière.

Chère Maria, nous aurions ri ensemble, elle pouvait être si gaie, si facétieuse… Il est trop tard, à présent. Toujours trop tard. Elle nous a échappé d'un mouvement d'ailes et a emporté dans son sillage toutes celles auxquelles elle donna sa voix, les héroïnes du malheur et de la fatale destinée. Parce que les divas ne vivent jamais longtemps, et que Maria ne s'épargna rien des souffrances de l'amour. Unique et multiple Callas. Visage déchiré d'une romantique absolue. Elle qui s'usa le cœur pour être la plus belle, elle qui murmurait au sommet des octaves. Elle, enfin, qui se tut pour étouffer les trahisons de sa voix. Parce que le silence est l'unique défense des reines bafouées.

Lorsque Fanny Ardant entra sur la scène de *Master class*, impériale et frêle comme un grand lis blanc, j'ai cru revoir Maria Callas. J'ai éprouvé un frisson de grâce, d'élégance. Elles se ressemblent étonnamment, le même port de tête, la bouche ourlée, la mâchoire, le sourire. Et la voix. L'une chantait les sursauts de l'âme, l'autre parle comme une musique. Deux lionnes ou deux biches ? Fanny me semble avoir les griffes plus acérées que Maria, elle sait mieux se défendre. *« Je vais jouer la Callas au cinéma, ça y est… »* me chuchota-t-elle, avec ce phrasé si étrange, si beau, quand elle vint me voir au théâtre. Si comme Jacques Prévert, je dis « tu » à tous ceux que j'aime, je ne suis pas arrivée à tutoyer Fanny Ardant ce soir-là. Tant elle m'intimida, tant elle était belle. Et parce qu'un autre visage se profilait derrière elle, comme les deux faces d'une même médaille.

Mon tendre Philippe Noiret

J'en avais assez de faire pleurer la France. En 1977, je m'embarque avec les deux Philippe – Noiret et de Broca – pour l'aventure *Tendre poulet.* Je connais de Broca depuis plus de dix ans pour avoir tourné quelques jours dans *Un homme de compagnie.* Je me souviens que, pour notre première rencontre, je le reçus dans la maison que Luchino Visconti m'avait vendue à Tor San Lorenzo près de Rome. Philippe a toujours sa silhouette d'adolescent, le casque de cheveux blancs, l'esprit vif. C'est un bonheur de le retrouver. Avec lui, la légèreté ne sombre jamais dans la vulgarité. Et je vais pouvoir me fondre à nouveau dans la langue d'Audiard ! Dans *Tendre poulet*, je suis le commissaire Tanquerelle, moqueuse et déchaînée, qui tombe amoureuse d'un professeur de grec, Antoine Lemercier-Philippe Noiret, après l'avoir renversé avec sa voiture. *« Le plus réussi des films de De Broca »*, souligne la presse. *On a volé la cuisse de Jupiter*, tourné deux ans plus tard, est la suite de leurs aventures. Le professeur a épousé la commissaire et ils partent en voyage de noces en Grèce. Ils se retrouvent bientôt embarqués dans une aventure rocambolesque de statue volée, à la poursuite de trafiquants prêts à tout pour récupérer un bout de pierre auquel nous nous accrochons, Philippe et moi, dans une cascade que je ne suis pas près d'oublier. Encore une fois, une comédie menée tambour battant. Sur un piton, j'ai même dû faire du parachute ascensionnel. Avec mon vertige, ma terreur du vide ! Philippe et moi ne nous regardions pas, tant nous étions livides l'un et l'autre. À l'image, nous devions être parfaits. Finalement, de Broca ne garda rien et nous fit rejouer les scènes en studio. J'étais furieuse. Vraiment, c'était bien la peine de se fatiguer !

Alexandre Mnouchkine qui produit, entre autres, les films de Philippe, est aussi de la fête. Silhouette effilé, roulant les « r » généreusement, c'est un être délicieux que la Révolution russe a chassé de son pays. On rit beaucoup avec lui. Je me souviens qu'un jour, à l'occasion d'un tournage, sa secrétaire devait lui réserver une chambre dans un hôtel à l'étranger. « *Je vous ai mis au Sheraton !* » lui dit-elle. « *Ah non,* s'écria Mnouchkine, *pas un hôtel qui commence par "cher" !* » Comme il adore voyager, il nous accompagne souvent sur les tournages. Sania, puisque c'est ainsi que tous ses amis l'appellent, a beaucoup d'humour sur lui-même et sur le cinéma : quand tout va bien, il se fait de la bile en disant que cela ne durera pas, et quand tout va mal, il soupire : « *Après tout, ce n'est que du cinéma, on ne va pas s'en faire pour ça…* » Il est là du matin au soir, remontant le moral des troupes, veillant à ce qu'il n'y ait pas de pépins, vérifiant la préparation des cascades, y participant à l'occasion, jouant la comédie lorsqu'un figurant s'absente, maquillant, conduisant les acteurs au besoin, l'homme à tout faire, quoi, et qui prend un vrai plaisir à participer à l'aventure. Parfois, il nous gronde comme un papa le ferait avec des enfants insupportables, et il rit ensuite avec nous. Sania, tout le monde l'adore. « *Quand tu as un litige avec un comédien, dis-toi qu'il n'a que douze ans d'âge mental, cela arrange bien les choses… On est plus compréhensif* », disait-il parfois à Philippe de Broca.

Entre deux plans et les jours de repos, les deux Philippe, Catherine Alric et moi nous baladons au bord de la mer, naturellement nus. Jusqu'au jour où une mésaventure nous fait définitivement nous rhabiller. Nous sommes en train de bronzer sur une plage isolée lorsqu'un camion passe au loin, des hommes nous regardent et le véhicule disparaît à l'horizon. Quelques minutes plus tard, le camion réapparaît et fonce sur nous. Nous avons compris. En quelques secondes, nous sommes debout et nous courons, nos affaires sous le bras, vers la Jeep garée heureusement à deux pas.

Déjà, l'un des types s'avançait vers nous avec une clé à molette. J'ai eu la peur de ma vie. Ma fille, à l'avenir ne confonds pas les îles grecques avec l'île du Levant !

Après ces deux films, Philippe et moi brûlions de vivre ensemble une ultime aventure. *« Professeur de grec, gardien de la paix ou justicier des faubourgs, tout cela ce sont des rôles (…) des masques interchangeables »*, disait-il dans *Tendre Poulet*. Je suis prête à les endosser tous pour le plaisir de le retrouver à nouveau à l'écran. Pour beaucoup de spectateurs, Noiret, c'est « mon mec » de cinéma. Ils en redemandent. Ils ont la nostalgie des couples des comédies américaines, aux multiples séparations et retrouvailles.

De Broca, qui a su si bien nous réunir, serait parfait pour un troisième opus. Il excelle dans les comédies légères, il a le sens du rythme, de l'élégance, et sait admirablement saupoudrer les aventures les plus trépidantes de moments tendres et poétiques. Rendez-vous est pris chez lui. En nous voyant arriver, le réalisateur a cette réflexion un peu amère : *« C'est vraiment un dîner d'anciens combattants… »* Aïe ! Philippe fait une drôle de figure, je le sens blessé par cette remarque inattendue. Visiblement, si de Broca nous considère comme des dinosaures, c'est qu'il n'a pas les mêmes envies que nous. Autant laisser tomber. Je suis très déçue mais le projet en restera là et nous n'en parlerons plus. Depuis, je me traîne ce regret comme un rêve irréalisable. Va te faire voir, de Broca ! Comment n'as-tu pas compris que le public, lui, aimait notre couple, parce qu'il aime les natures spontanées. Il a de la tendresse pour nous, de la fidélité. Il aurait été heureux de nous revoir… Dommage.

Aujourd'hui, lorsque nous nous croisons, Philippe Noiret et moi, la tendresse est toujours là. Nous avons vécu de beaux moments. J'ai fait de beaux voyages dans ses yeux, comme dans ceux des hommes que j'ai aimés et que je retrouve, de temps à autre, sur mon chemin.

Louis de Funès, l'amour sans le dire

On m'avait dit, tu verras, il n'est pas commode, le bonhomme. Je pensais qu'il devait se prendre pour le nombril du monde, le plus grand comique de sa génération, que sais-je encore… Et dire que j'aurais pu passer à côté de l'être le plus exquis, uniquement d'après des rumeurs idiotes, dont je devrais pourtant me méfier, depuis le temps ! Louis de Funès… presque un monument national. Jamais je n'aurais imaginé le rencontrer – et personne n'avait songé à nous marier – jusqu'au jour où Claude Zidi commença l'écriture de *La Zizanie,* ou les démêlés conjugaux d'un industriel loufoque et d'une originale écolo en bonnet péruvien.

La rencontre avec Louis est l'un des événements les plus importants de ma vie. Le bonheur que cet homme m'a donné ! Le plaisir que j'ai eu de tourner avec lui ! Il m'a tout appris. Je découvre un homme magique. Un clown grave. Je le pensais réservé, il est curieux de tout, il a le goût des choses, des autres, de son travail. Son talent éclate de partout, son inventivité n'a pas de fin. Il est artiste dans le sens où tout l'inspire, tout l'enchante, avec la volonté d'aller toujours plus haut.

Mon Louis, c'est l'amour de ma vie, la gentillesse incarnée. C'est mon bébé, mon tendre. Plus solitaire qu'on ne le croit. Bouleversant lorsqu'il parle de ses chiens qui, dit-il, *« le comprennent et le consolent de la promiscuité de beaucoup d'êtres humains »*. Plus que tout, il aime la nature et les oiseaux. Nous osons à peine nous effleurer du regard, de peur d'être pris en flagrant délit d'amour.

Tout passe par les yeux et les siens sont les plus doux du monde. Son regard est pur comme de l'eau de roche. L'amour est un agent secret qui refleurit parfois au gré du vent. Avec Louis, j'ai des envies de romantisme… Nous nous aimons respectueusement, éperdument, en silence. Il est mon Guillaume, je suis sa Bernadette. « *Je me sens en pleine connivence avec elle* », dira-t-il aux journalistes à la fin du tournage. Et ce qui me touche plus que tout : « *J'ai l'impression d'avoir trouvé un nouveau Bourvil…* » Merci p'tit Louis, pour ce mot.

Il me regarde, il rigole en même temps, j'ai l'impression qu'il me dit : « *Je t'aime, je t'aime* » et je lui réponds sur la même musique. « *Mon Louis, oui je t'aime, moi aussi je suis là, on ne peut pas s'aimer dans la vie, mais ça ne fait rien, on va s'aimer dans le film. On va s'aimer de l'intérieur…* » Lui et moi, nous nous devinons. C'est une histoire d'amour très pure. Je ne le comprendrai que lorsqu'il nous quittera et que le manque de lui se fera sentir tous les jours, cruellement, définitivement. Il existe entre les acteurs des liens invisibles, tenaces, qui les bouleversent longtemps. Sans pour cela franchir le cap d'une liaison. Ces histoires-là font aussi partie du film.

Et puis le tournage se termine. La fin d'un film, ce n'est pas très drôle. Je ne m'y suis jamais habituée. Nous le savons, nous autres comédiens, c'est à chaque fois un crève-cœur de se quitter. Pas uniquement les acteurs, mais aussi les machinos, la foule de gens qui participent de près ou de loin au tournage et auxquels on s'attache. Les souvenirs d'équipe sont tenaces. Notre maison est loin, on se reconstitue une autre famille, avec l'oncle accessoiriste, la tante coiffeuse, la marraine habilleuse. Au fil des jours, la troupe s'amenuise et, brusquement, tout le monde s'éparpille. On se reverra, promis juré, on y croit, en sachant d'expérience que ce ne sera jamais la même chose. Cela ressemble à une fin de grandes vacances pour un adolescent, et à la souffrance de laisser ses copains, un amour peut-être, une plage. Lorsque l'on rentre chez soi, on se sent seul, malheureux, déboussolé. Difficile de partager ces moments-là avec ses proches. Ils n'y étaient pas. Et puis, la vie reprend sa place. Parfois, on retrouve avec émotion un machiniste, un partenaire sur un autre plateau, mais c'est déjà une autre aventure.

Avec Louis, la séparation est brutale, terrible. Du jour au lendemain, plus de nouvelles. Impossible de le joindre, de lui parler. Quand Louis ne tourne plus, il disparaît, sa vie privée le tient éloigné de la scène au point qu'on ne peut même pas lui parler ! Je ne vais tout de même pas passer par son agent pour lui dire bonjour, bon sang ! À chacune de mes tentatives, je me casse les dents sur le cerbère du téléphone. Louis n'est pas là, il est occupé, en rendez-vous, sur ses terres, dans son château, il me rappellera... Et merde !

Pourtant, j'avais une jolie idée de film pour lui. Je sais que si Louis avait interprété des rôles dramatiques, il aurait été aussi bouleversant que Chaplin. J'aurais voulu qu'il fût le plus grand. Tant pis. Je ne l'ai jamais proposé à quelqu'un d'autre. C'était pour lui, c'est tout. Deux ans plus tôt, en 1975, José Giovanni m'avait raconté l'histoire vraie d'un homme emprisonné pour faute militaire en 1914 et qu'on avait oublié de relâcher. Il passait sa vie en prison, à s'occuper de l'intendance, de la cuisine, ou à tailler les costumes des geôliers. Tout le monde s'était habitué à lui, on le traitait comme faisant partie du personnel, mais on l'enfermait tous les soirs. Lors d'une visite de l'administration, un fonctionnaire s'aperçut qu'il n'était pas inscrit sur la liste des prisonniers. Plus personne ne se souvenait des raisons de sa présence. D'ailleurs, lui-même avait oublié. Le fonctionnaire demanda que cet homme soit libéré immédiatement. Lorsque celui-ci mit le nez dehors après plus de cinquante ans, il fut pétrifié par le bruit de la rue, les voitures, tout allait trop vite, tout lui faisait peur. Bref, au bout de 48 heures de mésaventures cocasses ou poignantes, il supplia qu'on le remettre en prison. Et l'administration accepta. Louis aurait été formidable dans ce rôle. L'occasion pour lui de montrer ses talents dramatiques. Malheureusement, je n'ai même pas pu lui en parler.

Et lui, pourquoi ne m'a-t-il pas appelée ? Il était tellement timide, Louis, je suis sûre qu'il n'a pas osé. N'avait-il pas compris combien je l'aimais ? Pourtant, lorsqu'il vint me voir place des

Vosges, nos regards, nos sourires ne se disaient rien d'autre. La dernière fois que j'ai rencontré Macha Béranger, une amie intime de Louis, la conversation est revenue sur lui. Comme toujours. Avant de partir, elle m'a retenue un instant par le bras : *« Vous savez, Annie, il vous aimait, il vous aimait par-dessus tout… » « Je le sais… »* lui ai-je répondu. Je le sais, je le sais. Lui et moi étions les protagonistes craintifs et réservés d'un amour lisse, impalpable, absolu. Éternel, à présent.

Nous aurions pu faire tant de films ensemble ! Il y aura vingt ans, cette année, qu'il nous a quittés. Son cœur a lâché. On lui disait souvent : *« Ralentis, baisse un peu le régime, tu vas te tuer… »*, il n'y arrivait pas. C'était un pur-sang, un bolide, un fou génial. Je ne me guérirai jamais de sa mort. Louis, je pourrais en parler tout le temps, parce que j'y pense en permanence. Il manque à ma vie, autant que maman et Renato. J'ai la nostalgie de son rire sans nuages.

Nous sommes toujours des voyageurs orphelins de quelque chose ou de quelqu'un, avec une ardeur qui ne s'éteint jamais. En quête de quoi ? De voyages pour Cythère, ou ailleurs. Où serai-je demain ? Dans les étoiles, mais pas tout de suite, j'espère. Quelle vilaine chose que la mort, pire que l'absence imposée, pire que le soleil qui s'assombrit. Sans retour de flamme.

Cinquante piges !

En 1978, je rencontre le comédien Patrick Dewaere pour le film d'Yves Boisset, *La Clé sur la porte*. J'ignore pourquoi Yves a la réputation d'être nerveux et colérique sur le plateau, alors que j'ai rarement rencontré quelqu'un d'aussi agréable, optimiste et disponible. C'est un bonheur de travailler avec lui tant il est drôle. Après la journée de tournage, nous n'avons même pas envie de nous séparer et nous passons souvent la soirée ensemble, avec l'équipe et Patrick, bien sûr. Je crois que je ne me remettrai jamais d'avoir approché Patrick Dewaere, et, surtout, de l'avoir perdu. Dans ce film, j'étais professeur de lycée et lui un jeune étudiant que j'accueillais chez moi et qui s'occupait des enfants. Ambiance bohème et décontractée à la maison, on entrait et sortait, comme dans un moulin, la clé était toujours sur la porte, d'où le titre du film, tiré du célèbre roman de Marie Cardinal. Nous parlions souvent ensemble, Patrick et moi, il était fragile, c'est surtout cette impression que je garde de lui, une immense vulnérabilité. Il riait, il aimait plaisanter, mais son rire se cassait net, il redevenait grave tout de suite. On ne peut pas dire qu'il respirait le bonheur.

Quatre ans plus tard, Patrick et moi devions nous retrouver pour le premier film de Denis Granier-Deferre, *Ticket d'acier*. À cette époque, ni lui ni moi n'avons la faveur des producteurs. On ne parie pas un kopeck sur nous. C'est lamentable, nous sommes comme deux vieilles rosses faisant leur ultime tour de piste. Le projet est retardé d'un an. Et puis annulé, finalement. Je commence ma troisième traversée du désert, tandis que Patrick enfile les gants du boxeur Marcel Cerdan pour le film de Lelouch. Je ne le vois pas souvent à cette époque, mais il semble gai sur les photos de tournage. À partir de quand a-t-il commencé à suffoquer, à crier au secours ? *« Dans ce métier,* disait-il, *il faut décider de se faire avoir. La première fois, ça fait mal. Mais ensuite, on peut enfin avoir la chance de travailler, d'aller plus loin. »* Il pensait être armé contre l'adversité parce que son métier l'étonnait encore. Mais qui était vraiment l'ennemi ? Patrick disait qu'il se sentait seul et qu'il était moins joyeux depuis que sa situation matérielle s'était arrangée. Il disait aussi qu'il ne supportait plus que ses amis lui disent dix fois par jour au téléphone : *« J'espère que je ne te dérange pas… »* De quoi méditer… Deux heures avant sa mort, il déjeunait avec Claude qui, dira-t-il, n'a rien vu dans son attitude qui pouvait faire croire que… Parce qu'il y a un temps pour rire avec ses amis, un temps pour mourir seul chez soi. Parce que dans la tête d'un homme perdu, les humeurs s'inversent parfois brusquement sans que rien de rationnel le justifie. Parce qu'il aurait suffi d'un rien, peut-être. La rage m'envahit quand je pense à sa mort. C'est trop con ! Si jeune, si talentueux. Je lui en veux, je ne cesse de l'engueuler dans ma tête, de lui dire que je l'aime, qu'il est fou, qu'il aurait dû appeler. Tu n'étais pas tout seul, Patrick, merde ! Et puis, je me tais. Lunettes noires.

L'année 1980 commence par une grande première pour moi : à presque cinquante ans, je joue en costume et je monte à cheval ! Pour le téléfilm qu'il réalise d'après son propre roman, l'écrivain Didier Decoin m'a demandé d'incarner Marie Stuart. C'est *La Dernière Nuit* qui raconte les ultimes heures à vivre en prison pour l'ancienne reine d'Écosse avant sa décapitation. Puisque Decoin a eu le cran de me proposer un tel rôle – et Dieu sait qu'on a tenté de l'en dissuader –, je ne veux pas le décevoir. Reine d'une nuit, confrontée à ses souvenirs, à ses rêves, je me sens proche de cette femme, qui revisite ses amours, ses espoirs, sans rancœur, sans haine. Elle se fait belle pour son dernier rendez-vous : la mort, son destin.

Je retrouve enfin mes marques avec le film de mon ami José Giovanni, témoin tendre et attentif de ma carrière, ami fidèle, toujours présent en cas de coup de blues. Avec lui, c'était sûr : retour à la case prison. Prison de Poissy. Cette fois, je suis de l'autre côté des barreaux. J'ai endossé la robe noire d'une avocate pour défendre Claude Brasseur, injustement accusé, condamné à mort et qui s'est échappé. Bruno Cremer, tendre et humain, me soutient dans cette course à la vérité ; Jacques Perrin, fonctionnaire inflexible, calculateur, corrompu me traque. Les trois sont remarquables dans leur composition.

Afin de bien m'imprégner de ma fonction, j'assiste à Carpentras au procès en assises d'un prévenu condamné à vingt ans de réclusion pour une sombre histoire de fausse carte bleue qui s'est terminée, après une poursuite, par la mort d'un homme. Pendant les délibérés, je discute avec l'accusé que je retournerai plus tard voir en prison. J'explore tous les recoins du palais de justice, j'aime cette ambiance de folie, ces plaidoiries à la provençale, avec grands battements de cœur et envolées lyriques. C'est terrible à dire, mais on se croirait au spectacle.

En octobre 1980, je suis également le procès de Philippe Maurice, fils de policier arrêté lors d'une fusillade au cours de laquelle deux policiers ont été abattus dont un par lui. L'avocat général requiert la peine de mort et l'obtient malgré une formidable plaidoirie de Me Pelletier qui défend le prévenu. Philippe Maurice est le dernier condamné à mort avant l'abolition de la peine de mort. Dans la salle d'audience, les trois magistrats portent des lunettes noires : j'ai l'impression d'assister à un procès au Chili. Philippe Maurice sera grâcié par François Mitterrand et obtiendra en prison un doctorat d'histoire médiévale. Aujourd'hui, il est chercheur au CNRS. Exemplaire.

Depuis ma rupture professionnelle et amicale avec Cayatte, trois ans plus tôt, j'ai attendu que l'on me donne l'occasion de défendre la cause des emprisonnés, des oubliés de la société. De gueuler contre la peine de mort. Cayatte révélait les scandales, José Giovanni a l'humanité d'aider à les résoudre, il a confiance, il aime, parce qu'il a vécu, fait souffrir et souffert, payé sa dette.

Digne. Il n'est pas résigné. Il espère. Parce qu'il sait ce que la société lui a infligé et ce qu'il a dû lui payer en retour. Pour des hommes comme José, c'est en années de vie que cela se compte. Nul n'était mieux placé pour mener une nouvelle bataille contre les préjugés et les injustices.

La vie continue, serais-je tentée de dire, titre du film que je tourne, en 1981, avec Moshe Mizrahi. Si je demeure contre vents et marées l'actrice la plus populaire du cinéma français, j'accumule les échecs, et ce film passe totalement inaperçu. Même le metteur en scène ne le défend pas. À ne rien y comprendre. Dommage pour ma Giulia qui jouait ma fille, avec une grande sensibilité, une belle présence. Les critiques l'ignorent superbement. *La Revanche*, de Pierre Lary, avec Victor Lanoux, Catherine Alric, Dominique Labourier et Philippe Avron ne remue pas les foules, non plus… Pas plus que *Le Cœur à l'envers* de Franck Apprederis où Laurent Mallet, mon fils dans le film, ressurgit dans ma vie après des années d'absence et entreprend de me séduire. Sujet délicat, rarement évoqué au cinéma, qui ne sombre jamais dans le graveleux, avec un Laurent Mallet à la fois fascinant et malsain. Une histoire où l'amour d'une mère s'exprime surtout par ses refus et ses larmes, où le couple qu'elle forme avec son fils ressemble au jeu du chat et de la souris, où chaque geste, chaque sourire doivent être dosés… Pourquoi, bon sang, le public bouda-t-il ce rendez-vous ?

Tout irait tellement bien sans ces bides à répétition ! À cinquante ans, je me sens bien dans ma peau, épanouie, belle. Et seule. Sans compagnon, sans violence, sans contrainte. Et cette vie me convient merveilleusement. Les regards des hommes s'attardent sur ma silhouette et l'on me fait la cour. Plusieurs fois par jour, je constate que je ne leur déplais pas tant que cela ! Cinquante ans, l'âge, dit-on, où tous les maux de la femme vous tombent dessus en cascade. Ce n'est pas ainsi que je le vis. Les rencontres se font naturellement, sans que je suscite quoi que ce soit. Je plais et je deviens la coquine la plus incroyable du quartier, libre de mes mouvements, libre de mon temps. Sans aucun compte à rendre à personne. Enfin !

C'est parce que je ressens cette merveilleuse disponibilité, ce sentiment de liberté, que l'idée d'un spectacle musical monte peu à peu en moi. Je ne fais plus de cinéma, j'ai du temps, c'est le moment. La chanson me sauve, chanter m'a toujours apaisée. Depuis plus de dix ans, je suis invitée régulièrement à des *Sacha Show* et, bien sûr, des émissions de variétés de Maritie et Gilbert Carpentier. Les gens savent que j'aime pousser la rengaine et l'on m'appelle souvent pour chanter en duo. J'ai même participé à un *Discorama* avec Denise Glaser ! Ce jour-là, j'étais aux anges et sacrément impressionnée. Mais j'ai chanté quand même et sans fausse note. Chanter m'est naturel, je fredonne toute la journée. C'est une seconde respiration, un bien-être. C'est pour cela que j'y pense en cette fin des années 80 : chanter pour retrouver la pêche ! J'ai d'abord voulu faire un disque et, peu à peu, l'idée d'une véritable revue s'est ancrée dans mon esprit. Lorsque je rencontre Bob Decout dans un studio d'enregistrement, ma décision est déjà prise.

La curée

Je ne sais plus qui a trouvé le titre du spectacle : *Revue et corrigée*... Bob Decout ou moi ? Peu importe, à l'époque, nous parlons d'une seule voix. Bob et moi nous sommes rencontrés sur cette envie commune et nous nous sommes aimés. Ce spectacle est comme l'enfant que nous aurions eu ensemble, nourri de rêves et d'espoirs. Lorsque je lui confie mon idée de rouvrir le Casino de Paris avec des chansons modernes et inédites, Bob se met aussitôt au travail. Le résultat dépasse mes espérances. Les chansons sont magnifiques. Dans le spectacle, je me contenterai d'en « dire » une seule, laissant chanter les professionnelles. Catherine Lara qui compose toutes les musiques, Guesh Patti et Jackie Quartz, (dés)habillées par Jean-Paul Gaultier. Jacques Rouveyrollis nous éclaire de son savoir-faire dans l'empire des lumières, et ma Giulia fait partie de l'assistance technique.

Moi qui ne peux imaginer la vie sans musique, sans chansons, je me suis lancé un immense défi : redonner un sang neuf au Casino de Paris fermé et menacé de disparition. L'intrigue est simple, c'est presque notre histoire. Une femme – moi – accompagnée d'hurluberlus excentriques et tendres, décide de rouvrir la salle mythique en réveillant toute la machinerie assoupie et les fantômes du passé. J'étais folle d'y croire. J'ai rêvé sans doute... Je me suis trompée.

Unis par ce projet, portés par la mission de sauver ce lieu, nous ne nous méfions pas des chiens qui ricanent d'avance en brocardant notre projet. Avant même que l'on commence, on parle de

« Girardot, la plume dans le cul ». Pour qui me prend-on ? De quel droit, ce mépris, ces insultes ? Des cabots de journalistes se jettent sur nous comme sur un unique bout de viande, nous roulent dans la poussière et dans la fange. Ne font de nous qu'une bouchée. Ils donnent une idée fausse de la revue et la ridiculisent. Finalement, ils arrivent à leurs fins : personne ne vient et surtout pas ceux qui seront les plus acharnés à nous démolir. Comme d'habitude, les critiques les plus cruelles viendront des journalistes qui n'ont pas vu le spectacle. Il en existe quand même qui lancent un cri d'alarme pour que l'on vienne me voir au lieu de juger à la légère. Trop tard, hélas. Quelques amis me soutiennent comme ils peuvent, mais au bout du compte, peu d'entre eux m'aiment dans cet exercice. *« Tu vaux mieux que cela… »* me dit gentiment Alice Sapricht, une des seules à venir m'embrasser dans ma loge après la représentation. Elle n'aime pas, mais elle est venue me le dire en face. Dans mon désarroi, c'est un geste que j'apprécie. Les autres, c'est « courage, fuyons », faux-cul et compagnie. Que ceux qui m'ont huée et traînée dans la boue, ne s'inquiètent pas : je ne les dérangerai pas longtemps. Au bout d'un mois, nous sommes virés des lieux. Sans sommation. Je l'apprendrai par la presse. Jusqu'au bout, elle m'aura traquée, celle-là…

J'ai connu l'infamie, l'abandon, la solitude. J'ai lutté pied à pied pour me défendre de la dépression. Et j'y ai laissé quelques plumes. Bob, mon complice, attaqué de toutes parts, fera sombrer notre belle aventure. Il n'était pas de taille. Mais qu'importe. Et où sont-ils passés ceux qui croyaient au spectacle autant que moi ? Ils le juraient, en tout cas. Même Catherine Lara renia la musique qu'elle avait composée. Pourtant, elles étaient belles ses chansons… Elle avait écrit un oratorio pour l'arrivée du mythique escalier. Il s'avançait, énorme, sur la scène. C'était magnifique. Mais j'étais seule à rêver.

Je m'en suis pris plein la poire et je m'en suis sortie. Parce que je suis ce que je suis. Et que l'adversité décuple mes forces. Une phrase qui pourrait résumer les multiples déroutes, les remontées à main nue de mon existence.

J'ai sauvé le Casino de Paris. Tout le monde ne peut pas en dire autant, surtout ceux qui n'ont rien fait pour Bobino, le plus beau fleuron de la rue de la Gaîté. Détruit sans coup férir. Joséphine Baker venait de mourir, tout s'est écroulé à sa suite. Le Casino de Paris ne finira pas en vulgaire parking. Fermé depuis trois ans, il a rouvert ses portes. Et lui, il m'a ruinée.

Paie tes erreurs, ma fille.

On ne m'a rien laissé. Après l'humiliation, la sentence tombe, terrible : pour rembourser les dettes de ce four magistral, je dois vendre l'appartement de la place des Vosges. Cette décision me crucifie, c'est comme si on m'arrachait un bras. La maison de l'amour, achetée pour Renato, ma Giulia et que maman aimait tant, le témoin de tous mes bonheurs, de toutes mes passions. Sacrifiée.

Place des Vosges... Le déménagement dans les larmes, la vente. Un crève-cœur. Vingt ans après, la blessure saigne encore.

Basta ! N'en parlons plus. Je rembourserai jusqu'au dernier centime. Ne me faites pas l'aumône. J'ai encore ma fierté. Je casse ma tirelire. Faut pas moufter. Ce n'est pas parce qu'on me préfère malheureuse que je choisirai de l'être, mais je vais encore tenter de faire triompher la vie sur la mort. Une fois de plus. Une habitude à prendre, j'ai passé ma vie à cela...

Chère place des Vosges. J'aimais me pencher vers les arbres qui verdissaient sous mes yeux. Dans leur feuillage changeant, je voyais passer notre vie. La place était le rendez-vous de tous les acteurs. J'habitais au 25, Brialy au 3, Delphine Seyrig et Samy Frey au 21, Claude Winter au 9 et Francis Blanche au 29 ! Nous formions le clan de la place des Vosges. Souvent, après le théâtre, tard dans la nuit, nous nous retrouvions Jean-Claude, Delphine, Samy et moi à promener nos chiens. Nous discutions allègrement en attendant le début de l'attraction du quartier. Un quart d'heure plus tard, Francis Blanche déboulait avec sa Cadillac bleu acier ou vert pomme, je ne sais plus, mais une couleur clinquante. Il surgissait sur la place puis se faufilait dans le garage de la rue de Béarn, cognant à droite, à gauche, rayant portières et ailes arrière sans s'émouvoir. Devant l'entrée du garage, nous riions comme des bossus. Delphine, Francis… C'est si loin, tout ça.

Les lieux de résidence ont compté dans ma vie. Infiniment. Parce que ma première maison n'était pas la mienne, dans une ville qui n'était pas celle où habitait maman, et que je n'ai retrouvé mon nid qu'à l'âge de six ans. Venant d'un milieu simple, je ne voulais pas connaître le manque, le besoin. Mes trois premiers sous furent placés dans des appartements, des maisons, pour loger maman et Giulia. Mon frère se débrouillait très bien sans moi. L'idée n'était pas d'accumuler des biens, je ne suis ni calculatrice ni commerçante, mais de nous mettre tous à l'abri du besoin. Et de partager le superflu avec les autres. Ces habitations furent les signes de mon ascension, de mes coups de cœur, mais aussi de mes erreurs, de mes revers, de mes défaites.

Mon enfance, mon adolescence se passèrent avec maman, villa Godin, près du cimetière du Père-Lachaise, et boulevard Davout. Puis, j'eus ma petite garçonnière, rue de Charonne, les chambres de bonne de la rue des Saints-Pères, de l'avenue Bosquet et de l'île Saint-Louis. Les appartements quai Louis-Blériot, place des Vosges, la maison de Sèvres furent les théâtres de mes amours, de mes ruptures ; la maison de Renato à Rome, bien sûr, une page énorme de ma vie. La plus belle, peut-être. La plus joyeuse, très certainement… La maison de Cassis, la « Belle Étoile » au bord des vagues, incontournable halte de vacances. La plage, les baignades, maman qui nous mitraillait de son petit appareil photo. Une maison magnifique. Engloutie, comme les autres.

La maison de Sardaigne était le lieu des retrouvailles familiales avec Renato et Giulia. Celle-là, je l'ai toujours gardée. Je me sens chez moi, là-bas. J'entends encore le rire de mon mari quand il allait pêcher, les plongeons de ma petite fille dans l'eau. C'était hier, il y a une éternité… Aujourd'hui, Giulia et mes petits-enfants, Lola et Renato, font revivre la maison le temps des vacances et résonner les murs de leurs rires et de leurs chants. La vie, toujours recommencée, et moi, au centre de leurs baisers.

Mon appartement dans le Marais est mon dernier refuge, ma solitude, visitée par les amis qui se relaient pour que je ne manque jamais de rien. Pendant des années, maman vécut dans l'appartement mitoyen. Nous partagions la même terrasse au soleil. Il me suffisait de pencher la tête par-dessus la claie de bambous pour faire naître son sourire. Nos fenêtres de cuisine se faisaient face, nous nous adressions des petits bonjours à longueur de journée. À présent, dans ma tanière, Hitchcock le chat, mon dernier amoureux, étendu par terre comme un châle, règne en pacha. C'est ma pendule, mon matou noir aux yeux jaunes et aux cris impatients. Vieux capitaine. Seul maître à bord.

1982 sera l'année de toutes les déceptions, de toutes les tristesses. Je n'ai rien fait d'autre que de croire et de désespérer. Tout a échoué. Dramatiquement. Et la tournée que j'entreprends en octobre au Canada ne me redonnera pas le moral. Je me faisais pourtant une telle joie de retrouver mes amis québécois ! Eux allaient me comprendre, eux allaient panser mes plaies. Bob a monté un spectacle où je suis, la plupart du temps, seule en scène, chantant et interprétant des extraits de *Madame Marguerite*. Rien à voir avec *Revue et corrigée* dont je n'ai gardé qu'un seul texte. Lorsque Bob monte sur scène pour me donner la réplique, il se fait copieusement huer et le spectacle est descendu avec la même cruauté qu'à Paris. Nous quitterons le pays après une dernière mise au point où j'exprime mon désespoir avec une telle rage que la presse se retourne contre moi. Seul moment de communion pendant ce périple épuisant : la rencontre du Cercle des Femmes journalistes avec qui un dialogue fraternel et détendu s'engage. Il me reste donc quelques amis dans ce beau pays ! J'avoue en avoir douté quelquefois...

Après le coup de grâce du Casino de Paris et la douche froide canadienne, Bob, qui n'a pas encore disparu de mon paysage, monte un nouveau spectacle, *Marguerite et les autres, Une vie sans entracte*, réunion de textes et de musiques, au Théâtre Montparnasse. Cocteau, Pierre Étaix, Dabadie, Félix Leclerc, Pierre Barouh, Gaya Bécaud, je les dis, je les chante, ils m'imprègnent et, grâce à eux, je retrouve le cœur du public. L'ombre du Casino plane sur moi, comme un cauchemar qui se dissipe lentement, mais tout est affaire de patience, n'est-ce pas ? « *Il faut oublier, tout peut s'ou-*

blier… » chantait mon Jacques. Je n'oublie pas ses paroles, leçons de vie. La presse et le public que je croyais partis loin de moi me reviennent aussi, l'enthousiasme intact. Les journalistes découvrent que je joue la comédie, que je chante et que je pratique le trapèze et ils applaudissent à deux mains. Ah, ça les épate de me voir la tête en bas, juste retenue par les pieds. C'est un métier, mes amours, et il ne faut rien négliger. Un conseil : si vous devez pratiquer la corde lisse, vérifiez le fartage de vos collants. J'ai failli y laisser ma carcasse et mes cervicales.

Un soir, au cours de mon numéro habituel de trapèze, je glisse et fais une chute qui interrompt le spectacle pendant quinze jours. Je m'en sors sans fractures mais avec un traumatisme crânien et une dizaine de points de suture sur le cuir chevelu. Lorsque je reprends le spectacle fin octobre, les spectateurs ne reviennent pas. C'est peut-être par amour, me dis-je pour me consoler, ils n'ont pas voulu que je tombe une deuxième fois ! Je plaisante, mais c'est un coup dur. J'en ressors à la fois fragilisée par l'accident et réconfortée : on ne m'a pas tout à fait oubliée.

Suite à ces péripéties, je vais rester deux ans sans tourner, le temps que je récupère mes esprits et ma santé après toutes ces émotions. J'accepte une petite participation dans le film *Souvenirs, Souvenirs* d'Ariel Zeitoun pour le remercier d'être venu voir le spectacle au Casino de Paris. Le geste m'a touché. Ils ne sont pas si nombreux ceux qui firent le déplacement. Alain Bonnot m'appelle et me propose de jouer dans son prochain film, *Liste noire,* un policier de facture plutôt classique. L'histoire d'une mère qui se venge de la mort de sa fille, une sorte de justicier en jupons, qui rappelle *Gloria*, le film de Cassavettes. Le rôle principal. Je m'étonne que l'on me propose une telle responsabilité après tous mes bides de ces dernières années. Je pensais devoir refaire mes preuves, désormais, mais non, mon capital confiance ne semble pas complètement épuisé. Ma première réaction est de refuser un rôle si lourd, je n'ai plus confiance en personne. À commencer par moi. Peur que le film se plante et d'avoir à prendre tous les coups. C'est ce qui arrivera, mais je serai relativement épargnée…

En 1984, Bob réalise son premier film, *Adieu blaireau*, qu'il a écrit immédiatement après le désastre du Casino de Paris. Pour conjurer le sort et réagir après les attaques immondes qui nous ont anéantis. Bob aura un mal fou à réaliser son projet. Il sera injurié, sali, accusé de m'avoir entraînée dans cet échec, ces épreuves, alors qu'il suffit de me connaître un peu pour comprendre que je n'ai besoin de personne pour me planter ! Mon image de marque, ma réputation sont le cadet de mes soucis, mais qu'autour de moi, on puisse être éclaboussé des crachats qui me sont destinés, ça je ne le supporte pas. Dans *Adieu blaireau*, Philippe Léotard et moi jouons un couple qui aurait pu vivre une belle histoire, mais qui se rencontre trop tard. La métaphore de mon histoire d'amour avec Bob. Adieu, l'ami. Sans rancune. Même s'il arrive que l'amour s'en aille comme un voleur.

Partir, revenir... Où en suis-je de mes allers et retours entre vie et petites morts ? L'un des rares à me soutenir après l'apocalypse du Casino de Paris, c'est encore et toujours Claude Lelouch, homme fidèle au-delà de tout. *Partir, revenir,* nous avons le même élastique qui nous ramène toujours vers ceux qui nous aimons. *Partir, revenir...* titre merveilleusement symbolique, nous l'avons joué, nous l'avons vécu. Et crois-moi, Claude, le cordon qui nous lie n'est pas près de se rompre. Ces allers-retours vertigineux sont comme des destins parallèles, ils nous lient l'un à l'autre passionnément. Nous n'avons pas eu d'enfant ensemble, mais j'ai donné à tes films tout mon amour, comme le ferait une mère à son petit. L'éventail de ce que tu m'as permis de faire au cinéma est immense. Là encore, c'est un très beau et terrible rôle, celui d'une femme dont la jalousie et la possessivité vont causer la déportation et la mort. Après *Vivre pour vivre,* je continue le voyage avec ta nouvelle famille d'acteurs et de cœur, d'autres femmes, d'autres enfants, d'autres films. *Partir, revenir,* c'est aussi la fin de ton amour pour la comédienne Évelyne Bouix. Évelyne, que j'avais rencontrée dans le film *Bobo, Jacco,* fraîche et naturelle.

14 juillet 1985, maternité de Baudelocque. Trois générations se sont donné rendez-vous pour la plus belle révolution qui puisse arriver à la famille Girardot : la naissance de Lola, fille de Giulia.

Maman retrouve les gestes et les attentions qu'elle eut pour toutes ses patientes mais, cette fois, c'est son arrière-petite-fille qu'elle tire vers la vie.

En 1986, je retrouve mon complice, Serge Korber, le réalisateur des *Feux de la Chandeleur* et d'*Ursule et Grelu*. Serge fait partie de la famille des roseaux : il plie, mais ne rompt pas, essuie des échecs et revient au cinéma toujours plus enthousiaste. *Florence ou la Vie de château* est un téléfilm en six épisodes dont l'action se déroule dans le Tarn. Grâce à ce film, je passe un été au soleil avec Giulia et la petite Lola qui va effectuer ses premiers pas au cours de ce tournage. Elle a un an à présent. C'est un moment délicieux. Avec Giulia qui me donne la réplique dans quelques épisodes, je me promène, nous allons au marché du village, nous prenons enfin le temps de vivre ensemble, de nous poser loin du tourbillon parisien.

Ensuite, la vie reprend son cours et nos chemins s'éloignent. Je sais que ma fille a beaucoup souffert de mes allées et venues, malgré l'amour de Renato. Je multipliais les retours vers ma fille, mais chacun de mes départs était vécu comme un déchirement. Lola est près de sa maman mais malgré tout, cette petite fée blonde ne suffit pas à lui rendre son équilibre, à la détourner du désespoir. Je reviens vers toi, Giulia chérie. Laisse-moi juste le temps. Qu'est-ce que tu as encore fait ?

Mon oisillon va mal et vient de me passer l'appel le plus déchirant qui soit. Ma ritale a voulu partir au plus loin de moi sans me dire au revoir. Toi aussi, alors ? Giulia chérie que j'ai rattrapée par sa boucle brune. Petite folle. Où t'en allais-tu ainsi ? Pardon de ne pas avoir vu ta souffrance silencieuse, occupée que j'étais à rétablir mon propre équilibre. Tout va bien à présent. Reste encore un peu avec maman. Il fera toujours plus doux dans le creux de mes bras que partout ailleurs. Tu as voulu te sauver, mais maintenant je t'emmène avec moi… Toi et moi, on ne se quitte plus.

Donne-moi, tout de même, le temps de rejoindre l'équipe de Jean Sagols sur *Le Vent des moissons*, un téléfilm qui m'éloignera de toi quelques mois, ensuite nous serons tranquilles. Le sacrifice en vaut le coup. Le film de Sagols va connaître un immense succès. Avec Jacques Dufilho, nous sommes un couple de frère et sœur, tenant notre ferme à bout de bras. L'intrigue habilement ficelée est interprétée par Bertrand Lacy, Pascale Rocard, Élisa Servier, Laure Duthilleul et Alain Doutey, tous aussi talentueux les uns que les autres. Pour ce film, je reçois le sept d'or de la meilleure comédienne de la télévision, trophée qui trône encore sur la poutre haute de mon appartement, à côté des trois césars et de ma superbe coupe Volpi. Tout cela a bien rouillé depuis. J'ai eu tort de négliger ce formidable média qu'est la télévision. Non seulement les conditions de travail y sont meilleures qu'au cinéma, mais je peux enfin aller aux spectateurs, me glisser chez eux. Exister.

Prison centrale de Rennes. M'y revoilà. Nous y voilà, plutôt, car d'autres femmes m'entourent, des comédiennes qui pourraient être ces *Prisonnières* que réalise Charlotte Silvera. Une prison dans le vent et le froid. Les conditions de tournage sont très dures, pas d'horaires, des journées interminables, aucune décontraction. Ambiance idéale pour un tel sujet ! Dans cette foule de visages hostiles, un petit minois connu me réchauffe le cœur : Giulia, qui joue une jeune taularde. On ne se quitte plus, je te l'ai dit, mon amour. *Prisonnières* est un film glauque, sans humanité, qui décrit l'univers concentrationnaire de manière implacable, où même l'amour qui peut naître entre deux codétenues n'illumine rien. Tout est caché comme un acte honteux, le crime, l'amour, les valeurs sont faussées. Tout y est noir, désespéré. Pour une fois, je ne suis pas là où l'on m'attend, Nini qui console, qui encourage, qui écoute. Celle qui pousse son coup de gueule pour défendre la plus faible. Non, je joue une horrible bonne femme, sorte de taupe qui renseigne la directrice, Marie-Christine Barrault, dure et sèche, sur ce qui se trame dans la prison. Autour de moi, Bernadette Lafont, Fanny Bastien, Agnès Soral, Corinne Touzet et Milva, la chanteuse aux cheveux flamboyants.

27 mars 1988, ciao Renato…

De passage à Rome où je tournais un téléfilm, je t'ai téléphoné pour te voir avant de reprendre l'avion pour Paris. *« Chouette ! »* as-tu répondu. Mais lorsque j'arrive chez toi, chez nous, le médecin qui s'occupe de toi me dit que tu es sorti quelques minutes, mais que tu vas revenir. J'ai compris. Tu ne reviendras pas, en tout cas pas tant que je serai là. Tu ne veux pas te montrer devant moi, fatigué, amaigri. Pas envie que je reste à tes côtés, alors que tu coules, et que je garde ce souvenir de toi. Notre amour est toujours là. Malgré nous, malgré tout.

J'attends quand même et pendant tout ce temps, notre vie défile dans ma pensée. Je me promène dans toute la maison, étage après étage, je regarde notre chambre, notre lit, la grande table où l'on dînait, la terrasse où l'on buvait le café. Et la cage des oiseaux. Vide. Tu te souviens des deux mainates que j'avais ramenés de Paris et dont l'un imitait la voix, la toux de nos amis, qui me prenait ma cigarette, sortait et revenait seul dans la cage ? Il sifflait *Le Pont de la rivière Kwaï*, et me disait *« T'es en retard »* quand je rentrais à la nuit tombée.

J'ai marché comme une automate dans cette maison qui porte encore les marques de Danka, la femme allemande qui m'a remplacée, de l'enfant que vous avez eu ensemble. Envolés eux aussi. Et je suis repartie. Sans un mot pour toi. Comment ai-je pu quitter la ville sans te laisser un signe, sans te l'écrire : *« Je t'aime toujours, je t'aime encore. Je n'ai jamais cessé de t'aimer… »* Ces mots tournaient dans ma tête jusqu'à l'ivresse, tant je brûlais de te les dire. Pourquoi ai-je cette peur ? Pourquoi ai-je le courage de tout affronter, mais pas de dire « je t'aime » ?

Tu es parti si vite, j'étais si loin de toi. Avec Giulia et sa petite, dans un avion qui nous emmenait sur un tournage aux îles Caraïbes. Là-haut, sur les nuages de neige resplendissants, dans la touffeur rassurante de la carlingue comme dans le ventre de l'oiseau, je me sentais bien, en sécurité. Là-haut, les mauvaises nouvelles ne pouvaient me rattraper. Plus tard, sur le *Mermoz*, paquebot immense, nous serions également à l'abri. Peut-être pourrais-je appeler à Rome... Je sens comme un... non, rien. Allez, embarquons ! Embarquons ! Hélas. S'il suffisait de se mettre hors d'atteinte pour que les drames n'arrivent pas, que les maris, les papas ne meurent pas, ma Giulia, nous passerions notre vie en montgolfière ! Mais le progrès, la communication, l'information qui relie les hommes... les téléphones... les satellites. Tout se ligue contre moi pour m'apprendre l'épouvantable...

Renato Salvatori décédé.

Mon Renato, parti. Odabella, la cuisinière, m'a dit qu'il a crié nos noms : « *Annie ! Annie ! Giulia !* »

Autour de nous, les gens s'agitent, me bousculent. Bougez, bougez, madame, ne restez pas au milieu ! Oui, bon d'accord. Excusez-nous. Je suis veuve depuis cinq minutes, laissez-moi le temps d'atterrir. Atterrir ? Non, il faut embarquer maintenant. Bougez, bougez !

Je ne sais plus que faire. Je ne sais plus rien, tout d'un coup. Déboussolée en une fraction de seconde, les aiguilles affolées, le Triangle des Bermudes dans la tête. Pleure, ma Giulia, pleure ma Lola. Trois femmes à la dérive dans *La croisière s'amuse*... Dérisoire et cruel. La mort et la vie si intimement mêlées que je ne sais plus vers laquelle osciller. Je balance, je balance...

Renato, ton ombre puissante et généreuse plane au-dessus de moi, de nous, sur les eaux, jouant avec les dauphins, gais compagnons de route, ou sur le pont du bateau, passager clandestin et incessant de nos pensées.

Durant l'année 1988, on me verra beaucoup dans des séries télévisées, *Le Vent des moissons*, *Orages d'été* de Jean Sagols, qui sont de gros succès populaires. Ces tournages à la campagne, entourée d'une équipe qui ne se prend pas au sérieux, me font un bien fou. Je me refais une santé, profitant des produits du cru pour requinquer un organisme passablement anémié. Même si je suis une citadine pur sucre, une fleur de bitume, je reconnais qu'un peu de verdure ne fait pas de mal ! En attendant que le cinéma me fasse à nouveau les yeux doux et que le public me retrouve dans les salles obscures, j'ai la consolation de pouvoir le visiter dans son salon, le lieu idéal pour une déclaration d'amour…

Serrault, vieux complice

Au début de l'année 1989, j'interprète « le Fléau », une vieille mégère, maîtresse de Michel Serrault qui incarne Paul Léautaud dans le film de Jean-Pierre Rawson, *Comédie d'amour*. Le sourire et les blagues de Michel m'aident à supporter mon immense inquiétude. Maman est très malade, et je cours la rejoindre dès que mon travail m'en laisse le temps. Michel et moi, on se connaît bien. Depuis le temps... Nous n'avions pas beaucoup plus de vingt ans, lorsque nous faisions les pitres en maillot de bain dans *Dugudu* avec les Branquignols. Ivres de nos propres rires. Trente ans après, c'est un sacré couple que nous formons, là, Léautaud et le Fléau, s'attirant, se rejetant, le désir chevillé au corps et l'insulte aux lèvres ! Sans compter les réflexions souvent très crues que l'on s'envoie à la tête. Il faut dire que c'est un Léautaud très vert que Rawson nous donne à voir, totalement obsédé par les femmes et par le moyen de les attirer dans son lit. Les répliques jaillissent, brillantes, décapantes. Le texte est admirable, composé essentiellement d'aphorismes, de pensées de Léautaud. *« Celui qui ne comprend pas qu'on puisse étrangler une femme ne connaît pas les femmes. »* Tout est de cette teneur. Je ne sais pas pourquoi Michel, que je connais bien, m'intimide toujours un peu. Sans doute ai-je peur de le décevoir, de ne pas être à la hauteur. Dans le film, notre duo me surprend moi-même, j'ai l'impression d'être un petit Jean Poiret, tant les plaisanteries fusent entre nous, comme dans une partie de ping-pong très amicale. Parfois ses sautes d'humeur sont insupportables, mais dans l'ensemble on s'entend très bien.

Mars 1996 – cérémonie des Césars. Cette fois, tu m'as touchée au cœur, Michel, émue comme jamais. Ton étreinte, ton souffle dans mon oreille, tes mots, *« Tu restes avec moi... »*, je ne l'oublierai jamais. Et son indignation que l'on m'attribue une récompense pour un second rôle, après tant d'années passées au théâtre et au cinéma... Il a dû se mettre à ma place... Merci, Michel. Tu appartiens à ma famille, je le sais, toi et moi avons la même respiration, les mêmes envies. Et ton *« je t'aime »*, je ne l'oublierai pas.

« Elle fait partie des gens qui paient comptant. On ne peut pas jouer du bout des lèvres. Il faut que ça passe par la tête et par le cœur », a-t-il dit de moi.

Je connaissais de lui son côté burlesque frôlant l'absurde et le surréaliste, son sourire malin parfois coquin, et son regard plein de tendresse. Fort et déterminé, fragile et perdu, l'instant d'après. Il pratique l'art de la dérision comme personne. Mais j'ignorais qu'il pouvait être si dur quand il se sentait attaqué. Je l'ai découvert en 1986, sur la pièce *L'Avare* que monte Roger Planchon. J'ai toujours voulu travailler avec ce metteur en scène qui me semblait avoir des choses à dire, une optique différente et intéressante. Depuis, j'ai un peu révisé mon jugement. On le sait, Planchon n'a pas la réputation d'être commode, mais avec Serrault, il va trouver à qui parler.

Lorsque Michel découvre le traitement que le metteur en scène veut infliger à la pièce, il devient fou. Visiblement, Planchon s'est fait les dents sur Harpagon et il l'a massacré. Les dialogues sont coupés à la tronçonneuse, inversés, les décors bougent dans tous les sens. La pauvre Rosine que j'interprète n'a que des bouts de phrases ici et là. On ne sait plus où l'on est ni ce que l'on joue. Serrault hurle, tempête : *« Vous êtes un nul, un incapable... »* lance-t-il à Planchon. Il n'est pas commode, Michel, parfois, je le critique, mais cette fois, il a raison. Il est exigeant. Il veut bien que l'on dépoussière Molière, pas qu'on lui manque de respect. Là, Planchon est allé trop loin. C'est le clash.

Michel, je l'aime pour ses rires et pour ce que lui aussi en a crevé. Je me souviens de la réaction des gens lorsqu'il reprit *La Cage aux folles* quinze jours après la mort accidentelle de sa fille aînée, il y a vingt-cinq ans… Beaucoup s'étonnèrent. Certains dirent quel courage ! D'autres se demandèrent de quel bois très dur étaient fabriqués les artistes pour continuer à rire malgré tout. Moi, je pose la question : quelle autre possibilité Michel avait-il de s'en sortir, pour ne pas devenir complètement fou de douleur ? Heureusement qu'il a joué, qu'il a fait le pitre, il serait mort sinon ! Il fallait qu'il fixe son esprit sur autre chose que cette horreur, même s'il se sentait somnambule et qu'il faisait semblant de vivre. C'est en singeant les gestes des vivants que la vie revient. Un acteur peut croire à tout lorsqu'il joue, même que les êtres chers et disparus sont encore vivants. Après tout, le théâtre n'est pas la réalité. Pourquoi maman ne serait-elle pas là, dans un coin de la salle ? Et tous les soirs, il les ressuscite, le temps d'une représentation. C'est ce que j'ai fait avec maman, en continuant de jouer après sa mort. Le théâtre n'a pas aidé Michel à se consoler, ni à oublier, juste à se tenir debout.

Mais les années qui passent ne calment pas la plaie à vif.

Homme multiple, dramatique, irrésistible, effrayant quand il le veut. Il est phénoménal et diabolique. Fou et tragique. Il joue les saints, il joue les monstres. Se fond dans la foule pour mieux s'identifier à ses contemporains, les écouter, les comprendre. Et il a tous les talents. Surtout celui de me faire rire. Cette capacité à amuser, cette invention permanente, c'est une force vive. C'est un grand bonhomme, mon Michel. Une grande personnalité, une stature comme celles qui composaient jadis le cinéma, le théâtre, et dont j'ai la nostalgie aujourd'hui.

« Annie, je veux faire une pièce avec toi… » m'a-t-il dit après la cérémonie des Césars. Comme une nécessité, une urgence. Il ne pouvait pas me faire de plus beau cadeau. Il m'a serrée dans ses bras, j'ai cru qu'il allait me casser, mais c'était tout son amour qui s'exprimait.

Orpheline

Un an après Renato, c'est au tour de maman de s'envoler. Je l'avais déjà sentie partir sur l'autre rive quand son compagnon Peretti avait disparu. Une fois de plus, je ne suis pas là. Tous ceux que j'aime meurent lorsque je suis en voyage. Elle aussi a tenu à m'éloigner de l'hôpital du Bon-Secours à Levallois, dont elle savait bien ne plus jamais sortir. J'aurais pu rester à son chevet jusqu'à son dernier souffle, mais elle en a décidé autrement ou d'autres pour elle : ma mère a été euthanasiée. Moi, je ne veux pas prendre cet avion, mais maman me pousse à rejoindre Giulia à l'île Maurice, pour son mariage. Ma fille coupe le cordon avec moi en disant oui à un homme. Et un autre cordon va se rompre avec la mort de maman. Tiraillée entre ces deux femmes, la mort de l'une, le mariage de l'autre, je me torture. Jeannot m'exhorte à partir : *« Annie, maman veut que tu partes, je t'en prie, vas-y… »* À peine ai-je le dos tourné qu'elle tire sa révérence. Elle profite que mon frère Jeannot s'absente une heure pour aller nourrir le chat, pour filer à l'anglaise. Pourtant, je suis sûre qu'elle ne voulait pas lui faire cette peine. Je me souviens, lorsque Jeannot et moi nous disputions, maman me disait en hochant la tête : *« Ma Lolotte, lui en veux pas, il est né sous des planètes épouvantables ! »* Elle était drôle, maman. Elle aimait rire, faire des plaisanteries, des bons mots. Comme moi. Parfois, au détour d'un miroir, notre ressemblance incroyable me saisit. J'ai tout d'elle.

Joie et chagrin, je perds la tête. Maman, tu pars sans un adieu. La mort est mal élevée, ne dit jamais au revoir. Mais comment imaginer une séparation entre toi et moi, qui avons vécu corps contre corps, puis cœur à cœur ? La seule chose qui me console de ta mort, c'est de t'avoir fait participer à toutes mes fêtes. Jamais je n'oublierai tes yeux émerveillés lorsque tu es entrée chez Maxim's pour rejoindre la Callas, Visconti et Onassis. Tu semblais enchantée, heureuse ! Je me souviens aussi de tes rires le jour où Louis de Funès est venu à la maison. Tous ces gens que tu rêvais de rencontrer et qui venaient à toi, dans ma maison…

Les gens meurent autour de moi à un rythme qui m'affole. Si cela continue, je vais finir toute seule. Il faudra que je m'en aille, sinon mes souvenirs n'auront plus de sens. À qui les raconterai-je ? Jamais plus ta chaleur, maman, jamais plus tes baisers, ton humour. Je ne rirai plus à tes plaisanteries. Ma belle absente.

Longtemps, maman m'a envoyé des signes. À distance. Puisque je ne pouvais plus lui passer le coup de fil quotidien, nous communiquions autrement. Dans une autre dimension, celle du cœur, de l'amour absolu. Elle revenait me visiter dans mes rêves. Parfois, je m'éveillais le matin et je me demandais : *« Tiens, où est maman en ce moment ? »* Et je réalisais qu'elle était morte. Et puis, j'ai senti qu'elle s'éloignait peu à peu. À présent, elle est très loin, mais elle veille et m'envoie des petits colis, de temps à autre. Le césar du second rôle, c'est un de ses coups, j'en suis sûre. Divine surprise, coup de pied à ma carrière pour la faire repartir. Moi, je ne provoque rien, mais je crois en maman, ma bonne étoile. Les molières aussi, c'était elle. Elle m'attire du ciel comme un aimant qui se tient debout sans toucher terre.

Puisque maman ne fera pas le chemin en sens inverse, c'est moi qui la rejoindrai. Bientôt. Elle saura me guider pour rallier sans détour l'endroit où elle m'attend. Alors, je n'irai plus nulle part. Je rentrerai à la maison, chez toi. Mais la route est longue avant que nous tombions dans les bras l'une de l'autre. Il y a encore beaucoup à vivre, tant d'amour à donner ici-bas.

Les derniers jours, avant que maman ne soit emmenée à l'hôpital, Mary, une jeune femme belge que nous avions accueillie à la maison pendant des années, passe ses journées à son chevet. Elle vient la veiller en mon absence. Et elles parlent, bien entendu. Il y a peu, Mary m'a rappelé certaines paroles que maman prononça avant de mourir, dont celle-ci : *« Je crois que j'ai été un peu dure avec Nannie, mais je l'aimais autant que Jeannot, et je regrette de ne pas le lui avoir assez dit. »* J'avais oublié ces mots et ils me sont revenus en écrivant ce livre. Voilà donc d'où me vient mon éternelle préoccupation ! Maman avait la même, elle me l'a transmise : la peur de ne pas avoir assez dit « je t'aime ». Ce souci perpétuel a rythmé et empoisonne mon existence. J'ai le sentiment qu'en ne disant pas « je t'aime, je vous aime », on se condamne à errer éternellement dans l'infini, comme l'astronaute du film de Kubrick, *2001, l'odyssée de l'espace*. Coupé de sa navette et qui tombe dans l'infini. Cordon ombilical de l'amour rompu. Cette image m'obsède.

Après la mort de maman, je suis comme une plante sans tuteur, j'ai perdu ma colonne vertébrale, mon repère, mon fil. Je suis épouvantablement libre, sans aucune attache. Maman partie, Giulia avec son mari, loin de moi. Le dernier cordon s'est brisé. Seul, le travail me sauve. Comme toujours. Je m'y plonge pour continuer à vivre. *Le Roi se meurt*, la pièce d'Eugène Ionesco que je jouais avant la disparition de ma mère, part en tournée. Elle va me sortir de mon néant, du gouffre affreux où je m'enlise, hébétée, petite. *Le Roi se meurt*, ma reine est morte, quelle différence… Merci, Jean-Claude Brialy, de m'avoir proposé ce rôle magnifique, tu sais combien j'ai besoin de travailler en ce moment. Il ne faut pas laisser la douleur me bouffer entièrement, n'est-ce pas ? À mes côtés, Daniel Ivernel, qui vient de perdre sa femme. Nous n'avons pas besoin de paroles pour exprimer notre souffrance, nous nous comprenons et nous nous épaulons mutuellement. Il incarne le vieux roi, « qui meurt à la fin de la pièce », comme je le lui annonce sans détour, moi, la reine Marguerite. Décidément ce prénom me colle à la peau. Impitoyable et forte, tendre et aimante, je le conduis par la main vers son destin, de l'autre côté du miroir, vers la mort. Je fais sur la scène ce que je n'ai pu faire avec Renato, et maman, les accompagner jusqu'au bout. Au-delà de mon amour. Pour une fois, je me l'autorise.

Maman, je la sens vivante pendant toute la durée du spectacle. Et c'est moi qui lui redonne vie, tous les soirs. Je joue, donc elle revit. Mais quand la magie du spectacle s'arrête, je retrouve ma solitude, oppressante, lourde comme du plomb dans le ventre. La mort d'une mère, c'est dans le ventre qu'on la vit, je le sais à présent. Cette lourdeur dans mes entrailles, c'est le poids de son absence. Alors je repense à ce petit fœtus qu'elle avait recueilli de moi et enfermé dans un flacon. Je rêve de revenir dans son ventre et de ne plus en sortir. Jamais. Toute l'éternité à l'abri de maman. Pour me libérer de cette douleur, de ce manque, je jette sur le papier mes émotions, mes cris, mes appels. J'écris par saccades, comme des flashes, des souvenirs qui me remontent à la gueule, je me pose n'importe où, j'attrape un carnet, un coin d'enveloppe, le dos d'une lettre et je jette les mots qui me submergent. Une idée, une pensée, qui m'en rappellent d'autres, et j'écris, j'écris. Après la mort de Renato et de maman, j'ai besoin de libérer ce désespoir par l'écriture. Il fallait qu'il déborde, que je crie cet amour au monde, qu'il soit inscrit une fois pour toutes entre les pages de livres qui porteraient la trace de notre complicité. Que tous connaissent l'histoire de notre tendresse partagée, maman et mon mari, tant aimés…

J'ai même joué dans un téléfilm pour revivre les dernières heures de l'agonie de ma mère. Je ne l'ai fait que pour ça. C'était ma façon de vivre la fin de maman puisque je n'y avais pas assisté. Le personnage que j'incarnais était atteint de la même maladie qu'elle, le diabète. Je criais et me tordais dans mon lit, tant mes jambes étaient douloureuses. Je souffrais vraiment en vivant cette scène. Le film s'intitulait *L'Acte manqué*. Moi, je l'appelais *« S'il vous plaît »*. Car c'est avec ces mots simples que je demandais à l'infirmière qu'on abrège mes souffrances. J'ai imaginé quelques secondes que maman avait exprimé le même souhait à celle qui était près d'elle. Celle qui n'était pas moi.

Vivre pour vivre

Je viens de perdre maman lorsque Claude Lelouch m'appelle pour son film *Il y a des jours et des lunes.* Film magnifique et décalé. Claude est superstitieux et le film *Il y a des jours et des lunes* ne parle que de rencontres opportunes ou fortuites. 31e film, trente et un jours de tournage : Claude a la manie des chiffres. Un film comme une grosse crise de nerfs pendant deux heures, qui décrit les conséquences sur treize (le chiffre de Claude) personnes du passage à l'heure d'été. Moi, la pleine lune, je l'aime, elle me fait penser à maman, elle me protège. Depuis un an, je suis comme cabossée, faisant difficilement le deuil de mes deux amours. À nouveau, grâce à Claude, je renais au cinéma. Sur le tournage, je croise une petite fée, Salomé, fille d'Évelyne Bouix et de Claude. Cette enfant m'émerveille. Comme le chagrin me rend souvent silencieuse, elle m'interroge : *« Tu es triste, pourquoi tu pleures ? Tu veux quelque chose ? »* Elle a une drôle de voix fraîche et une petite bobine, cette Salomé, avec des éclairs dorés dans les yeux. J'ai l'impression d'avoir E.T. en face de moi, tendre et attentif, qui balance la tête de droite à gauche, en faisant de gentils sourires ! Tout à fait adorable. Déjà, elle montre un talent hors du commun pour la comédie. C'est fou le bien que me fera cette enfant durant le tournage.

Dans le film, les couples s'affrontent et se délitent, Claude est sur son terrain de prédilection. Il devient marionnettiste du destin, amoureux de ses poupées qu'il fait bondir ou dont il coupe les ficelles, décidant du sort de ses acteurs comme autant d'âmes entre ses mains. *Il y a des jours et des lunes* nous emmènera tous à Cannes, sur les marches prestigieuses, la tête dans les étoiles. Avec Bob, près de moi, le rêve continue. Il ne tardera pas à s'arrêter définitivement. Espoir déçu, comme le film qui ne déchaînera pas l'enthousiasme.

Après Cannes, j'enchaîne avec le film de Gérard Mordillat, *Toujours seuls*, qui raconte la vie d'une famille nombreuse vivant en banlieue. Moi, je suis la mère qui mène sa petite troupe d'enfants à coups de claques et d'embrassades. Un second rôle qui me donne la pêche en ces temps de disette, car je tourne peu à cette époque, pas plus de deux films par an en France et quelques téléfilms en Italie.

Janvier 1991. Je commence les répétitions d'*Heldenplatz/La Place des héros* de Thomas Bernhard, dont Jorge Lavelli, directeur du Théâtre de la Colline, assure la mise en scène. Mon rôle n'est pas très important, j'incarne madame Zittel, la gouvernante qui, face à Guy Tréjan, imperturbable et magnifique comme toujours, débite un monologue sur le chef de famille disparu. Le tout en servant à table et en rangeant un peu la salle de séjour. Je me retrouve dix-sept ans après avec Jorge Lavelli qui ne sait toujours pas travailler sans insulter ses acteurs. Il me terrorise et recommence à m'embêter en disant que je ne sais pas mon texte. Toujours la même histoire. Depuis *Madame Marguerite*, il n'a pas compris. Finalement, je ne dois pas être si nulle que ça puisque l'Académie des molières me nomine pour ce rôle ainsi que Guy Tréjan. Il faut apprendre à me faire confiance, messieurs les auteurs, messieurs les metteurs en scène ! Écrivez-moi des textes aussi beaux que celui-ci et ensuite, laissez-moi faire. Vous verrez, vous ne serez pas déçus…

Le même mois, j'assiste à un déjeuner au ministère de la Culture au cours duquel Jack Lang évoque l'éventualité pour la France d'envoyer des soldats dans le Golfe. Mon sang ne fait qu'un tour. *« Ne faites pas ça ! Vous êtes fous ! Qu'est-ce que vous allez faire ? »* Autour de la table, on me regarde d'un œil rond sans me répondre. Le soir même commencent les premiers bombardements. La guerre s'arrêtera deux mois plus tard, faute de forces équilibrées, dira-t-on, mais l'horreur continue encore aujourd'hui, avec tous ces enfants que l'on affame, qui meurent par manque de soins. Mais pendant combien de temps laissera-t-on Bush – Docteur Folamour – faire mumuse avec la Terre ? Cela ne s'arrêtera donc jamais, bon sang ! Depuis le temps que ces gosses tombent, les enfants de la guerre d'Algérie, d'Indochine, enfants du Vietnam, du Kosovo, enfants d'Israël, enfants de Palestine, enfants de Pékin. Toujours des guerres pour utiliser ces mômes. Envoyés à la guerre, la goutte de lait sur le menton, pas encore essuyée. Évanouies les rondes enfantines, bombardés les petits chemins qui sentent la noisette.

« … le verbe abandonner, blesser, soigner, violer, tuer, vivre… le verbe trembler, le verbe mourir, le verbe rêver ! » Dans les mots de Madame Marguerite que lui souffle Francis Lemarque, c'est toute la planète qui souffre :

Quand un soldat s'en va-t-en guerre, il a…
Quand un soldat revient de guerre, il a…
Il a juste eu d'la chance et puis voilà.

Combien de chansons, de poèmes faudra-t-il pour arrêter cette boucherie ? Ferons-nous assez d'enfants pour remplacer ceux que l'on a envoyés au massacre et, cette fois, les cajoler, les aimer, les protéger ? Enfants violés, dépecés, tués, gamines disparues, où va le monde… Je suis effrayée. Si nous tenons encore à notre continuité, pour les autres, nos enfants, nos progénitures, arrêtons le suicide. Que toutes les couleurs, le jaune, le café au lait, le noir, le rosé, que tout ce qui brille dans le ciel irradie sur notre planète et qu'elle cesse son agonie. Ensemble, faisons un arc-en-ciel de joies de vivre.

Que mon petit-garçon vive dans un monde apaisé, c'est tout ce que je souhaite. Renato junior, tu nous arrives comme un papillon de mai, petit mec dans cette famille de nanas. Trois générations, Giulia, la mère, Lola, la petite sœur et moi, la grand-mère, se penchent, émerveillées, sur tes yeux noirs. Le cercle s'agrandit et se renforce par ta présence, petit mâle, ouragan perpétuel, prolongement du mari, du père tant aimé.

Mai 1995. Comme Lelouch, qui me le prouvera une fois encore, Daniel Soulier est un homme fidèle. Il me voulait dans sa première pièce *Après l'amour*, mais j'étais occupée sur un téléfilm. En 1995, il m'écrit un rôle sur mesure. *Les Chutes du Zambèze* racontent l'histoire d'une famille réunie à l'occasion de l'enterrement du père de famille et que ces retrouvailles vont faire se confronter de façon violente. Je joue le rôle de la mère, une femme peu banale, qui, ayant vu l'océan une fois dans sa vie, aux Sables-d'Olonne, a été déçue. Une chieuse de première ! Je n'ai jamais mis les pieds au Théâtre national de Chaillot et mon émotion est immense. Jean-Christian Grinevald, le metteur en scène qui joue également le rôle de mon fils, me casse les pieds en me reprochant de ne pas savoir mon texte. Me voir avec le livre à la main l'inquiète. Toujours la même histoire. Moi qui suis angoissée comme pas deux, j'aurai donc passé mon existence à rassurer les gens autour de moi. Finalement, le spectacle a beaucoup de succès. La salle est pleine. Quand la pièce est bonne, il n'y a pas de mystère. Nous la reprendrons un an après au Théâtre de la Main-d'Or puis, début 1997, en tournée en France et en Russie.

Avant que l'année ne se termine, je file en Chine pour le téléfilm *Hôtel Shanghai,* tournage sur lequel j'emmène ma chère Giulia. J'ai bien fait, j'aurais été perdue dans ce pays, avec cette langue… Je voyage beaucoup, mais j'ai besoin de mes repères et, là, je suis larguée. Giulia, qui parle parfaitement l'anglais, a beau m'aider, pour les reparties ping-pong, ce n'est pas terrible ! Le séjour sera court et je garderai de Shangai le souvenir d'une fourmilière bruyante qui me donne le tournis et l'envie de retrouver au plus vite mon train-train parisien si tranquille…

Donc, pour la cinquième fois, Lelouch m'ouvre grand ses bras pour tourner dans *Les Misérables.* Version années 45. Une mégalomanie totale, des milliers de figurants… Le plus grand projet de sa vie. Quinze ans sans travailler ensemble, c'est long. Quand Claude vient me chercher, je respire. Je me dis toujours : *« Ça va, il a encore besoin de moi… »*

Quinze ans sans le voir et il n'a pas changé ses petites habitudes. Toujours pas de texte pour les acteurs. Il donne la situation, on sait ce qu'il faut dire, en gros. De toute façon, lorsqu'il s'avise de donner un texte, en général c'est assez idiot. Les phrases sonnent creux. À nous les comédiens de trouver notre propre discours. Cette fois, je suis la Thénardière « fermière », je sais juste qu'il me faut persuader Michel Boujenah, très inquiet de la disparition de sa femme, de coucher avec moi. C'est tout. C'est peu. Je dois chercher les arguments qui le persuaderont. Je me prépare. En face de moi, Claude parle à Michel. Dieu sait ce qu'il est en train de lui dire pour me désarçonner. Michel est affublé d'une grosse paire de lunettes rondes et d'un petit chapeau, on dirait un masque avec la barbe et le faux nez. Et il me fait une tronche d'ahuri. Je rirais si l'heure n'était pas grave. Mais là, vraiment, je rame. Je regarde autour de moi, la cave avec du foin, des poules, des lapins. Honnêtement, pas le genre d'endroit qui m'inspire. Qu'est-ce que je vais bien pouvoir faire dire à mon personnage ? Qu'est-ce que je vais trouver, cette fois ?

Au début, j'ai envie de jeter l'éponge et puis, non, je préfère relever le pari. Claude m'a toujours épatée, là il faut que je l'étonne à mon tour. J'ai un tel amour pour lui, un tel respect pour l'équipe aussi, qu'il ne faut pas les décevoir. Je laisse monter la situation en moi, comme le lait sur le feu, la colère, l'impatience et au moment où Claude crie *« Action ! »*, une colère me vient. Je me plante devant Michel et les mots, mes mots sortent naturellement, l'émotion m'envahit. *« Qu'est-ce que vous nous emmerdez ? On va peut-être mourir demain. Alors pourquoi vous ne voulez pas de moi ? Profitons-en tant qu'on est vivants, merde ! »*... ou quelque chose dans ce goût-là... Plus vraie que nature. À la fin, les larmes m'empêchent de parler et je baisse la tête en pleurant. Boujenah est muet, bouche ouverte. Claude attend quelques secondes et crie : *« Coupez ! »* Puis il se précipite vers moi, en applaudissant et s'écrie : *« C'est une anthologie ! »* Il a l'air ravi.

Encore une fois, j'ai la sensation de n'être vraie et bien dans mes pompes que lorsque je me lance comme ça, sans filet. Pas besoin de concentration, se concentrer sur quoi, d'ailleurs... J'ai même l'impression que chez moi, c'est le contraire : sur les tournages, je me vide l'esprit en faisant des mots croisés pour qu'au moment où j'entendrai *« Action ! »* j'entre naturellement dans le personnage qui m'habite, malgré moi, qui a fait son chemin en moi. La scène à peine terminée, je retourne dans mon coin avec mon tricot ou mes jeux. Certains sont surpris, s'attendent à me voir faire des pirouettes entre deux prises, papoter avec les techniciens en leur tapant dans le dos, faire la folle, raconter des anecdotes, des potins… Pas du tout. J'aime être tranquille, au calme, un peu isolée.

Ma prestation n'a duré que quelques minutes et j'y ai mis toute ma hargne, ma colère, ma désespérance de ne pas avoir fait de cinéma durant ces années vides. Finalement, j'apprends ma nomination aux césars. Elle aurait pu tout aussi bien échouer à Darry Cowl qui, dans le rôle d'un bouquiniste à blouse grise et à béret, fait un numéro extraordinaire pendant deux minutes. Quelques jours avant la cérémonie, je dis à Giulia : *« Tu vas voir, quelque part je me suis révoltée de n'avoir qu'un petit rôle alors que je crève de jouer. Ils sont foutus de me donner le césar pour ce mouvement d'humeur ! »* Il vaudrait mieux qu'il aille à un jeune comédien. Qu'est-ce que j'en ferai, moi, de ce césar ? Récompense ou nouveau coup de griffe ? Que penser… À moins que maman n'y soit pour quelque chose. C'est bien possible. De là-haut, elle ne me quitte plus des yeux. Une chose est sûre : si je l'ai, je vais chialer, parce que je penserai à elle. Ça n'a pas loupé : vingt-cinq ans après *Vivre pour vivre*, je reçois le césar du second rôle pour *Les Misérables*. Drôle de cadeau, mais je vais pouvoir leur dire le fond de ma pensée.

Il ne doit pas y avoir beaucoup de moments d'émotion à la télévision parce que tout le monde me reparle de ce césar de 1996, de mes pleurs, de mes paroles, Sophie Marceau, ma Juliette en larmes, la salle figée, les applaudissements. À la longue, je suis devenue comme un spot publicitaire pour faire vendre un produit. Bon, c'est vrai, j'ai eu une émotion immense, mais maintenant, ça suffit. J'ai l'impression d'avoir été encensée, embaumée avant de mourir. Crucifiée puis adulée. Stop avec cette histoire. Assez de la ressasser. Ma couronne était un peu de travers, ai-je dit à l'époque. Je l'ai remise bien droite, je suis contente. À présent, poursuivons.

Le cygne noir

Barbara tire sa révérence. Le froid me glace les os, je n'arrive pas à réaliser, hébétée de tristesse, de stupéfaction. Autour de moi, tout le monde pleure, Muriel Robin, Fanny Ardant, Catherine Lara, Depardieu, Guy Béart, Jean-Claude… Gérard dit un texte magnifique avec sa flamme habituelle atténuée aujourd'hui par un chagrin qu'il ne cherche même pas à dissimuler, puis nous jetons des fleurs sur le cercueil qui disparaît dans le trou quelques minutes plus tard. Je regarde tout cela sans réaliser la terrible nouvelle : Barbara nous a quittés. Elle si gourmande de la vie, si espiègle, se retrouve là, au milieu de toutes ces tombes. Si froides, si noires. Je claque des dents, je ne sais même pas comment j'ai regagné Paris. Je ne la connaissais pas très bien, Barbara. Elle était venue me voir en 1971, place des Vosges, un jour par surprise, avec Jacques Brel, à l'époque où ils jouaient ensemble dans *Franz,* le film de Jacques. J'étais allée la voir chanter à Bobino, à Mogador, au Châtelet, partout, dans les courants d'air du chapiteau de Pantin, puis au Zénith pour *Lily Passion*. Je ne ratais aucun de ses spectacles. Elle m'impressionnait par son allure, sa classe, son mystère. En même temps, elle était la femme la plus drôle, elle aimait les farces, les plaisanteries. Son sourire éclairait son regard sombre avant de redevenir la longue dame brune un peu mystérieuse qui nous intimidait tous. Nous ne nous voyions pas souvent, mais nous nous parlions parfois au téléphone. Le hasard fait que nous nous étions appelées la veille de sa mort.

Jean-Claude Brialy m'avait proposé de venir passer la journée dans sa maison de Monthyon. Il faisait froid ce jour-là, mais la journée fut délicieuse, nous étions bien, à rire et à discuter entre amis au coin du feu. On se sent toujours bien dans la maison de Jean-Claude. Je me souviens que nous avions parlé de Barbara et je lui avais demandé de m'expliquer où se trouvait sa ferme par rapport à la petite maison que je louais à l'Isle-de-Meldeuse. Et puis, dans l'après-midi, le téléphone sonna dans la maison. C'était Barbara. Elle parla à Jean-Claude et il me passa le combiné. *« C'est toi ? C'est toi ? »* s'exclamait-elle. *« Il faut qu'on se voie, tu viens chez moi ou c'est moi qui viens chez toi ?… »* Elle riait. Elle avait l'air très en forme, très joyeuse. Le soir, je rentre à Paris avant Jean-Claude qui veut prendre le temps de ranger et de bien fermer la maison, je pose mes affaires, allume la radio et j'apprends par le premier flash d'information, la mort de Barbara. Je n'arrive pas à y croire. Ce n'est pas possible, enfin, je viens de la quitter ! J'appelle Jean-Claude qui, la voix cassée, me confirme la nouvelle. Ils devaient dîner ensemble le soir même. Et puis… Et puis, le chanteur Yves Duteil, maire de Précy-sur-Marne, les a appelés et ils sont partis immédiatement à l'Hôpital américain où la chanteuse s'est éteinte peu après. Nous sommes les dernières personnes à lui avoir parlé. Combien de fois me suis-je répété mes paroles, les siennes, me suis-je remémoré son rire… Ensuite, nous nous sommes retrouvés avec tous ses amis au cimetière de Bagneux pour un dernier au revoir. Quelques jours plus tard, après avoir à nouveau passé la journée avec Jean-Claude Brialy chez Carole Arweiler, une grande amie de Cocteau, j'appris la mort de Jean Marais. Mon Jeannot, premier complice de la scène. La semaine suivante, c'est Edwige Feuillère qui nous quittait. J'ai plus assez de doigts pour compter. *« Ils sont tous mourus »*, disait Jean Yanne. Lui non plus n'a pas passé son tour.

Le piano ivre

C'est une histoire forte, originale, dérangeante que le public découvre au Festival de Cannes avec *La Pianiste*, le dernier film de Michael Haneke. Depuis *Les Misérables* de Lelouch et malgré mon césar « à sensation », je n'ai rien fait de très excitant au cinéma. Et les deux personnages que j'incarnais dans *Préférence* de Grégoire Delacourt et *L'Âge de braise* du Canadien Jacques Leduc sont passés relativement inaperçus. Dommage. Ces rôles de femmes qui se penchaient sur leur passé, avec nostalgie, tendresse et humour étaient magnifiques. Pour le second film, mon personnage fait le nettoyage de sa vie « par le vide », se détachant de l'accessoire, en jetant tout ce qui l'encombre matériellement et spirituellement. Une démarche de sagesse. Tout le contraire de moi qui entasse, entasse encore aujourd'hui des objets dans mon petit appartement, où l'ancien et le nouveau se mêlent dans un joyeux foutoir ! Ma collection de chats envahit mes Tintin de toutes les tailles, mes dizaines de cendriers de marque mordent sur les tableaux, portraits, cassettes, photos, tous les cadeaux que l'on me fait et dont je ne peux me séparer. Je n'arrive même pas à jeter les bouquets de fleurs que l'on m'offre et je fais amoureusement sécher les pétales des roses. J'aime leur parfum délicatement sucré et le craquement des fleurs lorsque je les étale sur les papiers crépon multicolores. Au milieu de ce capharnaüm d'objets, de bibelots et de lampes où je me sens plutôt bien, mon Hitchcock chemine avec la délicatesse de sa race.

Pour *L'Âge de braise*, je retrouve les Québécois que j'aime tant, même s'il y eut des malentendus avec leur presse. C'était il y a longtemps. Aujourd'hui, tout est rentré dans l'ordre. Ils savent que j'adore leur pays et, à chacune de mes visites, ils font preuve de grandes attentions à mon égard. J'avais même envisagé un temps d'y acheter une maison pour y vivre régulièrement. Je me sens bien dans ce pays, les gens sont simples, bien moins stressés qu'à Paris. Et cet accent, cette langue imagée qui tire tout vers la poésie ou la drôlerie, me va comme un gant…

En me proposant le rôle d'une mère possessive dans une société autrichienne bourgeoise et rigide, Michael Haneke m'offre un retour royal au cinéma. Il m'a vue dans le téléfilm *L'Acte manqué,* et m'a fait aussitôt parvenir le scénario de son film. *« Si le rôle plaît à madame Girardot, elle le fait. »* Les choses se sont passées aussi simplement que cela. Dans *La Pianiste,* je suis la mère alcoolique d'Isabelle Huppert, femme violente, sadique même, qui va voir sa fille se retourner contre elle avec la même brutalité qu'elle a mise à la dresser. Isabelle Huppert est une actrice immense, mais mieux vaut ne pas avoir affaire à la paume de sa main. C'est la dame de fer et dans les scènes de gifles, elle est à deux doigts de me décapiter. Isabelle, je t'adore, mais tu es trop rude pour moi. Quel enfer, ces scènes de violence ! Pour mon retour au cinéma, je ne suis pas gâtée : on m'a frisotté les cheveux comme à une vieille bourgeoise viennoise et je porte des vêtements bon chic bon genre, « collet monté », que je déteste. À peine la coiffeuse a-t-elle fini de me poser des plaques de cheveux postiches sur la tête qu'Isabelle me les arrache par poignées, emportant les miens avec. Je serre les dents, retiens les larmes que la douleur fait jaillir, en attendant que cette torture s'arrête, et j'entends qu'Isabelle veut refaire la prise. Deux fois, cinq fois, dix fois, ça ne va jamais. Mes poignets bleuissent à vue d'œil. Je n'en peux plus, je vais la tuer. Il faut que cela cesse. Benoît Magimel a plus de retenue, mais, lui aussi, emporté par la frénésie ambiante, me fait valser. J'ai l'impression d'entendre ma cage thoracique voler en éclats. Si je n'avais pas eu mon corset, il m'aurait coupée en deux, lui aussi. Ras le bol ! Maintenant, ça suffit.

« Moi, j'arrête ! » ai-je crié au metteur en scène. Tu m'emmerdes, Haneke, c'est fini, je veux plus ! Et comme je ne supporte plus qu'on me tire sur la tignasse, je file chez le coiffeur. Je veux retrouver mon visage et ma personnalité, et qu'on m'enlève ces frisettes ridicules. *« Je peux y aller ? »* demandai-je au metteur en scène. *« Allez-y, Annie, c'est fini, vous êtes libre. »* Merci, Haneke. Je crois que l'équipe aussi en a marre de ces éternels recommencements. Une équipe formidable, soit dit en passant, des gens talentueux et adorables. Haneke sait bien s'entourer. En revenant à l'hôtel, je croise Isabelle qui, ébahie, regarde mes cheveux raides et courts. *« Mais… mais… t'as plus de cheveux ! T'as prévenu la production ? Comment on va faire ? Je ne vais pas te demander de porter une perruque, tout de même… »* Ah, non, Isabelle, la perruque, tu oublies !

Assez de sauvagerie. Je n'en peux plus. Laissez-moi récupérer. Un peu de délicatesse, s'il vous plaît. Benoît me regarde du coin de l'œil et sourit gentiment. Il est tendre, ce gosse, et attentif. T'inquiète pas, ça va aller, va. Et si ce soir, tu as Juliette au téléphone, embrasse-la pour moi. Je vous aime, tous les deux.

Au bout de quelques jours de ce régime, je ne suis qu'une plaie et je fais un saut à l'hôpital de Vienne pour vérifier que les bleus et ecchymoses ne cachent aucune fracture. Le médecin, les infirmières, tous me regardent d'un air catastrophé et compatissent. Ils plaisantent gentiment avec moi : *« Ben, dis donc, madame Girardot, le cinéma, ce n'est pas de tout repos… »*

Vous l'avez dit, les enfants, jamais vu un tournage aussi éreintant. Comme Haneke ne fait que de longs plans-séquences, il y en a toujours un qui se trompe, qui oublie un truc, qui a un trou de mémoire, qui se sent mal éclairé, l'enfer, quoi… et nous recommençons toutes les scènes plusieurs fois. Au bout de la dixième prise, mon instinct, ma spontanéité en prennent un sacré coup. Haneke gueule beaucoup et ses cris me terrorisent. Les premiers jours, je m'interroge. Peut-être que je ne sais plus rien faire, que j'ai oublié comment on jouait la comédie, qui sait… Moi qui ai toujours peur de déranger, je ne suis pas à mon aise. Et puis, à force de baigner dans ces eaux bouillonnantes, même si mon rôle se limite à quelques petites scènes, je retrouve l'appétit. L'envie. À un moment, l'opérateur vient me voir, me détaille attentivement et me dit : « *Vous n'avez pas le même maquillage qu'hier, il y a quelque chose de changé…* » La maquilleuse appelée auprès de moi se défend d'avoir modifié quoi que ce soit. Ils me regardent tous deux sans comprendre, mais moi je devine tout de suite ce qui se passe. Je suis heureuse et malgré ce rôle ingrat, ma joie de jouer est telle que je suis comme illuminée de l'intérieur.

Bonheur d'apprendre que le film est sélectionné pour le Festival de Cannes. J'ai préparé ma jolie robe noire offerte par Versace, celle que je portais lors d'un hommage à Brel dans une émission de télévision. Je chantais une de ses chansons. Au montage, le réalisateur a oublié d'inclure ma séquence… Cette robe, je ne l'avais pas remise depuis. Et puis, le dimanche, j'attends qu'on m'appelle et j'apprends que tout le monde est parti à Cannes, sans moi. Ce film, nous l'avions présenté à quatre et, là, ils partent comme des voleurs. Je reste sur le quai avec ma tristesse et mon humiliation. Et ma belle robe. Je vais finir par penser qu'elle me porte la poisse, celle-là. Dès que je la mets, je deviens transparente ! Là, j'ai failli en mourir de chagrin, de déception. J'aurais tellement voulu assister au triomphe de mes amis, me dire que j'étais là, au moins, sans récompense, mais avec eux. Jamais je n'étais venue à Cannes avec un film, personne n'y a pensé à ça. Le cinéma est un monde cruel. Ce fut la deuxième gifle du film. La plus dure. Heureusement, l'année suivante, la profession me gratifie d'un césar du second rôle. Je ne me serai pas fait massacrer pour rien…

La reine Margot

La plus belle récompense de l'année 2002, qui n'en fut pas économe, fut le molière pour *Madame Marguerite*. Celui-là, il n'était pas gagné d'avance, et il me fait encore plus plaisir que l'autre !

Pourquoi avais-je la nécessité impérieuse de rejouer cette pièce aujourd'hui, presque trente ans après sa création ? Parce que je voulais montrer *Madame Marguerite* aux jeunes et, par là, les remercier d'avoir fait son succès. Ils étaient venus les premiers, en 1974, alors que tout le monde me prenait pour une folle, et ensuite le public avait suivi. Je leur devais bien ça. Le théâtre aussi a sa continuité. Créée il y a vingt-huit ans, je retrouve le même miracle de la jouer tous les soirs.

Je triomphe aujourd'hui, mais le retour à *Madame Marguerite* ne fut pas évident. Décidément, les professionnels ne crurent ni à la création ni à la reprise. Encore une fois, ce fut le public qui décida. Il en voulait, lui, de l'institutrice en colère, et il me le disait : *« Alors, m'dame Girardot, quand est-ce que vous revenez au théâtre, au cinéma ? »* Les gens la réclamaient, oui, mais viendraient-ils à ce nouveau rendez-vous ? Vingt-huit ans après, reconnaîtraient-ils son visage ? Auraient-ils envie de rire avec elle, de l'écouter, de l'aimer ? Les premiers jours, au Théâtre de la Gaîté-Montparnasse où je repris la pièce en octobre 2001, mes jambes tremblaient un petit peu, ma voix cherchait le fil où se poser… et puis ce fut le raz-de-marée des molières et la suprême récompense. Le public vint, il n'avait pas oublié, j'avais passé l'examen et j'étais reçue !

L'autre soir, au théâtre, une femme m'a avoué qu'il y a vingt-huit ans, elle avait pris un billet pour venir me voir jouer *Madame Marguerite* au Théâtre Montparnasse. Au moment de partir, elle apprit la nouvelle de la mort de son père. Elle est revenue me voir au Splendid où j'ai continué de jouer après la Gaîté en janvier 2002, pour me raconter cette histoire. Finalement, elle était au rendez-vous, elle l'avait retrouvée, sa Margotton.

Depuis ce molière, les jeunes voient en moi la maman, la tatie, je les conseille en les faisant rigoler, leur dis de ne pas s'inquiéter, d'être attentif aux autres, à eux-mêmes, de ne pas blesser et de faire rire autour d'eux. Et de se méfier du pouvoir, des parents, de l'école, de l'État. Je ne ferai jamais grève pour eux, j'irais à genoux s'il le fallait sur toutes les scènes du monde pour leur parler comme elle. Les spectateurs ne savent pas pourquoi je suis plus émue en disant certains mots que d'autres, mais ils s'arrêtent car je leur parle de ma douleur et ils m'écoutent. Elle me ressemble tellement, c'est une femme seule, qui parle à l'emporte-pièce, un peu pète-sec même… *« Madame Marguerite, vous nous emmerdez ! »* s'écria un jour un spectateur en quittant la salle. Mais non, mon bon monsieur, il ne faut pas partir comme ça ! Prenez donc la peine de l'écouter cinq minutes, votre institutrice, et vous verrez, elle gronde, elle vous harangue, mais elle a un cœur gros « comme ça ». Ne laissez rien passer, ayez soif de connaissances, d'expériences et de rencontres humaines. Voilà ce qu'elle tente d'expliquer à ses élèves le temps du spectacle. Vous allez vous en prendre plein la gueule, mais moi je vais vous apprendre à réagir et à vous défendre.

Rien ne me rend plus heureuse que d'incarner cette femme. Avec elle, je m'abandonne au public, comme je suis, maladroite, douloureuse, cocasse, pour lui donner l'envie de vivre, de rire, s'il l'avait perdue. Je le modèle tous les soirs à ma fantaisie, avec précaution pour ne pas le heurter, pour lui faire comprendre. Marguerite, c'est mon baromètre, ma vitamine. Avec elle, je retrouve le plaisir que j'avais à dire les mots d'Audiard. *« Le patron c'est le verbe faire. Faire l'amour. Faire ses études. Faire le con. »* Je donne tout, les gens rient, c'est une jouissance extrême.

Tous les soirs, j'ai le vertige dès que j'arrive en scène, peur de tomber. Peur du vide. À une époque, j'avais même pris des cours de trapèze et croisé, dans le gymnase où je répétais, Martine Carol qui s'entraînait pour *Lola Montès*. Dans les grandes salles, je me sens aimantée vers le bruissement du grand trou noir. Peur de m'envoler vers le public. Il m'attire et me déséquilibre. C'est trop beau ce que je vis. J'ai peur jusqu'à la fin de la première partie, ensuite je suis tranquille. Il la faut cette peur, sinon je manque de défenses en cas d'incidents en scène, un trou, un imprévu.

Depuis le début de ma tournée, j'ai appris à calmer les battements de mon cœur. À parler moins vite, à me réfréner. Je le sais tellement ce texte, je l'ai tellement inscrit dans mon corps ce rôle, qu'il suffirait de changer les accessoires de place, pour que je me perde. Sur scène, j'ai besoin de mes repères, le sac ici, le chiffon, le squelette là-bas à droite, je suis comme téléguidée. Je m'accroche au squelette à la droite du plateau ou à mon bureau. Parfois, j'ose m'en détacher pour aller au milieu de la scène, mais je reviens vite vers mon ancrage. La télévision a fait un reportage sur la pièce à la création et aujourd'hui, et elle a superposé certaines scènes. Les décalages sont infimes. Je suis fidèle au poil près à ce rôle. Jouer seul n'est pas un exercice aisé, pour ne pas évoluer dans le vide, faute de partenaires, il faut bien s'accrocher à quelque chose.

Renato, maman sont dans la salle, ils prennent vie dès que je pose un pied sur le plateau. Maman, mère universelle, femme sage, sage-femme, tu me manques toujours. Douleur tenace de leur absence oubliée puisqu'en entrant sur scène, je leur redonne vie. À la fin, tout s'arrête, ils repartent. Ce sont eux qui me donnent aujourd'hui la force énorme de rendre ma classe de septième heureuse.

Et puis, je sors de scène soulagée, détendue. C'est ma récréation à présent. Terminé jusqu'à demain. La peur, on verra à ce moment-là. De toute façon, peur ou pas, j'y retournerai, je ne peux plus m'en passer. Une vraie drogue. Je suis lisse, calme, immatérielle, le présent, le passé, se conjuguent en permanence tous les soirs, différemment, qui sait ? Suis-je déjà morte ? Toujours vivante ? Oui, apparemment, pour signer les autographes en papotant avec tous et toutes. À la fin de la représentation, je suis vidée. J'ai tout donné au public, le meilleur de moi-même, en toute confiance, je me sens accomplie, heureuse, et surtout à ma place dans cette façon que cette institutrice a de prévenir les jeunes, les vieux, de perpétuer le message de vie de l'auteur. Marguerite, c'est l'histoire de chacun, dans un monde devenu fou.

Marguerite, c'est mon éternel retour. Tous les soirs, je me délivre un peu plus de la douleur que j'ai pu causer autour de moi, tous les soirs je me console. Avec elle, je me tamise quand je rentre sur scène. Et ce que j'enseignais au public, il y a plus de trente ans, je le dis avec plus de force à présent car je l'ai vécu. Je peux parler des peines dont on se console et des souffrances que rien ne calme. J'y suis passée. J'en suis revenue, meurtrie, mais vivante. Marguerite, c'est ma survie, mon oxygène. Un formidable exutoire. Rejouer cette pièce m'a donné la force d'être vivante aujourd'hui. Le succès de *Madame Marguerite* me revigore. C'est une bouffée d'air pur. Un torrent de bonheur. L'écume des jours heureux est revenue. Spectateurs, je vous modèle tous les soirs à ma fantaisie, avec amour, précaution pour ne pas vous heurter, pour vous faire comprendre qu'il faut écouter les autres et soi-même, essayer de ne pas blesser, heurter, donner du plaisir, mais aussi être attentif à l'incompréhensible, en tapinois, comme mon chat. Sans les ronrons.

Chaque soir, je grandis et me nourris du souffle de la salle. L'amour des gens me ressuscite, je me gorge du sang de leur énergie, de leur écoute. J'existe. Je retrouve ma pêche. C'est étrange, un public. On le sent dans l'air, bien sûr, mais aussi dans le bruissement des vêtements et le craquement des fauteuils. Alors, comment sont-ils ce soir ? Tous les acteurs se posent la question. Le public est différent à chaque représentation et c'est cela qui est passionnant, jamais acquis d'avance, contrairement à ce que l'on croit. Ce n'est pas parce qu'il est venu qu'il va vous aimer, vous applaudir. Comme les papillons, je vis pleinement deux heures par jour. Ensuite, je m'enferme, je quitte rarement ma petite maison qui s'illumine du sourire et de la présence de ma nichée.

Madame Marguerite, c'est une tragédie, un opéra, mon chant grégorien, mais pas mon chant du cygne, attention ! Jusqu'à la fin de ma vie, elle m'habitera. Jusqu'à ma mort, elle me fera grandir. Je ne veux pas la quitter. Quand je pars en tournée avec elle, j'ai l'impression de porter la bonne parole, en même temps je m'amuse et je m'émeus. *« Voyez, Annie, c'est d'une pièce comme celle-là dont nous avons besoin, nous, en ce moment en URSS. »* Voilà ce que me dit Mikhaïl Gorbatchev en 1980, lorsque je la jouai à Moscou. Ce qui me fait repenser à la phrase de Raymond Devos : « Madame Marguerite, *c'est une pièce éternelle.* »

Dame Bouteille

Pourtant, j'avais bien cru ne jamais pouvoir remonter sur une scène après l'horrible épisode de *Descente aux plaisirs*, la pièce de Jean-Pierre Coffe, dont je garde une blessure qui ne se refermera jamais tout à fait. Nous sommes en septembre 1997. Je connais Jean-Pierre depuis bon nombre d'années, nous avons tourné ensemble dans *Le Dernier Baiser*, j'apprécie sa bonne humeur, son franc-parler ; c'est un homme direct et bon vivant, nous sommes faits pour nous entendre. La pièce donne la parole à une bouteille au fond de sa cave. Elle raconte sa vie, une existence bouillonnante et sensuelle, les mots de l'ivresse en un monologue magnifique. Un texte riche, bourré de jeux de mots et d'expressions liées au vin que je m'enfonce dans la tête avec plus d'application que jamais. Je suis très heureuse, depuis le début de l'année, j'attends le moment d'entrer dans la peau de cette « jolie bouteille, sacrée bouteille ». Le premier accrochage a lieu deux mois avant le début des représentations, je m'engueule avec Coffe parce qu'il a fait une lecture du texte à des journalistes alors que, moi-même, je ne l'ai même pas eu en entier. Je suis furieuse, et il ne le comprend pas. C'est simple, pourtant. Ce texte, c'est comme un enfant nu que je vais habiller peu à peu d'intentions, d'émotions, de cris et de silences. Pourquoi l'exhiber ainsi, désarmé, sans défense, avant qu'il ne soit prêt ? Je suis choquée et triste qu'il ne comprenne pas ma réaction. En septembre, les répétitions commencent au Théâtre Fontaine dans une ambiance relativement tendue et à quinze jours de la première, Pierre Mondy, le metteur en scène, me reproche de répéter encore le livre à la main. Je reprends donc mon vieux refrain et lui explique posément que j'apprends au fur et à mesure des répétitions, que j'ai toujours procédé ainsi depuis *Deux sur la balançoire*, et qu'il faut arrêter de me mettre la pression. *« Au début, j'ai besoin de tenir mon texte, comme une bouée, je m'y accroche à ce livret. Et puis à un moment, je le lâche. Pas de souci, Pierre, tu verras, le jour J, je serai prête. »* Rien à faire, il ne veut pas m'entendre.

Craignant que je ne sois pas prête, Mondy veut absolument me coller des écouteurs dans les oreilles pour que j'apprenne mon texte. Moi, ça m'énerve. Le ton monte, on s'échauffe, de malentendus en crises de confiance, la direction veut même me remplacer. Finalement, le spectacle commence avec une dizaine de jours de retard, et sans que personne réagisse, je me fais virer comme une malpropre. Au bout de quelques jours, poussée par le public qui s'étonne de mon départ et demande ma réintégration, la direction me rappelle pour que je reprenne ma place et j'y retourne. Je suis trop bonne, j'aurais dû les laisser dans leur mouise. Trois semaines plus tard, alors que la pièce commence à bien marcher, que je me dis : « Ça y est, ma fille, tu le tiens ce rôle, les gens sont contents », branle-bas de combat, on me vire. *« Ma première pièce et, pour toi, la dernière ! »* hurle Coffe, furieux de voir son beau projet capoter. Mais je l'aime ta pièce, idiot ! Tu ferais mieux de me défendre et de me la laisser jouer, c'est tout. Rien n'y fait, il est trop tard. Coffe a prétendu que le spectacle allait faire un bide, qu'il valait mieux limiter les dégâts, mais j'apprendrai plus tard que le théâtre était en dépôt de bilan. Et puis, si les critiques m'ont défendue, le texte de Coffe a été descendu en flèche. Pas ma faute, cher Jean-Pierre, fallait pas t'en prendre à moi… Donc, tout était bien foutu d'avance. J'ai répété, joué mais n'ai jamais vu la couleur d'un centime. *« È per l'arte ! »* comme disait Renato. Je m'en serais bien passée cette fois. Pourtant, j'avais trouvé un joli nom à cette pièce : *Dame Bouteille*. Mais Coffe ne l'entendait pas de cette oreille. *« C'est ma pièce, va te faire foutre… »* me dit-il avant que je ne sorte définitivement de son champ visuel. Il ne voulait plus entendre parler de moi. Bon, d'accord, je n'ai pas l'habitude de m'imposer, je m'éclipse. Puisqu'il a envie de la jouer lui-même, sa pièce, eh bien, qu'il se la garde ou qu'il prenne une autre actrice. Je m'en fous. *« Annie ! Mon enfant, ma sœur, qu'est-ce qu'ils vous ont fait ? (...) Courage, ils ne vous auront pas »*, écrira Frédéric Ferney dans un article qui me fit chaud au cœur ce jour-là.

J'ai bien failli mourir d'humiliation et de chagrin. Il m'a fallu un an pour m'en remettre, et oser affronter de nouveau le regard, le jugement. Je n'arrivais même plus à parler au public. Fort heureusement, le producteur Louis-Michel Colla m'appelle, en 1998, pour me proposer de jouer dans *Le Sixième Ciel,* et me permet ainsi de retrouver confiance en moi. Jean-Luc Moreau assure la mise en scène avec tact, douceur et me redonne des repères. Grâce à lui, je peux remonter sur un plateau, en l'occurrence le Théâtre de la Gaîté, et partir plus tard en tournée. Je suis guérie. De la même façon, l'année d'après, j'aurai un plaisir infini à créer *Nuits dans les jardins d'Espagne,* pièce d'Alan Bennett, traduite par Jean-Marie Besset, à la Maison de la Poésie. *« En principe, on ne tue personne par ici... »* c'est ainsi que débutait ce monologue magnifique, rempli d'humanité. L'histoire d'une solidarité féminine par-delà la misère humaine. Ces deux pièces me libèrent de mes doutes, de mes effrois, je peux me consacrer entièrement à mes retrouvailles avec *Madame Marguerite.* Aujourd'hui je n'ai plus peur. Tout ce qui me tracasse, je m'en débarrasse en interprétant ce personnage.

À toujours
À bientôt
À tout de suite

Début août 2002, c'est l'été, la ville est vide et je m'ennuie. Quinze jours à Paris avant de reprendre la route. Sans mon staff, ma petite équipe, je me sens perdue. En fait, je devrais apprécier de me poser quelques jours avant la grande tournée d'un an qui emmènera *Madame Marguerite* dans toutes les villes de France, mais aussi en Suisse, Belgique, Autriche, Luxembourg et en Tchécoslovaquie. Eh bien, non, je tourne en rond, désœuvrée. La prochaine fois, je dirai à ma petite bande de me déposer directement à la gare de triage et de me reprendre au passage ! Finalement, depuis trois mois que j'ai commencé la tournée, je me suis très vite habituée à changer de ville tous les soirs. J'ai l'impression de retrouver le rythme des voyages entre la France et l'Italie. En attendant, je compte les heures, entre mon appartement où s'entassent les photos, les lettres, les petits cadeaux que l'on m'envoie depuis des années et pendant la tournée, ces multiples témoignages qui me bouleversent toujours autant, et le café L'Escurial où l'on me sert tous les jours trois boules de glace, vanille, chocolat, café, sans que j'aie à le demander. Mon dessert favori. Un rituel.

Celui qui est content de me voir revenir, c'est mon chat Hitchcock. Quand je pars en voyage ou en tournée, j'ai beau faire mes valises discrètement, ses antennes le renseignent. Le jour de mon départ, il reste sur la terrasse ou sur la loggia et ne me regarde pas sortir de l'appartement. Je me souviens qu'une année, j'ai dû m'absenter pendant deux mois, un tournage me retenant à Montréal. Malgré les visites quotidiennes de ma fille Giulia, il a cru que je l'avais abandonné et a commencé à dépérir. En rentrant, je l'ai retrouvé affalé dans son fauteuil, amaigri, l'œil terne. Il s'est agrippé à moi et je l'ai serré longuement dans mes bras. Si le téléphone avait sonné à cet instant, je ne me serais pas levée de peur de troubler ce moment merveilleusement tendre. Rivés l'un à l'autre, nous nous redonnions mutuellement de la force. Mais oui, je t'aime, mon Hitchcoton, mais oui, tu m'as manqué toi aussi… Je ne repartirai plus, c'est promis. Enfin, pas tout de suite. Depuis, le métier m'a éloignée à nouveau de la maison, mais j'ai trouvé un truc pour le faire patienter : le téléphone. Toutes les semaines, nous avons nos rendez-vous. À jour et heure précis, j'appelle à la maison, une amie branche le haut-parleur et je parle à mon chat pendant quelques minutes. Il faut le voir, il paraît qu'il cavale dans tous les sens !

En sortant mes affaires et les petits cadeaux de mon sac de voyage, je repense à ma récente tournée en Russie. Il m'arrive toujours des mésaventures dans ce pays. À croire que la méfiance naturelle que l'on peut en avoir crée toutes sortes d'incidents. À l'aéroport, les autorités trouvèrent dans nos accessoires de scène le gros revolver factice et le squelette dont je me sers dans la pièce. Je ne sais pas si les douaniers firent un rapprochement entre les deux objets, mais il nous fallut vider toutes nos affaires dans l'instant et nous avons frôlé l'incident diplomatique. Déjà, en 1967, je fus déclarée indésirable dans le pays et l'on m'interdit de passer le Rideau de fer. Tout ça parce que après la sortie de *Rocco et ses frères*, les autorités soviétiques pensaient que j'étais responsable de l'émergence de la prostitution en Russie. C'était me donner bien de l'importance, messieurs de la police ! Je ne me savais pas si subversive. Heureusement, l'avènement de Gorbatchev au pouvoir arrangea les choses, et l'accueil extraordinaire du public de Kiev et de Moscou acheva de me rassurer. Depuis, chaque visite est un moment magique : l'artiste qui ne s'est jamais produit en Russie ne connaît pas la véritable chaleur d'un public, son amour, son soutien magnifique.

Je viens de passer trois semaines en Avignon où j'ai joué tous les jours au Théâtre du Chien-qui-fume. Quel bonheur ici aussi de retrouver mes élèves, petits autrefois, grands aujourd'hui, et les institutrices qui viennent discuter à la fin de la pièce ! On se retrouve entre « collègues » ! Ici, je joue à 11 heures du matin. Horaire inhabituel qui m'effraie un peu, moi qui ai l'habitude de me coucher tard et de prendre mon temps jusqu'à midi. Finalement, je m'y fais très bien. Et puis, cela me permet d'aller le soir applaudir les autres comédiens. Le matin, à 6 heures 30, William Leymergie me souhaite le bonjour dans ma petite chambre, d'un ton guilleret. Depuis le temps, je ne sais pas comment il fait. Bon pied, bon œil, toujours l'air content de s'être levé avant moi ! Les grasses matinées ne doivent pas être sa tasse de thé. Près de la maison que nous louons avec l'équipe se trouve une petite ferme avec un poulailler. Quelques secondes plus tard, on entend les trois coups. Des cocoricos stridents et autoritaires dans le soleil pâle. Trois coqs intrépides et infatigables honorent les deux poules de leurs ardeurs primesautières. Elles ont à peine le temps de pondre avant de reprendre leur java quotidienne, bercées par les cigales. Le jour, les poules restent au dodo et les coqs ferment leur gueule avant de repartir à l'abordage. Quel métier ! Aux premiers rayons du soleil qui affleurent, les arbres allument une symphonie de cigales. J'écoute, je m'en remplis, les yeux fermés, le corps tendu vers la campagne. Comment voulez-vous ne pas adorer ces réveils matinaux et musicaux ?

Éric, mon ange gardien à plein temps, passe me prendre un peu plus tard. On n'est pas en avance. Vite, nous grimpons dans Ania, notre voiture – on ne peut pas s'empêcher de donner un petit nom à tout ce qui nous entoure et nous accompagne au long de cette tournée. Histoire de trouver quelques repères dans cette vie vagabonde. Le trajet qui nous mène au théâtre se fait au rythme des chansons de Paolo Conte ou du dernier album de Jean-Jacques Goldman.

Arrivée au théâtre, dans ma loge, la panique me prend. Je me dis que ce jour n'est peut-être pas forcément un bon jour. Renato et maman seront-ils là comme par le passé, lorsqu'ils étaient les seuls à me soutenir à la création de la pièce en 1974 ? Je suis envahie par une crainte qui en temps ordinaire n'aurait aucune espèce d'importance, mais aujourd'hui elle persiste. Tout m'inquiète. Le maquillage que j'utilise chaque jour depuis le début de notre tournée d'été est-il vraiment celui qu'il me faut ? Ai-je bien fait d'abandonner mes bons vieux pots de fards qui m'ont accompagnée depuis de longues années de carrière, comme autant de porte-bonheur, et d'adopter à présent des couleurs plus pastel ? Vaste question, problème planétaire. Voilà le lot des comédiens, en tout cas ceux qui, comme moi, n'ont jamais domestiqué leurs angoisses d'avant la représentation. Rien à faire, dans ces moments-là, je doute de tout. Après trente minutes de conseils rassurants, Peggy, mon attachée de presse, me garantit que tout est bien ainsi, que ce que nous avons mis au point ensemble ne peut être remis en cause. Il faut juste que je me détende un peu… Je sais tout cela, ma Peggy, mais il n'y a rien à faire, je l'aurai toujours, ce foutu trac.

Il est 11 h 05 et Yann, le régisseur du théâtre, me rappelle à l'ordre. Il est temps d'y aller. Un dernier coup de brosse à cheveux, mon regard inquiet dans le miroir… J'ai l'impression d'y voir se déplacer le reflet de ma mère. Comme je lui ressemble ! Puis, je tire de la boîte bleue la jolie gitane qui m'a accompagnée toute ma vie et ne me quittera jamais, elle avec qui j'entre en scène chaque soir. Plus le droit de faire marche arrière, la porte de l'escalier s'entrouvre et je descends d'un pas maladroit mais rapide. L'escalier du théâtre, étroit, en colimaçon, est comme un ultime obstacle, avant de retrouver l'une des passions de ma vie, le public, qui a le mérite de ne m'avoir jamais laissée tomber, même lorsque les médias me roulaient dans la boue.

Sur le plateau, une fois de plus, la magie opère. La tension monte, derniers réglages, dernières consignes. Tout le monde est en place, moi côté jardin, prête à entrer sur scène, les autres en coulisses, à l'affût du moindre pépin. Comme pour une bataille. Derrière le rideau, je les entends, ils sont là, bruissants, prêts et impatients de rencontrer *Madame Marguerite* comme il y a vingt-huit ans. Éric qui m'a aidée à dévaler ce foutu escalier, me rend à présent la cigarette que je lui avais confiée pour m'accrocher à la rampe. Pour moi, c'est le coup de starter. J'avale une grosse bouffée de cigarette, la sonnerie retentit pour annoncer le début de ma classe et, hop, j'entre dans la lumière !

« À notre prochaine classe… » ça y est, la fin est proche, mon angoisse disparaît tout à fait, la libération après la peur, cette même peur qui rythme ma vie ! Je lève les yeux vers le vide, éblouie par les feux des projecteurs et lance une dernière phrase avant de sortir du plateau, *« À demain »*. Elle s'adresse au public, mais aussi à maman et à Renato, que je retrouve chaque soir pour leur dire que tout va bien, et combien je les aime. Le temps de la représentation, je revis un moment avec eux.

La séance de dédicaces reste un échange privilégié, intense et chargé d'émotions les plus diverses face à ces spectateurs qui attendent avec une peur d'enfant de rencontrer Madame Girardot, *« symbole de toute une vie »*, pour reprendre l'une de leurs expressions. Sourires, larmes au bord des yeux, frissons, mains serrées, baisers qui claquent, pression de leur joue sur la mienne, compliments, déclarations d'amitié, d'amour vont se succéder pendant plus d'une heure.

Ensuite, direction le restaurant. C'est que je crève de faim, moi, les émotions, ça creuse ! Farandole de légumes frais, de melons, chocolats et douceurs de la région vont rythmer notre repas de ce jour. Au restaurant Le 75, Jean-Claude, David, Éric, Peggy, mon équipe m'entoure, rit et se décontracte. Leurs regards me couvrent d'attentions. Pour rien au monde je ne voudrais les décevoir. Ils vont m'accompagner pendant un an. C'est aussi pour eux que je joue tous les jours.

À la fin du déjeuner, l'un de nos invités empoigne son accordéon, se lève et se lance dans l'aventure des notes de musique de notre jeunesse, sillonne la java, les tangos. D'un clin d'œil, il invite sa voisine de table à le rejoindre, et glacée d'émotion, je l'entends fredonner les premières paroles de la chanson *La Java*. *« La fille de joie est belle au coin de la rue Labat… »* Il me suffit de fermer les yeux pour être transportée en quelques secondes dans un tourbillon où les images défilent, celles de Marcel Cerdan, de la môme Piaf. Ma chère Édith qui vient me surprendre au détour d'une soirée, d'une fête entre amis. Comme si elle s'y invitait le plus discrètement du monde.

Pendant trois semaines, je serai imbibée de la chaleur du Midi, de cette atmosphère parfois étouffante qui me fait, l'après-midi, rechercher la pénombre de ma petite chambre pour souffler un peu. Dehors, derrière le volet brûlant, la grande ruche des insectes, magnifique, entêtante, indispensable à ce paysage, me rappelle l'île du Levant, mes nombreuses vacances dans ce lieu que je pensais pourtant bien connaître, mais qui n'était pas si paradisiaque que cela. À l'occasion de cette tournée, j'apprendrai que des enfants y sont morts, comme des bagnards, torturés, abandonnés de tous. Jamais je n'avais entendu parler de ce drame.

Je profite d'un après-midi et d'un jour de relâche pour retourner sur les pas de ma jeunesse. Le commandant Pertois de la base militaire de l'île du Levant m'offre de me faire visiter les lieux, et exceptionnellement, la zone aujourd'hui interdite au grand public. Lorsque, après la guerre, avec maman et deux de ses amies sages-femmes, j'ai visité l'île pour la première fois, seules quelques parcelles de terrain étaient réservées aux naturistes. Aujourd'hui, ils peuvent s'ébattre en toute liberté sur presque toutes les plages. Parties de Normandie vers Hyères *via* Lyon afin de faire provision de bons saucissons et de charcutaille, nous voulions découvrir l'île scandaleuse dont tout le monde parlait ! À l'époque, il n'y avait ni eau courante, ni électricité, tout était à l'état sauvage.

Durant ce pèlerinage improvisé, je cherche les plages qui me rappelleraient des histoires « tendresse » de l'époque. Des images frappent mon esprit avec la violence d'électrochocs. La plage du Liseron, réservée aujourd'hui au personnel militaire de la direction générale pour l'armement ; celle de Rioufred, sur laquelle je fus photographiée comme première demoiselle d'honneur de Miss Île-du-Levant ; la plage des grottes, près de laquelle j'ai passé ma première nuit au milieu des naturistes. Peu à peu, je retrouve mes marques, le cabanon où Michel Vitold et François Chaumette faisaient les fous, celui de Moustaki qui avait déjà écrit des chansons pour Piaf. On me montre l'ancien bungalow qui appartenait à Michel Simon. Je reconnais avec amusement les lieux où j'ai posé nue dans la revue de l'île. Mes amours entre ciel et terre. L'île du Levant est comme un jeu de cartes géant où la reine de cœur est avec le roi de trèfle, le valet de carreau avec la dame de pique. Et où parfois le roi de carreau se fait la malle avec le valet de cœur. Ah, Éros, quand tu nous tiens ! Je revois d'autres hauts lieux de fêtes de ma jeunesse, que je ne contemplerai désormais que de loin, à cause des barbelés qui délimitent les zones interdites. Pour la dernière fois, sans doute, j'ai accès au phare du Titan sur la pointe de l'île. En se baladant, le commandant me raconte l'histoire de Saint-Exupéry qui fut vraisemblablement, me dit-il, fauché par un missile venant de l'île du Levant. Je n'en saurai pas plus. *« Dessine-moi un mouton. »* Désolé, y a plus de mouton, y a plus rien. Pauvre Saint-Ex. Disparu dans les airs puis dans la mer. Éternellement jeune et beau. Comme Gérard Philipe. Une mort rêvée pour un poète, non ?

Un autre passage sur les chemins interdits nous mène au cimetière. En marchant à travers les allées, je vois des petites tombes comme des berceaux, avec les dates inscrites sur la pierre. Ceux qui reposent ici n'avaient pas plus de huit ou dix ans. Autour de moi, le cimetière est rempli de petits cercueils. Surprise, je demande au commandant de quoi tous ces enfants sont morts, dont beaucoup la même année. *« C'étaient des mendiants qui vivaient sur le trottoir parisien,* m'explique-t-il. *Ils ont été chassés par les grands travaux du baron Haussmann puis enfermés dans le pénitencier de l'époque sous le fallacieux prétexte de leur apprendre à lire, à écrire et de leur trouver du travail. En fait, très peu en sont sortis vivants. »*

Pas d'aller-retour sur le rivage d'en face, non, seulement un aller simple sur l'île du Levant. Parqués, cachés, pour quelle faute à expier ? La pauvreté, la misère et l'abandon. Les autorités qui ne pouvaient tout de même pas les envoyer à Cayenne, les ont expédiés ici pour ne pas faire tache sur les grandes avenues haussmanniennes. Ils furent traités comme des bagnards, enfermés, battus, affamés. Les plus grands tentèrent de se sauver en fabriquant des embarcations avec du chêne-liège et partirent sur les eaux vers le

Lavandou. Certains se noyèrent, d'autres furent rattrapés, remis en cellule et périrent brûlés vifs. On n'en voulait plus de ces gosses, on les a supprimés. Sur la plaque du cimetière, la mention indique « irradiés ». Tout le monde les a oubliés. Ce sont les enfants de notre honte.

Quelle tristesse, quelle révoltante injustice ! Où êtes-vous, Victor Hugo, Jean Valjean, monsieur Madeleine, Marius, Gavroche, Jean-Paul Belmondo, Gérard Depardieu pour défendre ces petits moineaux de Paris ? La goutte de lait encore sur les lèvres, assassinés loin de la grande ville, enchaînés dans les cellules. Île du Levant, île muette, tu gardes bien tes secrets même si tu déshabilles ceux qui ne veulent plus en avoir pour personne… Rien à cacher, eux. Rien de misérable, en tout cas.

À l'île du Levant où je ne retourne plus depuis des années, je fais une rencontre qui me ramène quarante ans en arrière, à l'époque où je jouais *La Machine à écrire* de Cocteau. Ce soir, nous dînons à La Brise marine et, une fois de plus, le maître des histoires de la vie me devance. Assise seule à une table sur le bord de la terrasse, une femme que je distingue mal dans l'éclairage intime des bougies qui allument notre soirée, nous offre une bouteille de champagne, *« en souvenir,* dit-elle, *de notre passé commun ».* Intriguée, je m'approche d'elle : *« Mais, quel passé avons-nous en commun, madame ? »*

Cette femme à l'épaisse chevelure noire, aux yeux bridés et pétillants me fait alors un large sourire. Elle s'appelle Chantal, me dit être une des célèbres sœurs Carita et me rappelle que j'étais venue dans son salon avec Jean Cocteau, au début de ma carrière, pour que le coiffeur Alexandre me coupe les cheveux. De cette nouvelle coiffure est née toute ma carrière. Incroyable, cette rencontre ! C'est étrange, sur l'île de l'inspiration, tous les éléments semblent s'être rassemblés pour me faire remonter le temps. Au galop, ma belle.

Aujourd'hui, nous quittons Avignon pour remonter sur Paris. La brise sur mes cheveux, dernière sensation de retour en arrière… Je suis encore bouleversée par ce que le commandant Pertois nous a raconté de la souffrance des enfants déportés. *« Pourrai-je en parler autour de moi, raconter cet événement ? »* lui demandai-je avant de le quitter. « *Vous le devez, nous le devons tous. Madame Girardot, c'est un devoir de mémoire* », répond-il avec gravité. Notre bateau quitte le port de la petite île, je laisse derrière moi de nouveaux souvenirs qui viennent se mêler à ceux de mes vacances avec maman, de mes liaisons clandestines au soleil, de ma jeunesse…

Du bateau, je regarde la berge de l'île du Levant s'éloigner doucement et le port du Lavandou se rapprocher de nous, lorsque dans les reflets du soleil qui claquent sur les vagues de la Méditerranée, tel un ruisseau d'or se déversant dans la mer, des pointes argentées viennent troubler la communion entre le ciel et l'eau. Je m'interroge en même temps que je suis attirée par toute cette lumière lorsque, soudain, une poussière d'étoiles surgit de l'eau vers le ciel. C'est un groupe de dauphins qui nous offrent l'un des plus magnifiques spectacles de la nature. Leur danse d'au revoir…

Le temps n'avance plus

Madame Marguerite me permet depuis presque deux ans de refaire à travers mes tournées en France et à l'étranger, le voyage à l'envers de ma vie. Les souvenirs refluent, les images qui s'étaient estompées de ma mémoire reviennent, les hommes et les femmes croisés, les émotions, les passions vives de mon passé ressurgissent intacts. Je déroule ma vie en sens inverse. Lorsque je retourne sur mes pas, la lumière éclaire toujours la part la plus belle de l'oubli.

J'ai toujours eu ce besoin de parler aux autres, comme bien des années avant *Marguerite* m'est venue l'envie de conter des histoires à la radio, sur RTL et Europe 1. *Roman d'amour* ou *Paroles de femmes*, j'aime la radio, cette voix royale de l'émotion, de la confidence. Les auditeurs savent qui je suis, ils connaissent mon visage. Moi, je les imagine. De la même façon, la nuit, j'écoute mon amie Macha Béranger et, avec les autres, je me suspends à ses lèvres pour capter cette voix de velours qu'elle distille comme un nectar précieux, pour beaucoup un véritable baume.

Si je veux avancer, je ne dois plus penser à ce qui me ronge et faire taire les « pourquoi » qui résonnent toujours dans ma tête... Ces milliers de pourquoi. Pourquoi n'ai-je jamais osé dire un dernier « je t'aime » à Renato, à Visconti, alors que tous les soirs j'exhorte les jeunes à déclarer leur amour, à ne pas avoir peur ? Pourquoi ne suis-je pas restée auprès de maman qui s'en allait tout doucement ? Pourquoi n'ai-je pas compris qu'elle me quittait définitivement ? Pourquoi ai-je abandonné ma chienne Oufa aux mains du vétérinaire, pourquoi l'ai-je laissée partir toute seule ? Son regard affolé, sa peur, ses tremblements me hantent encore.

Qui peut expliquer cela ? Ils me hantent ces pourquoi. J'en crève de ces pourquoi… Et parfois, je les rejette. J'ai toujours peur d'avoir blessé quelqu'un, de lui avoir manqué, de ne pas avoir répondu à une attente, de ne pas avoir compris… Cela m'obsède continuellement, je m'abîme dans les souvenirs. Lui ai-je dit ? Lui ai-je dit assez ? A-t-il bien compris ? Et ces questions m'énervent, tout d'un coup. Ça suffit maintenant. Ils le savent que je les aimais, bon sang, puisque je les aime encore. Puisque je les pleure encore…

Lorsque je me suis installée à Rome, j'ai apporté mon mainate et un couple de tourterelles. L'oiseau parleur est mort depuis longtemps et les autres ont fait des petits qui se sont croisés avec des pigeons. Il paraît que nous avons repeuplé le quartier d'oiseaux qui se reproduisent encore et toujours. Cette idée m'enchante. J'aurai laissé de mon passage des roucoulades et un nuage d'ailes blanches… La maison de Rome a été vendue à la mort de Renato pour payer ses dettes. Chaque fois que je passe devant ou dans ce quartier magnifique, mon cœur se fend. Rome et Paris : il me fallait les deux endroits, comme deux rails, pour être parfaitement calée. *« Qui a deux maisons perd sa raison »*, dit le proverbe. J'en avais trois, quatre, cinq, l'instabilité était mon équilibre. Je passais ma vie à survoler les Alpes. Aussi heureuse dans un sens que dans l'autre. Partir, revenir.

Parfois, l'élastique qui me relie à l'Italie tire un peu et cela fait mal aux souvenirs. Ce pays me manque. Je suis boiteuse, cyclope, plus qu'un rail, plus qu'un œil… Je veux retrouver une petite maison à Rome, pour ma fille qui est italienne et ses enfants. Je ne partirai pas avant que ma nichée soit à l'abri. Et comme je suis bénie des dieux en ce moment, qu'une avalanche de bonnes choses me tombent sur la tête, je prie le Ciel d'accomplir mon souhait. Ma reconstruction passe par là.

On se tient chaud, on y croit, n'est-ce pas, ma Giulia, fille adorée, portrait vivant de Renato, toi, ma dernière famille. (Pendant que j'écrivais ce livre, une nièce s'est manifestée à moi, fille d'Augustine, ma demi-sœur. J'ai aussi deux demi-frères, Georges et Émile. C'est étrange, je n'ai pas connu mon père, mais, au fil des ans, ma famille de demis et de quarts se reconstitue et m'envoie des signaux. Qui sait, peut-être finirai-je par réunir autour de moi toute la descendance de mes parents… ?)

Giulia, il y en eut des cahots dans ta vie, ma chérie, dans ta jeunesse tourmentée. Tu as cherché ta voie à grands coups de trique, à grands coups de cœur, et tu l'as trouvée aujourd'hui. Après ces années dures qui firent de toi une révoltée, y compris contre moi, tu as mis de la tendresse dans ta vie. Et tu m'es revenue. Mains tendues. Toi qui m'entoures comme personne, dissimulant sous ta carapace de dure à cuire, de femme solide, une chaleur dont tu m'inondes généreusement lorsque tu me serres dans tes bras. Giulia, fidèle d'entre les fidèles, nature droite, entière, qui dit ce qu'elle pense, dont le pas trottina longtemps derrière moi et s'aligne aujourd'hui sur le mien. Giulia qui veille, qui protège. Giulia, encore petite fille, déjà maman, chef de la nichée. Giulia Toi qui portes son nom, Salvatori.

J'ai tourné plus d'une centaine de films, tous ne furent pas des chefs-d'œuvre. Certains ne sont même pas sortis en France, d'autres, je veux les oublier. J'ai souvent dit « oui », à n'importe quelle condition. Sans regret. Aucun. Besoin de travailler. Je me jetais dans le travail comme dans un gouffre, comme d'autres se seraient réfugiés dans le sommeil. Ou dans la passion. Sans discernement. L'important aurait été d'apprendre à dire « non ». Je n'ai jamais su. Je suis devenue un produit comme tant d'autres et je me suis crevée. Je faisais des concessions avec l'espoir, toujours, que le film serait inédit, inventif, original. Souvent, la déception. J'ai joué dans près de quarante pièces de théâtre, j'ai chanté, j'ai dansé… J'ai été malaxée, pétrie, sculptée par tous les metteurs en scène, à leur fantaisie, posant nue pour Visconti, Ferreri, parfaite pâte à modeler, toile imprimée, caressée par Lelouch. Dans les années 70 à 80, les producteurs montaient un film uniquement sur mon nom, puis les propositions se sont raréfiées, on a dit que je portais la poisse. *« Une carrière en dents de scie, le contraire d'une carrière en dents de requin* », écrira un journaliste inspiré. Bien sûr que j'aurais aimé incarner certains rôles qu'on ne m'a pas proposés ou que je ne pouvais faire à ce moment-là, mais je ne retire rien de mes choix. L'envie parfois de brouiller les cartes, de surprendre, de provoquer... Je ne rougis de rien. Je ne regrette rien. Ni installée dans la réussite, ni arrêtée aux échecs. Le chat Hitchcock m'a appris beaucoup de choses, la principale étant de retomber toujours sur mes pattes.

Dans ce méli-mélo de rôles, deux figures émergent définitivement, deux visages aimés, mes deux pôles cinématographique et théâtral : l'héroïne de *Mourir d'aimer* et *Madame Marguerite*. Deux femmes avec lesquelles je m'identifie totalement, qui existèrent, deux réalités que j'ai faites miennes. On ne rigole pas avec la vie de ces femmes. Les deux sont arrivées à une période où ma carrière balbutiait. Elles m'ont sorti la tête de l'eau, m'ont montré la voie, je me suis fondue en elles. C'est bien le moins que je pouvais leur rendre. Deux enseignantes. Un métier qui m'aurait plu.

Le cinéma m'a manqué, je l'ai dit. Et l'on m'a entendue. J'étais une force sans emploi, mais jamais je n'ai ressenti l'abandon. Parce que ma longue histoire sentimentale avec le public n'a connu ni brouilles, ni désertions. Lui, il est là, il ne me lâche pas dans la tempête. Je fais partie de la famille. Je suis dans le cœur des Français. Pendant les années noires, dans la rue, partout, j'entendais : *« Madame Girardot, comment ça va ? On a hâte de vous revoir... »* Et moi donc, hâte de me sentir renaître, exister, à la vie, à l'envie. Je faisais des télévisions. Sans grande conviction, sinon que mon public me sache toujours vivante. Il y a toujours des éclipses dans ce métier, la dernière fut longue et douloureuse. C'est sans doute aussi ma faute. Le cinéma a changé, Gabin, Ventura, Blier, Audiard, sont partis se marrer ailleurs, là où il fait bon vivre, loin d'ici en tout cas où tout est devenu si dur, si cruel. Si implacable. Le cinéma s'est orienté vers quelque chose dans lequel je ne me reconnaissais pas, où je n'étais pas représentée. Je m'en suis éloignée. Tandis que je me réfugiais dans le giron du théâtre, le cinéma vivait sans moi. Quand on m'a proposé *La Pianiste*, je ne comprenais pas ce qui m'arrivait. J'ai respiré, j'ai accepté. La vie repartait, tout simplement.

Toute ma vie, j'ai donné, donné, donné. On m'a rarement rendu et beaucoup volé. Tout partait. On se servait dans ma maison. Les tableaux, les fauteuils, les tapis, allez hop ! ça peut toujours servir. La baignoire, même, embarquée. Comptable de rien, j'ai tout avalé. Et ravalé mes larmes et ma rage devant ces trahisons. Puis j'ai compris que mon destin est bien de donner, donner du plaisir, donner de l'émotion. Encore et toujours, sans attendre en retour. Omnivore, des êtres, des mots, des rôles.

« Tout ce que j'ai failli perdre, tout ce qui m'est redonné », chante Jean Ferrat.

Parce que j'ai failli me perdre aussi, et que tant de petits bonheurs me reviennent aujourd'hui, je veux continuer le chemin. J'avais oublié que l'on m'aimait tant. Et je sais que l'on m'aime à nouveau. Je n'ai plus mon mari, plus ma mère. Mais celle qui me porte en scène chaque soir, c'est maman. Qui veille sur moi comme mon ange gardien. Et avant chaque lever de rideau, pour conjurer le trac, je dis comme ma mère quand elle en avait sa claque *« Merde, chier, con ! »* Et j'entre en scène.

Heureuse, réconciliée avec moi-même, je me sens l'énergie d'une femme de cinquante piges. On m'a reproché de ne pas avoir eu assez les pieds sur terre. Ce n'est pas tout à fait cela. J'ai eu des rêves que j'ai tenté de réaliser, c'est tout. Et j'ai voulu en faire profiter les autres. Toute ma vie est là. Rythmée par l'humeur des hommes que je rencontrais, mon parcours sentimental fut une suite de rencontres déterminantes, les unes magnifiques, les autres catastrophiques. Les histoires trop faciles, confortables ne me convenaient pas. La passion m'a brûlée. Je ne regrette rien, comme la môme Piaf. Sans rancune et sans remords.

Bien des gens ont passé leur temps à me demander des comptes. Ils me donnaient des ordres, me sermonnaient, me jugeaient. De quel droit ? À présent, je suis tranquille, on ne m'engueulera plus, on ne me volera plus, on ne me giflera plus. Je ne vivrai plus avec un homme, je n'irai plus au lit avec personne. Je ne referai jamais plus l'amour. Je n'en ai plus envie. Je ne veux même plus me montrer. Mon corps n'existe plus. Une intouchable, voilà ce que je suis devenue. Qui aime les glaces et la bière sans alcool, le chocolat aussi. J'ai toujours un sexe pour ressentir les choses que j'aime, mais je sais aussi ce qu'est la décence. Je veux jouir de l'instant, jouir du moment. Voyager dans le regard des hommes, voir dans leurs yeux la même petite lueur qu'ils avaient pour moi lorsque j'étais jeune. J'ai ma gueule, sans ravalement d'usage, mais mon sourire, je l'aurai toujours pour ceux qui m'aiment. Et tant que le désir est là, le regard ne meurt pas.

Rien ne compte plus que l'instant présent, maintenant. Ni demain, ni après-demain, maintenant. C'est la seule chose qui m'appartienne. Demain est aléatoire, ce que je possède, c'est maintenant. Je veux faire des maintenant tout le restant de ma vie. Je suis seule et libre pour aller encore vers le théâtre, seule pour refaire du cinéma, je suis née pour ça. Tant que je peux encore. Tant que j'ai cette foi, tant que l'évidence est en moi. J'ai défendu tant de belles idées dans mes rôles. Mais je ne cherche pas, je veux qu'on me demande, comme une demande en mariage.

« Un jour, tu verras, nous retournerons au pays… »

Comme elle était belle cette phrase, Luchino, dans la bouche du plus jeune des frères Rocco ! On sait bien pourtant qu'on n'y retourne jamais au pays. Tu ne pouvais pas l'ignorer. Mais c'est bien que tu l'aies dite à la fin du film, parce que la chose la plus importante, au cinéma et dans la vie, c'est toujours l'espoir. On ne réalise jamais tous ses rêves, c'est évident, c'est inexorable, comme on ne retourne pas au pays de l'enfance, parce que c'est ainsi, c'est une loi de la vie. Mais que chacun de nous, chaque spectateur, puisse pleurer sur cette phrase et y réfléchir, c'est un beau cadeau que tu nous as fait là, Luchino. C'est la plus belle fin qui soit.

J'aime la vie, même si elle ne me le rend pas toujours. *« Restez comme vous êtes »*, me dit-on souvent. Ne vous inquiétez pas, mes enfants, à mon âge, on ne change plus. Je n'ai ni amertume, ni aigreur, ni plainte, même si mon passé vibre encore en moi. Douloureux, joyeux, cuisant. Seule la colère m'anime encore et peut m'embraser en un instant. Je ne peux m'empêcher de défendre l'indéfendable, d'être l'apôtre des causes perdues.

Une avalanche de bonheurs, oui, c'est ce que je vis depuis deux ans. Le pays d'où je viens, c'est le public. Celui qui monte sur scène à l'entracte et m'attend chaque soir après la représentation. Je le sens, je l'écoute, il me palpe, il est là, présent, réconfortant, plein d'amour.

Audiard parti trop vite, de Funès, Signoret, Gabin, Ventura, Carné, Visconti, Romy, Montand, Carmet. Ces absences m'obsèdent. Je meurs des gens qui sont morts. Pourtant, je ne suis pas tout à fait morte, disais-je, entre mes pleurs. Maintenant je ne ne conjugue plus les verbes. Je parle au présent ; hier, c'est fini ; demain, qui sait, on verra le moment venu. Je suis libre, à disposition de tout ou de rien. J'attends, sereine, les lendemains pleins de promesses. Peut-être apaisée, je remplis ma malle, et j'attends le signal du départ. Un clap, un lever de rideau. Ma petite-fille Lola a repris le flambeau des saltimbanques. Tout est en ordre, enfin presque.

« *Vedrai, un giorno, ritorneremo al paese*[1]. »

1. Un jour, tu verras, nous retournerons au pays.

Table

Aller-retour sur le trottoir d'en face 9
Carnets de route 11
Les molières de l'amour 14
Du cabaret au Français 18
Née de la main du poète 23
Enfin libre ! 30
Visconti 34
La môme Piaf, ma sœur 39
Renato, mio amore 47
Giulia, ma fille si chérie 55
La Dolce Vita 60
Romy 69
Marco, ta femme à poils 72
Petits à-côtés de l'histoire… 77
Premiers passages à bides 81
Au ciel avec Lelouch 90
Le grand Jacques 98
Monsieur Audiard 102
Madame Tout-le-monde 109
Madame Marguerite, première ! 128
La rage de vivre 133
La mort du Prince 137
Cayatte, l'avocat procureur 139
La Callas, diva mia 144

Mon tendre Philippe Noiret 147
Louis de Funès, l'amour sans le dire 150
Cinquante piges ! 154
La curée 159
27 mars 1988, ciao Renato… 168
Serrault, vieux complice 171
Orpheline 174
Vivre pour vivre 178
Le cygne noir 184
Le piano ivre 186
La reine Margot 190
Dame Bouteille 195
À toujours À bientôt À tout de suite 198
Le temps n'avance plus 207
Filmographie 217
Théâtre 223
Discographie 226
Télévision 227

Filmographie
(L'année correspond à la date de tournage)

1955 *Treize à table*
Réal. : André Hunebelle
Avec Micheline Presle, Fernand Gravey.
1956 *L'Homme aux clés d'or*
Réal. : Léo Joannon
Avec Pierre Fresnay, Jean Rigaux, Gil Vidal.
1956 *Reproduction interdite*
Réal. : Gilles Grangier
Avec Michel Auclair, Paul Frankeur, Giani Esposito.
1957 *Le rouge est mis*
Réal. : Gilles Grangier
Avec Jean Gabin, Paul Frankeur, Lino Ventura.
1957 *L'amour est en jeu*
Réal. : Marc Allégret
Avec Robert Lamoureux, Yves Noël, Jacques Jouanneau.
1957 *Maigret tend un piège*
Réal. : Jean Delannoy
Avec Jean Gabin, Jean Dessailly, Lucienne Bogaert.
1957 *Le Désert de Pigalle*
Réal. : Léo Joannon
Avec Pierre Trabaud, Sylvie Adassa, Nicolas Amato.
1959 *La Corde raide*
Réal. : Jean-Charles Dudrumet
Avec François Périer, Georges Descrières, Gérard Buhr.
1960 *Recours en grâce*
Réal. : Laszlo Benedek
Avec Raf Vallone, Emmanuelle Riva, Fernand Ledoux.
1960 *La Française et l'amour*
Sketch « Le divorce »
Réal. : Christian-Jaque
Avec François Périer, Denise Grey, Jean Poiret, Michel Serrault.
1960 *Rocco et ses frères*
Réal. : Luchino Visconti
Avec Alain Delon, Renato Salvatori, Katina Praxinov.

1960 *La Proie pour l'ombre*
Réal. : Alexandre Astruc
Avec Daniel Gélin, Christian Marquand.
1961 *Les Amours célèbres*
Sketch « Les comédiennes »
Réal. : Michel Boisrond
Avec Edwige Feuillère, Marie Laforêt, Pierre Dux.
1961 *Le Rendez-vous*
Réal. : Jean Delannoy
Avec Andréa Parisy, Odile Versois, Jean-Claude Pascal.
1961 *Smog* (inédit en France)
Réal. : Franco Rossi
Avec Renato Salvatori, Enrico Maria Salerno.
1961 *Le Bateau d'Émile*
Réal. : Denys de La Patellière
Avec Lino Ventura, Pierre Brasseur, Michel Simon.
1961 *Le crime ne paie pas*
Réal. : Gérard Oury
Avec Pierre Brasseur, Christian Marquand, Paul Guers.
1962 *Le Vice et la vertu*
Réal. : Roger Vadim
Avec Catherine Deneuve, Robert Hossein, O.E. Hasse.
1962 *Pourquoi Paris ?*
Réal. : Denys de La Patellière
Avec Monique Bertho, Ray Ventura, Paulette Dubost.
1962 *Il Giorno Più Corto* (inédit en France)
Réal. : Sergio Corbucci
Avec Franco Franchi, Ugo Tognazzi, Renato Salvatori.
1963 *Les Camarades*
Réal. : Mario Monicelli
Avec Marcello Mastroianni, Renato Salvatori, Bernard Blier.
1963 *La Bonne Soupe*
Réal. : Robert Thomas
Avec Marie Bell, Gérard Blain, Jean-Claude Brialy.
1963 *I Fuorilegge del Matrimonio* (inédit en France)
Réal. : Valentino Orsini, Frères Taviani
Avec Ugo Tognazzi, Romolo Valli.
1963 *La Femme singe*
Réal. : Marco Ferreri
Avec Ugo Tognazzi, Achille Majeroni, Filippo Pompa Marcelli.
1963 *L'Autre Femme*
Réal. : François Villiers
Avec Richard Johnson, Francisco Rabal, Alida Valli.
1964 *La Ragazza in Prestito* (inédit en France)
Réal. : Alfredo Giannetti
Avec Rossano Brazzi, Tony Anthony, Marisa Merlini.
1964 *Un monsieur de compagnie*
Réal. : Philippe de Broca
Avec Jean-Pierre Cassel, Jean-Claude Brialy, Catherine Deneuve.

1964 *Le Belle Famiglie*
Réal. : Ugo Gregoretti
Avec Totò, Sandra Milo, Nanni Loy.
1964 *Una Voglia da Morire* (inédit en France)
Réal. : Ducio Tessari
Avec Raf Vallone, Alberto Lionello.
1964 *Déclic et des claques*
Réal. : Philippe Clair
Avec Philippe Clair, Mike Marshall.
1965 *Guerre secrète*
Réal. : Christian-Jaque
Avec Bourvil, Robert Hossein.
1965 *Trois chambres à Manhattan*
Réal. : Marcel Carné
Avec Maurice Ronet, Otto E. Hasse, Roland Lesaffre.
1966 *Le Streghe*
Réal. : Luchino Visconti
Avec Silvana Mangano, Francisco Rabal.
1967 *Vivre pour vivre*
Réal. : Claude Lelouch
Avec Yves Montand, Candice Bergen, Irène Tunc.
1967 *Zhurnanist*
Réal. : Seigei Gerasimov.
1968 *Les Gauloises bleues*
Réal. : Michel Cournot
Avec Bruno Cremer, Jean-Pierre Kalfon.
1968 *Story of a Woman*
Réal. : Leonardo Bercovici
Avec Bibi Andersson, Robert Stack.
1968 *Les Anarchistes ou la Bande à Bonnot*
Réal. : Jean-Paul Guibert
Avec Bruno Cremer, Jacques Brel, Jean-Pierre Kalfon.
1969 *Bice Skoro Propast Sveta*
(Il pleut dans mon village)
Réal. : Aleksandar Petrovic
Avec Ivan Paluch, Anthony Gidra, Mija Aleksic, Eva Ras.
1968 *Dillinger est mort*
Réal. : Marco Ferreri
Avec Michel Piccoli, Anita Pallenberg.
1968 *Disons, un soir à dîner*
Réal. : Giuseppe Patroni Griffi
Avec Jean-Louis Trintignant, Tony Musante, Florinda Bolkan.
1968 *Erotissimo*
Réal. : Gérard Pirès
Avec Jean Yanne, Francis Blanche, Jacques Higelin.
1969 *Il Seme dell'Uomo*
Réal. : Marco Ferreri
Avec Marco Margine, Anne Wiazemsky, Rada Rasimov.
1969 *Un homme qui me plaît*
Réal. : Claude Lelouch
Avec Jean-Paul Belmondo, Maria Pia, Marcel Bozzuffi.

1969 *Clair de Terre*
Réal. : Guy Gilles
Avec Patrick Jouané, Edwige Feuillère, Micheline Presle.

1969 *Elle boit pas, elle fume pas, elle drague pas, mais… elle cause*
Réal. : Michel Audiard
Avec Bernard Blier, Mireille Darc, Sim, Catherine Samie.

1970 *Les Novices*
Réal. : Guy Casaril
Avec Brigitte Bardot, Jean Carmet, Jacques Jouanneau.

1970 *Mourir d'aimer*
Réal. : André Cayatte
Avec Bruno Pradal, François Simon, Monique Mélinand.

1971 *La Vieille Fille*
Réal. : Jean-Pierre Blanc
Avec Philippe Noiret, Marthe Keller, Jean-Pierre Darras.

1971 *La Mandarine*
Réal. : Édouard Molinaro
Avec Philippe Noiret, Madeleine Renaud, Murray Head.

1972 *Les Feux de la Chandeleur*
Réal. : Serge Korber
Avec Jean Rochefort, Bernard Le Coq, Claude Jade, Bernard Fresson.

1972 *Elle cause plus… elle flingue*
Réal. : Michel Audiard
Avec Bernard Blier, Michel Galabru, Jean Carmet.

1972 *Traitement de choc*
Réal. : Alain Jessua
Avec Alain Delon, Michel Duchaussoy, Robert Hirsch.

1972 *Il n'y a pas de fumée sans feu*
Réal. : André Cayatte
Avec Bernard Fresson, Mireille Darc, André Falcon.

1973 *Juliette et Juliette*
Réal. : Remo Forlani
Avec Marlène Jobert, Pierre Richard.

1973 *Ursule et Grelu*
Réal. : Serge Korber
Avec Bernard Fresson, Roland Dubillard, Henri Garcin.

1974 *Il Sospetto*
Réal. : Francesco Maselli
Avec Gian-Maria Volonte, Renato Salvatori.

1974 *La Gifle*
Réal. : Claude Pinoteau
Avec Lino Ventura, Isabelle Adjani, Francis Perrin.

1975 *Il faut vivre dangereusement*
Réal. : Claude Makovski
Avec Claude Brasseur, Sydne Rome.

1975 *Il pleut sur Santiago*
Réal. : Helvio Soto
Avec John Abbey, Bibi Andersson, Nicole Calfan.

1975 *Le Gitan*
Réal. : José Giovanni
Avec Alain Delon, Paul Meurisse, Marcel Bozzuffi.
1975 *Docteur Françoise Gailland*
Réal. : Jean-Louis Bertucelli
Avec Jean-Pierre Cassel, François Périer, Isabelle Huppert.
1975 *D'amour et d'eau fraîche*
Réal. : Jean-Pierre Blanc
Avec Julien Clerc, Miou-Miou, Jean-Pierre Darras.
1976 *Cours après moi que je t'attrape*
Réal. : Robert Pouret
Avec Jean-Pierre Marielle, Marilu Tolo, Geneviève Fontanel.
1976 *À chacun son enfer*
Réal. : André Cayatte
Avec Bernard Fresson, Stéphane Hillel, Fernand Ledoux.
1976 *Jambon d'Ardenne*
Réal. : Benoît Lamy
Avec Ann Petersen, Christian Barbier.
1977 *Le Dernier Baiser*
Réal. : Dolorès Grassian
Avec Maria Pacôme, Bernard Fresson.
1977 *Le Point de mire*
Réal. : Jean-Claude Tramont
Avec Jacques Dutronc, Matthias Habich, Jean-Claude Brialy.
1977 *Tendre poulet*
Réal. : Philippe de Broca
Avec Philippe Noiret, Catherine Alric, Hubert Deschamps.
1977 *La Zizanie*
Réal. : Claude Zidi
Avec Louis de Funès, Julien Guiomar, Maurice Risch.
1978 *Vas-y maman*
Réal. : Nicole de Buron
Avec Pierre Mondy, Éléonore Klarwein, Richard Constantini.
1978 *L'Amour en question*
Réal. : André Cayatte
Avec Bibi Andersson, Michel Auclair, Michel Galabru.
1978 *La Clé sur la porte*
Réal. : Yves Boisset
Avec Patrick Dewaere, Éléonore Klarwein, Stéphane Jaubert.
1978 *Le Grand Embouteillage*
Réal. : Luigi Comencini
Avec Alberto Sordi, Marcello Mastroianni, Stefania Sandrelli.
1978 *Le Cavaleur*
Réal. : Philippe de Broca
Avec Jean Rochefort, Nicole Garcia, Catherine Alric.
1979 *Cause toujours, tu m'intéresses*
Réal. : Édouard Molinaro
Avec Jean-Pierre Marielle, Christian Marquand.

1979 *On a volé la cuisse de Jupiter*
Réal. : Philippe de Broca
Avec Philippe Noiret, Catherine Alric, Francis Perrin.
1979 *Bobo, Jacco*
Réal. : Walter Bal
Avec Évelyne Bouix, Laurent Mallet.
1980 *Une robe noire pour un tueur*
Réal. : José Giovanni
Avec Claude Brasseur, Bruno Cremer, Jacques Perrin.
1980 *Le Cœur à l'envers*
Réal. : Franck Apprederis
Avec Victoria Abril, Florence Pernel.
1980 *La Vie en mauve*
Réal. : Jean-Claude Tramont
Avec Gene Hackman, Barbara Streisand.
1981 *La vie continue*
Réal. : Moshe Mizrahi
Avec Jean-Pierre Cassel, Giulia Salvatori.
1981 *La Revanche*
Réal. : Pierre Lary
Avec Victor Lanoux, Claude Rich, Catherine Alric.
1984 *Souvenirs, souvenirs*
Réal. : Ariel Zeitoun
Avec Christophe Malavoy, Pierre-Loup Rajot, Gabrielle Lazure.
1984 *La Liste noire*
Réal. : Alain Bonnot
Avec François Marthouret, Paul Crauchet.
1984 *Adieu blaireau*
Réal. : Bob Decout
Avec Philippe Léotard, Juliette Binoche.
1985 *Partir, revenir*
Réal. : Claude Lelouch
Avec Michel Piccoli, Jean-Louis Trintignant, Évelyne Bouix.
1988 *Prisonnières*
Réal. : Charlotte Silvera
Avec Marie-Christine Barrault, Bernadette Lafont.
1988 *Cinq jours en juin*
Réal. : Michel Legrand
Avec Sabine Azéma.
1989 *Comédie d'amour*
Réal. : Jean-Pierre Rawson
Avec Michel Serrault, Jean-Paul Roussillon, Aurore Clément.
1989 *Ruf*
Réal. : Valeri Akhadov.
1990 *Il y a des jours et des lunes*
Réal. : Claude Lelouch
Avec Gérard Lanvin, Patrick Chesnais, Vincent Lindon.
1990 *Faccia di lepre*
Réal. : Liliana Ginanneshi.

1991 *Toujours seuls*
Réal. : Gérard Mordillat
Avec Zabou, Claude Évrard, Luc Thuillier.
1991 *Merci la vie*
Réal. : Bertrand Blier
Avec Anouk Grinberg, Charlotte Gainsbourg.
1992 *Alibi perfetto*
Réal. : Aldo Lado
Avec Michael Woods.
1993 *Portagli i mei saluti-avanzi di galera*
Réal. : Gianna Maria Gardelli.
1994 *Les Misérables*
Réal. : Claude Lelouch
Avec Michel Boujenah, Clémentine Célarié.
1996 *Les Bidochons*
Réal. : Serge Korber
Avec Anémone, Jean-François Stévenin.
1997 *Préférence*
Réal. : Grégoire Delacourt
Avec Georges Corraface, Jean-Marc Barr, Nathalie Dorval.
1997 *L'Âge de braise*
Réal. : Jacques Leduc
2000 *T'aime*
Réal. : Patrick Sébastien
Avec Jean-François Balmer, Myriam Boyer, Nathalie Roussel.
2000 *La Pianiste*
Réal. : Michael Haneke
Avec Isabelle Huppert, Benoît Magimel, Suzanne Lothar.
2001 *Ceci est mon corps*
Réal. : Rodolphe Marconi
Avec Jane Birkin.
2001 *Epsteins Nacht*
Réal. : Urs Egger
Avec Mario Adorf, Bruno Ganz.
2001 *Des fleurs pour Irma*
Réal. : Éric Lacroix.

Théâtre

1953 *La Reine mère*
Opéra bouffe de Pierre Devaux
Théâtre du Quartier latin et Théâtre des Noctambules
Avec Pierre Olaf.
1953 *Dugudu*
Mise en scène de Robert Dhéry
Théâtre La Bruyère
Avec Michel Serrault et les Branquignols.

1954 *La Tour Eiffel qui tue*
De Guillaume Hanoteau
Mise en scène de Michel de Ré
Théâtre du Quartier latin
Avec Michel de Ré, Martine Sarcey, Alice Sapritch.
1954 Entrée à la Comédie-Francaise
1956 *La Machine à écrire*
De Jean Cocteau
Mise en scène de Jean Meyer
Théâtre du Parc
Avec Robert Hirsch, Lise Delamare, Jean Meyer, Jacques Eyser.
1957 *Les Misérables*
De Victor Hugo (adapté par Marcel Achard)
Mise en scène de Roger Planchon
Salle du Luxembourg
Avec Aimé Clariond, Claude Winter, Jacques Eyser, Georges Chamarat.
1957 *Mademoiselle*
De Jacques Deval
Mise en scène de Robert Manuel
Théâtre-Français
Avec Denise Gence, Denise Grey, Jean Marchal, Jean-Paul Roussillon, François Chaumette, Maria Fromet, Georges Baconnet,
Marco Béhar, Thérèse Lorey, Juliette Wasserman.
1957-1958 *Une femme trop honnête*
D'Armand Salacrou
Mise en scène de Georges Vitaly
Tournée France, Belgique, Suisse, Allemagne, Tunisie, Maroc, Algérie.
Avec Raymond Bussières, Alfred Adam, Janne Kellky, Henry Charrett, Christian Bertola, Annette Poivre et Sophie Sel.
1958 *Deux sur la balançoire*
De William Gibson
Mise en scène de Luchino Visconti
Théâtre des Ambassadeurs
Avec Jean Marais.
1960 *L'Idiote*
De Marcel Achard
Mise en scène de Jean Meyer
Théâtre Antoine
Avec Jean-Pierre Cassel, Liliane Patrick, Christian Marin, Nicole Denis, Henri Nassiet, Pierre Durou, Michel Vocorat, Daniel Ceccaldi.
1965 *Après la chute*
D'Arthur Miller
Mise en scène de Luchino Visconti
Théâtre du Gymnase
Avec Michel Auclair, Clotilde Joano, Marie-France Boyer, Marcelle Ranson, Michel Nastorg, Jean Juillard, Jeanne Aubert, Véronique Vendelle, Pierre Leproux, Hervé Sand, Marc Laurent.

1965 *Le Jour de la tortue*
Comédie musicale de Garinei et Giovannini
Mise en scène de Garinei, Giovannini et Robert Manuel.
Théâtre Marigny
Musique Renato Rascel, Lyrics Maurice Vidalin,
Chorégraphie Buddy Schwab.
Avec Philippe Nicaud, Brigitte Uzal, Évelyne Bourgeois, Martine Brochard, Max Andrei, Tony Kinna.

1966 *Perséphone*
D'après André Gide – Opéra de Stravinsky
À la Scala de Milan.

1966 *Seule dans le noir*
De Frédéric Knott (adapté par Raymond Castans)
Mise en scène de Raymond Rouleau
Théâtre Édouard-VII
Avec Marcel Dalio, Jean Roquel, Jacques Harden, Jacques Riberolles.

1974 *Madame Marguerite*
De Roberto Athayde (adapté par Jean-Loup Dabadie)
Mise en scène de Jorge Lavelli
Théâtre Montparnasse.

1982 *Revue et corrigée*
De et mise en scène par Bob Decout
Casino de Paris
Musique de Catherine Lara
Avec Catherine Lara, Jackie Quartz, Guesh Patti, Jacques Itah,
Agathe De, Patricia Gilbert, Lili, Romain, Bob Decout.

1983 *Marguerite et les autres*
Textes, entre autres, de Pierre Étaix, Jean Cocteau, Athayde, Chaval,
Yvon Deschamps, Félix Leclerc, Michel Audiard...
Mise en scène de Bob Decout
Théâtre Montparnasse.

1986 *L'Avare*
De Molière
Mise en scène de Roger Planchon
TNP de Villeurbanne
Avec Michel Serrault, Francis Hébérhard, Pierre-Loup Rajot, Philippine Leroy-Beaulieu, Jacques Boudet, Sylvie Orcier, Abbès Zahmoni, Vladimir Yordanoff.

1987 *Première jeunesse*
De Christian Giudicelli
Mise en scène de Jean-Marc Grangier
Théâtre La Bruyère
Avec Odette Joyeux.

1988 *Le Roi se meurt*
D'Eugène Ionesco
Mise en scène de René Dupuy
Théâtre des Arts à Bruxelles, puis Théâtre des Célestins à Lyon,
Bouffes du Nord à Paris et tournée France et étranger.
Avec Daniel Ivernel, Anne Seiller, Jean Saudray, Giulia Salvatori, René Dupuy.

1991 *Heldenplatz (La Place des héros)*
De Thomas Bernhard
Mise en scène de Jorge Lavelli
Théâtre de la Colline
Avec Guy Tréjan, Maïa Simon, Annie Bertin, Monique Chaumette, Jean-Claude Jay, Philippe Joiris, Maria Verdi, Sarah Quentin.

1992 *La Famille écarlate*
De Jean-Loup Dabadie
Mise en scène de Jacques Échantillon
Avec Joseph Falcucci, France Darry, Yannick Debain, Gérard Boucaron, Julie Arnold, André Falcon.

1995 *Les Chutes du Zambèze*
De Daniel Soulier
Mise en scène de Daniel Soulier et Jean-Christian Grinevald
Théâtre national de Chaillot
Avec Jean-Christian Grinevald, Laure Guillem, Olivier Jeannelle.

1997 *Descente aux plaisirs*
De Jean-Pierre Coffe
Mise en scène de Pierre Mondy
Théâtre Fontaine
Monologue, avec la participation des danseurs Fabiano Basso, Claudia Rosenblatt et Imed Shenam.

1998 *Le Sixième Ciel*
De Louis-Michel Colla
Mise en scène de Jean-Luc Moreau, (puis d'Anne-André Reille)
Théâtre Saint-Georges, puis Comédie des Champs-Élysées)
Avec Nathalie Roussel, Christian Vadim, Éric Pierrot, Sandrine Martin, Kamel Cherif.

2000 *Nuits dans les jardins d'Espagne*
D'Alan Bennett
Mise en scène de Thierry Harcourt
(adaptée par Jean-Marie Besset pour Annie Girardot)
À Limoux, en juillet 2000,

2001 *Nuits dans les jardins d'Espagne*
À Paris, à la Maison de la Poésie
Monologue.

2001 *Madame Marguerite*
Reprise à Montreux (Suisse)
Théâtre du Vieux-Quartier
Oct. à déc. 2001 au Théâtre de la Gaîté-Montparnasse, à Paris.

2002 *Madame Marguerite*
Au Splendid Saint-Martin.
Puis au Festival d'Avignon,
et grande tournée européenne jusqu'à juin 2003 :
Russie, Autriche, Suisse, Belgique, Luxembourg, Tchécoslovaquie.

Discographie

1962 *B.O.F. Le Bateau d'Émile*
Annie Girardot chante « Notre amour se ressemble ».

1965 *Le Jour de la tortue*
13 titres tirés du spectacle.
1967 *B.O.F. Vivre pour vivre*
Annie Girardot et Nicole Croisille interprètent
« Des ronds dans l'eau ».
1969 *Erotissimo*
Annie Girardot chante « La femme faux-cils »
de Michel Polnareff et Jean-Loup Dabadie.
1970 *B.O.F. Les Novices*
Annie Girardot et Brigitte Bardot interprètent
« Chacun son homme ».
1971 *B.O.F. La Mandarine*
Annie Girardot chante « Le temps du lumbago ». Avec Madeleine Renaud, Marie-Hélène Breillat, Jean-Claude Dauphin et Murray Head.
1973 *B.O.F. Ursule et Grelu*
Annie Girardot chante « Le zizou de Zouzou »
et « Ursule et Grelu » avec Bernard Fresson.
1977 *Le Dernier Baiser*
Annie Girardot chante « Le dernier baiser ».
1982 *Revue et corrigée*
Spectacle de Bob Decout et Catherine Lara ;
Annie Girardot interprète « Silence, soupir ».
1984 *B.O.F. Partir, revenir*
Annie Girardot chante « Partir, revenir », en duo avec Liliane Davis.

Télévision

1957 *La Nuit des rois*
Réal. : Claude Loursais
Avec Christian Duvaleix.
1968 *Le Pain de ménage*
Réal. : Marcel Cravenne
Avec Jean Rochefort.
1980 *La Dernière Nuit*
De Didier Decoin
Avec Richard Berry, Lambert Wilson.
1983 *Père Noël et fils*
D'André Flédérick
Avec Jean-Claude Brialy.
1984 *Mussolini et moi*
Téléfilm italien d'Alberto Negrin
Avec Bob Hopkins, Anthony Hopkins, Susan Sarandon.
1984 *Olga et son fils*
Téléfilm italien de Salvatore Noccita
Avec Giulia Salvatori et Gianfranco Tondini.
1985 *Un métier de seigneur*
D'Édouard Molinaro
Avec Pierre Arditi, Évelyne Bouix.

1986 *Florence ou la Vie de château*
De Serge Korber
Avec Jean-Luc Bideau, Vania Vilers, Giulia Salvatori.
1988 *Le Vent des moissons*
De Jean Sagols
Avec Jacques Dufilho, Gérard Klein, Élisa Servier.
1988 *The legendary life of Ernest Hemingway*
Réal. : José María Sánchez Silva
Avec Victor Gaber et Bruno Ganz.
1989 *Orages d'été*
De Jean Sagols
Avec Dominique Paturel, Patachou, Roger Pierre.
1989 *Le Front dans les nuages*
Réal. : Paul Vecchiali
Avec Danielle Darrieux.
1991 *Les Merisiers*
De Pierre Lary
Avec Françoise Christophe.
1992 *En mémoire de Caroline*
De Robin Spry
Avec Perry King et Carol Higgins Clark.
1992 *Delitti Privati*
Réal. : Sergio Martino
Avec Manuel Bandera.
1993 *Le J.A.P.* (le Juge d'application des peines)
D'Henri Helman
Avec Carlos.
1993 *Un pull par-dessus l'autre*
De Caroline Huppert
Avec Félicité Chaton.
1993 *Jeanne*
De Robert Mazoyer
Avec Nicole Garcia, Guillaume Canet.
L'Agence
De Jean Sagols
Les Filles du Lido
De Jean Sagols
Avec Line Renaud, Francis Huster, Alexandra Kazan.
1993 *Échec et mat*
Réal. : José María Sánchez Silva
Avec Giancarlo Giannini et Christophe Malavoy.
1995 *Petite sœur*
De Marion Sarraut
Avec Martin Lamotte, Natacha Régnier.
1995 *Le Dernier Voyage*
De Bruno Gantillon
Avec Tara Romer.
1995 *Noces cruelles*
De Bertrand Van Effentere
Avec Mathilda May, Philippe Volter, Anne-Gisel Glass.

1995 *Hôtel Shanghai*
De Peter Patzac
Avec Agnieszka Wagner, Elliott Gould.
1996 *Tout ce qui brille* (inédit)
De Lou Jeunet
Avec Isabelle Carré.
1997 *Nada proprieta vendesi*
Réal. : Enrico Oldoini
Avec Alessandro Gassman.
1998 *La Façon de le dire*
De Sébastien Grall
Avec Roman Redler, Laura Brennan
2000 *Le Bois du Pardoux*
De Stéphane Kurc
Avec Claire Borotra.
2000 *Les Fleurs de Maureen*
Réal. : Dominique Baron
Avec Jean-Michel Dupuis.
2001 *Une soupe aux herbes sauvages*
Réal. : Alain Bonnot
Avec Rufus
2003 *Simon le Juste*
Réal. : Gérard Mordillat
Avec Luc Thuillier et Julie Jézéquel.

au cherche **midi**

dans la collection **Documents**

Documents « Actualité »

Philippe Bilger
États d'âme et de droit

Laurent Cabrol
Et si la Terre s'en sortait toute seule ?
En vert et contre tous

Jean-Luc Calyel
GIGN. Les secrets d'une unité d'élite

Didier Daeninckx
La Mémoire longue

Laëtitia Darmon – Kimo
T'es toujours en vie, toi ?

Laurent Huberson
Enquête sur Edwy Plenel

Patrick Pelloux
Urgences pour l'hôpital
Histoires d'urgences (tomes 1 et 2)

Reporters sans frontières
Pourquoi il faut boycotter la cérémonie d'ouverture des JO de Pékin

Homayra Sellier – Serge Garde
Enquête sur une société qui consomme des enfants

Documents « Politique »

Alain Bocquet
Un Marx, et ça repart !

Claude Demelenne
Pour ou contre la Belgique française

Julien Dray
Et maintenant ?
L'Épreuve

Stéphane Gatignon

À ceux que la gauche désespère

Nicole Guedj

Pour des Casques Rouges à l'ONU

Jean-Christophe Lagarde

Les Hypocrisies françaises

Pierre Moscovici

Mission impossible ?

Comment la gauche peut battre Sarkozy en 2012

Dominique Paillé

Les Habits neufs des faux centristes.

Arnaque ou imposture ?

Documents « Histoire »

Alexandre Borycki

17 juillet 1942 : un train parmi tant d'autres

Denis Cohen et Valère Staraselski

Un siècle de Vie ouvrière

François Eychart et Georges Aillaud

« Les lettres françaises » et « Les étoiles »
dans la clandestinité

1942-1944

Christian Langeois

Marguerite.

Biographie de Marguerite Buffard-Flavien (1912-1944)

Pierre-Robert Leclercq

La Comtesse de Loynes

Paul Marcus

60 ans d'amours contrariées.

Les relations franco-israéliennes
de 1948 à aujourd'hui

Rochus Misch

J'étais garde du corps d'Hitler

Maurice Rajfsfus

La Police de Vichy

Drancy, un camp de concentration très ordinaire

La Police hors la loi

Les Français de la débâcle

Mai 68

La Censure militaire et policière 1914-18

De la victoire à la débâcle

Opération étoile jaune

La Rafle du Vel d'hiv

La Libération inconnue

Le Chagrin et la Colère

Candide n'est pas mort

Edvard Radinsky

Alexandre II.

La Russie entre espoir et terreur

Eva Schloss

L'Histoire d'Eva.

Les Mémoires de la demi-sœur d'Anne Frank

Timothy W. Ryback

Dans la bibliothèque privée d'Hitler

Documents « Biographies/Témoignages »

André Auberger

Un fauteuil pour la vie

Charlie Bauer

Le Redresseur de clous

Louis Bériot

Un coup de foudre éternel

Véronique Dabadie

Conversations avec Jean-Loup

Jean-Pierre Diot

Garde du corps

Christophe Dominici

Bleu à l'âme

Gilles Durieux

Belmondo

Patrick de Funès

Médecin malgré moi

Zosia Goldberg

À travers le feu

Anne Joubert

De la zone à l'ENA

Olivier de Kersauson

Ocean's songs

Victor Lanoux

Laisser flotter les rubans

Cécile et Olivier de La Rochefoucauld

Les Enfants du large

Pierre Perret

A cappella

Le Café du Pont

Françoise Sagan

Tout le monde est infidèle.

Entretiens avec André Halimi

Guy Vadepied

Émilien Amaury (1909-1977).

La véritable histoire
d'un patron de presse du XXe siècle

Charlotte Valandrey

L'Amour dans le sang

Jacques Weber

Des petits coins de paradis

Documents « Société/Économie »

Stéphanie Becquet

Journal d'un médecin généraliste

Guide FO du salarié 2009

Jacques Benhamou

Héritages, patrimoine, successions

Sauveur Boukris

Ces médicaments qui nous rendent malades

Sabine Bourgey

L'Art et la manière d'avoir de la chance

Franck Chaumont

Homo-ghetto.

Gays et lesbiennes dans les cités : les clandestins de la République

Yves Couprie

Manuel de survie par temps de crise

Bertrand Cousin

Un énarque dans la choucroute

Jean-Pierre Crouzet

Ambitions pour le vrai pain

Dominique Devedeux – Marianne de Souza

Contes de l'amour en ligne

Jean-Baptiste Drouet

Les Maltraitances invisibles

Marielle Dumortier

Mon médecin du travail

Fabrice Lacombe – Lucie Robequain

Les Emplois de demain

Pierre Martin

L'Économie de proximité

Martin Monestier

Peines de mort

Les Animaux soldat

Suicides

Histoires et bizarreries sociales des excréments

Les Enfants esclaves

Les Mouches

Cannibales, histoires et bizarreries de l'anthropophagie

Les Seins

La Callas, de l'enfer à l'Olympe

Les Poils, histoires et bizarreries

Faits-divers

Le Crachat

Duels

Les Enfants assassins

Les Monstres

Les Animaux célèbres

Les Gueules cassées

Jean-Claude Seys

Abécédaire impertinent du management

Emmanuel Pierrat et Laurent Kupferman

Le Paris des francs-maçons

Dominique Sopo

Combat laïque

Sihem Souid

Omerta dans la police

24GEL

1499

Imprimé en France par CPI Firmin Didot
Dépôt légal : mars 2011
N° d'édition : 1610 – N° d'impression : 104401
ISBN 978-2-7491-1610-5